科学出版社"十四五"普通高等教育本科规划教材
物流管理专业新形态精品系列教材

保税物流实务

BAOSHUI WULIU SHIWU　　　　　（第二版）

龚英　杨佳骏　编著

科学出版社

北京

内 容 简 介

本书从国际贸易、保税货物、保税制度入手，介绍保税物流的基本情况；从保税加工、保税物流等内容的海关监管，强调保税和监管的相互关联；从综合保税区、保税港区的情况，展示保税物流和物流节点的关系；从保税物流的运输管理、保税物流的仓储管理、保税物流企业账册管理，充分展现保税物流运作实务；列举各类实战案例，以增强实践性。本书着重于保税物流实务介绍，由高校、保税物流企业、海关共同组成团队写作完成，书中资料来源于一线，具有较强的实战性和可操作性。

本书适用于本科和高职高专的物流专业、国际贸易专业、管理专业、商务英语专业等经管类专业学生使用，也同样适合从事保税物流实际工作的人员使用。

图书在版编目（CIP）数据

保税物流实务/龚英，杨佳骏编著. —2 版. —北京：科学出版社，2023.3
科学出版社"十四五"普通高等教育本科规划教材
物流管理专业新形态精品系列教材
ISBN 978-7-03-074115-8

Ⅰ. ①保… Ⅱ. ①龚… ②杨… Ⅲ. ①自由贸易区－物流 Ⅳ. ①F252

中国版本图书馆 CIP 数据核字（2022）第 232726 号

责任编辑：王京苏/责任校对：王晓茜

责任印制：赵 博/封面设计：楠竹文化

科 学 出 版 社 出版
北京东黄城根北街 16 号
邮政编码：100717
http://www.sciencep.com
北京厚诚则铭印刷科技有限公司印刷
科学出版社发行　各地新华书店经销

*

2017 年 3 月第 一 版　开本：787× 1092　1/16
2023 年 3 月第 二 版　印张：16 1/2
2025 年 5 月第十七次印刷
字数：380 000

定价：49.00 元
（如有印装质量问题，我社负责调换）

前　言

　　党的二十大报告提出"我们要坚持以推动高质量发展为主题，把实施扩大内需战略同深化供给侧结构性改革有机结合起来，增强国内大循环内生动力和可靠性，提升国际循环质量和水平"。本书的出版正是以物流领域的高质量发展，提升国际循环质量和水平为根本目标。

　　本书是学术界和企业界深度融合的结果，充分体现了企业的保税实战和学术的凝练与升华的相关成果。

　　本书分析了保税物流的环境与形势，保税物流的概念、功能、理论；阐述了保税加工的海关监管；保税仓、出口监管仓、保税物流中心、保税区等节点的性质特征及报关流程，从保税物流的运输管理、仓储管理、账册管理等内容进行实务阐述，并列举了各类实战案例，以增强实践性。在此感谢重庆海关的曹华武调研员（海关三级专家）在有关海关监管方面所给予本书写作的极大帮助。感谢重庆直通物流有限公司的朱宝华经理、周红梅经理、李小东副经理、唐小清调度员的大力支持。

　　本书在写作过程中参考了国内外许多同行的文献和著作，也跟进了许多的新闻材料，在参考文献中尽可能列出，但难免挂一漏万，特此表示感谢，不妥之处请与作者联系。由于作者的水平有限，本书撰写中难免有不妥之处，恳请广大读者、同行专家批评指正。本书受长江上游经济研究中心开放基金项目（KFJJ2019004）"陆海贸易新通道与重庆大物流联动发展模式研究"的资助。

目 录

保税物流概要

■ 第一节　保税物流的环境与形势

一、国际贸易状况

（一）国际经济环境

新型冠状病毒感染（简称新冠感染）疫情全球大流行加速了国际格局的变化，经济全球化遭遇逆流，保护主义、单边主义抬头，全球化多边贸易体制受到冲击，区域化、集团化贸易安排目不暇接，世界经济整体发展环境面临诸多风险和不确定性。2020年，世界经济因疫情带来巨大冲击，长达数月的封锁虽减缓了疫情的传播速度，却让全球经济下降了4.2%[①]。2021年，世界经济形势仍然复杂严峻。经济合作与发展组织（Organization for Economic Co-operation and Development，OECD）指出，2021年世界经济在不稳定不平衡中艰难复苏，增幅为4.2%。

2020年，面对错综复杂的国内外环境，特别是疫情的严重冲击，中国经济顶住了各方面压力，经济强劲复苏在全球尤为突出。从2020年前11个月的经济运行来看，经济增长、就业、物价、国际收支四大宏观经济指标表现都好于预期。受疫情世界大流行的影响，2020年一季度GDP同比下降6.8%，二季度增长3.2%，三季度增长4.9%[②]，经济增速逐季回升。2020年9月，全国城镇调查失业率为5.2%[②]，物价形势总体可控，整体呈现"前高后低"态势，全年消费者物价指数控制在3%目标之内。

---

① 陈新光. 世界经济在不稳定不平衡中艰难复苏. 中国日报网，2021-01-15.
② 国家统计局：三季度GDP同比增长4.9%. http://www.mofcom.gov.cn/article/i/jyjl/l/202010/20201003009187.shtml，2020-10-20.

（二）中国进出口贸易特征①

一是年度进出口规模再上新台阶，首次突破 6 万亿美元关口。2021 年，以美元计价，中国进出口规模达到了 6.05 万亿美元，在 2013 年首次达到 4 万亿美元的 8 年后，年内跨过 5 万亿美元、6 万亿美元两大台阶，达到了历史高点，这一年的外贸增量达到了 1.4 万亿美元。

二是中国与主要贸易伙伴进出口均实现稳定增长，对"一带一路"沿线国家进出口增速更快。2021 年，中国前五大贸易伙伴依次为东盟、欧盟、美国、日本和韩国。同期，中国对"一带一路"沿线国家进出口增长 23.6%，比整体增速高 2.2 个百分点。

三是贸易方式进一步优化，一般贸易进出口占比超过 60%。2021 年，中国一般贸易进出口 24.08 万亿元，增长 24.7%，占 61.6%，提升 1.6 个百分点；其中，出口 13.24 万亿元，增长 24.4%；进口 10.84 万亿元，增长 25%。同期，加工贸易进出口 8.5 万亿元，增长 11.1%，占 21.7%。

四是外贸经营主体活力有效激发，民营企业进出口更加活跃。同期，外商投资企业进出口 14.03 万亿元，增长 12.7%；国有企业进出口 5.94 万亿元，增长 27.7%。

五是机电产品出口、进口保持良好增势。2021 年，中国出口机电产品 12.83 万亿元，增长 20.4%，占出口总值的 59%，其中自动数据处理设备及其零部件、手机、汽车分别增长 12.9%、9.3%、104.6%。同期，进口机电产品 7.37 万亿元，增长 12.2%，占进口总值的 42.4%，其中集成电路增长 15.4%。

（三）中国对外贸易的有利条件

2021 年，中国出口的国际市场份额已达 15.1%。展望未来，中国对外贸易的发展仍有许多有利条件和积极因素。

一是外贸政策环境不断优化。近年来，中国实施积极的进口促进战略，主动扩大进口，促进对外贸易平衡发展。2018 年，中国多次下调部分商品的进口关税，总体关税水平由 9.8%降至 7.5%②，平均降幅达 23%。2019 年，中国加大力度支持先进技术、重要装备和关键零部件进口，进一步完善汽车平行进口等政策措施，为扩大进口增添动力。中国政府继续推动稳外贸政策举措的深入落实，加强相关的政策储备，包括：优化金融服务，加大出口信保、融资信贷等政策支持力度；持续改善营商环境，进一步完善出口退税政策，提高部分产品出口退税率；加大减税降费力度，削减进口、出口环节制度性成本，降低企业负担，激发市场活力；加大非商业性境外办展资金支持；加快提升贸易通关便利化水平；等等。

二是国内高质量发展带动外贸稳中提质。当前，中国经济已由高速增长阶段转向高质量发展阶段，中国政府坚持以供给侧结构性改革为主线，坚持新发展理念，推动国内

① 海关总署：2021 年我国进出口规模首次突破 6 万亿美元. https://baijiahao.baidu.com/s?id=1721898837473778449&wfr=spider&for=pc, 2022-01-14.

② 李克强：我国关税总水平由 9.8%降至 7.5%. https://www.thepaper.cn/newsDetail_forward_3076198, 2019-03-05.

经济转型升级和产业结构优化调整，促进中国产业迈向全球价值链中高端。2018 年，规模以上工业战略性新兴产业增加值增长 8.9%，高技术制造业增加值增长 11.7%[①]，装备制造业增加值增长 8.1%。2019 年 3 月，高技术制造业、装备制造业和消费品制造业 PMI（purchasing managers' index，采购经理指数）分别为 52.0%、51.2% 和 51.4%，均明显高于制造业总体。国内产业升级及战略性新兴产业快速发展带动相关产品和技术进出口，高质量、高技术、高附加值产品出口稳步增长，促进外贸结构更加优化。2018 年，机电产品进出口 2.4 万亿美元，规模创历史新高。高新技术产品进出口规模达 1.4 万亿美元，占进出口总额的 30.7%。中国经济发展新动能不断壮大，经济高质量发展为外贸发展奠定了坚实基础。

三是外贸结构调整、动力转换加快。中国政府扎实推进贸易强国建设，全力推动外贸稳中提质。持续推进国际市场布局、国内区域布局、经营主体、商品结构、贸易方式"五个优化"，大力推动外贸转型升级基地、国际营销服务网络、贸易促进平台"三项建设"，推动外贸结构优化发展。大力促进加工贸易转型升级，支持中西部和东北地区承接梯度转移，推进加工贸易保税（protective tariff）维修等新业态发展。持续培育外贸新优势，不断挖掘外贸发展内生动力，持续加大对跨境电子商务（简称跨境电商）、市场采购贸易等外贸新业态新模式的扶持力度，扎实推进 35 个跨境电商综合试验区、14 家市场采购贸易方式试点[②]。外贸新业态新模式正成为外贸稳定增长的新动力。

二、跨境电商情况

中国的国际贸易在"互联网+"的带动下，得到了空前发展。

全球 B2C（business-to-customer，企业对顾客）电商市场增长迅猛。2015 年，埃森哲与阿里巴巴集团旗下的阿里研究院联合发布了《全球跨境 B2C 电商趋势报告》，预测未来几年内全球 B2C 电商市场将保持接近 15% 的年均增速，交易规模将从 2014 年的 1.6 万亿美元增至 2020 年的 3.4 万亿美元，将会形成有 20 亿个消费者的市场。其中，全球跨境 B2C 电商的增长尤为强劲，年均增长率高达 27%，此外，跨境 B2C 电商消费者总数将由 2014 年的 3.09 亿人增加到 2020 年的 9 亿人左右，年均增幅超过 21%，形成强劲的消费大军。由于全球各个地区经济发展水平和产业结构等诸多差异，各区域市场呈现出不同的特征和发展轨迹。到 2020 年，中国已成为全球最大的跨境 B2C 消费市场。

目前，更多海外品牌、品类正入驻中国各大跨境进口电商平台，以更有竞争力的全球直供价格直接触达国内消费者，有效实现了境外消费回流。同时，中国制造、国产品牌正通过跨境出口电商平台直接服务于全球消费者，缓解国内消费品产能过剩的压力。

---

① 解读 2018 年我国经济发展新动能指数. http://www.cas.org.cn/xwdt/xyyw/61104.htm，2019-08-07.
② 商务部：推进贸易强国建设 重点做好七方面工作. https://baijiahao.baidu.com/s?id=1622794302951650205&wfr=spider&for=pc，2019-01-16.

各种跨境电商如雨后春笋般冒出来。天猫国际用户覆盖面已经从北京、上海、广州、深圳、杭州等一二线城市成功向三四线城市及更偏远的西藏、新疆、云南地区扩大。同时，速卖通业务流量已经赶超 eBay 和亚马逊，并且和它们在全球市场展开了全面竞争。亚马逊在中国设立了国际贸易总部，发展跨境电商和跨境金融业务。中国消费者在美国亚马逊官网下订单后，货品将在 7~10 天直邮到中国。河南保税物流中心旗下的跨境电商平台——"中大门"已上线，该网站为海外商家构建了完善的在线销售渠道，并提供包含报关报检、物流、仓储、零售、结算在内的一站式服务。广州南沙首家跨境电商直购体验中心于 2015 年开业，该店在广州首次将海外仓库前置到保税港区，采取"商品整批入区、B2C 缴交行邮税出区"的方式，大大降低了进口货品的价格，为广州市跨境电商试点做出尝试。挪威三文鱼、美国加州牛肉、澳大利亚奶粉、韩国化妆品……这些进口商品将从广州南沙保税港区直接发货到店，比市场价便宜约 30%。市民在体验中心现场试吃、试用满意后可即刻买单带走，也可以选择快递回家。体验中心每件商品都可追溯来源，消费者不用担心买到假货。

三、保税物流形式

跨境电商的发展离不开保税物流。

保税是一种国际通行的海关做法，是指经海关批准的境内企业所进口的货物，在海关监管下，在境内指定的场所储存、加工、装配，并暂缓缴纳各种进口税费的一种海关监管业务。根据《中华人民共和国海关法》（简称《海关法》），保税实施对象是货物，一般是指保税货物，经海关批准未办理纳税手续进境，在境内进行一定的物流活动后复运出境的货物。根据《保税区海关监管办法》，保税区是海关监管的特定区域。海关对进出保税区的货物、运输工具、个人携带物品实施监管。保税区通常是指在国境以内、关境以外特设的一个与国际上的出口加工区和自由贸易区相类似的对外开放区域。在保税区内关税全免，国境之外的人员、货物、资金，自由地进出保税区。但是，非保税区的产品进入保税区则视同出口，而保税区的产品进入非保税区则视同进口。

保税物流特指在海关监管区域内，包括保税区、保税仓库、海关监管仓库等，从事仓储、配送、运输、流通加工、装卸搬运、物流信息、方案设计等相关业务，企业享受海关实行的"境内关外"制度及其他税收、外汇、通关方面的特殊政策。

保税区有三大基本功能。

（1）保税仓储。货物在进入保税仓库环节及存储期间，不征收进口关税，免批文，不受配额限制。

（2）简单加工。货物可以在保税仓库进行包装、分拣、贴唛、换唛、分拆、拼装等流通性加工。

（3）转口贸易。进口货物在保税区存储可经简单加工后，即转手出口到其他目的国和地区。

不同性质企业可利用保税仓库功能进行业务扩展、加快资金回流。延伸出来，可以归纳为以下几点。

（1）保税仓储。国内、国外货物运至保税仓库以保税形式储存起来，可免交关税，节约大量税金，增加资金流动性。

（2）手册核销。加工贸易型企业可通过出口到保税区，核销手册，实现跨关区转厂、出口转内销等。

（3）简单加工。在保税仓库的货物可允许进行流通加工贴唛、贴标签、更换包装等。

（4）出口拼箱。将中国内地和国外供应商采购的原材料、半成品、成品等，汇集至保税仓库存储，再按销售合同组合成不同的货柜后从香港地区或深圳盐田港海运至世界各地。

（5）进口分拨。从世界各地进口的货物（包括国内转至保税仓库的货物）可以暂存在保税仓库，进行分拣、简单加工、拆拼箱后，根据国内采购商的需求进行批量送货，以减轻收货人的进口税压力及仓储负担。

（6）国际转口贸易。充分利用保税区内免领进出口许可证、免征关税和进口环节增值税等优惠政策，利用国内外市场间的地区差、时间差、价格差、汇率差等，在保税仓库内实现货物国际转运流通加工贴唛、贴标签、再包装、打膜等，再运输到目的国。

（7）展示服务。国外大宗商品，如设备及原材料等，可存放在保税仓库内保税存放并可常年展示，展示结束后可以直接运回原地，避免高昂的关税和烦琐的报关手续。

（8）检测维修服务。发往国外的货物因品质或包装退运，必须返回工厂检测或维修的，可利用保税区功能，直接将货物退至保税仓库，简化报关程序，不用缴纳进口税，待维修完毕后，直接复出口。

第二节 认知保税制度

一、保税制度的定义及沿革

保税制度（bonded system）是一种国际通行的海关制度。各国海关根据具体国情制定本国的相关管理规定，旨在简化企业的进出口手续，减少企业纳税造成的资金占用和利息成本，从而促进和鼓励本国对外贸易的发展。

保税制度是指经海关批准的境内企业所进口的货物，在海关监管下在境内指定的场所储存、加工、装配，并暂缓缴纳各种进口税费的一种海关监管业务制度。

保税制度是一种海关监管的海关制度，即进口货物可以缓缴进口关税和其他国内税，在海关监管下在指定或许可的场所、区域进行储存、中转、加工或制造，是否征收关税视货物最终进口内销或复运出口而定。

19世纪中后期，一些发达的资本主义国家为发展本国对外贸易，鼓励出口，对生产出口产品的工厂和企业进口的原材料实行了保税制度。随着殖民侵略的扩张，保税制度被引入殖民地，在一定程度上促进了殖民地经济的发展。

20 世纪，世界各国为促进和鼓励本国对外贸易特别是出口贸易的发展，竞相建立保税制度，其范围也从单纯加工生产的保税扩大到包括商业性质的保税（如转口贸易货物的保税）和进口寄售商品的保税等。在中国，保税制度是随着 19 世纪资本主义国家对中国的殖民扩张和经济侵略发展起来的。

1949 年以前，中国海关就有过保税制度，然而当时的中国是半封建半殖民地的旧中国，海关为帝国主义和殖民主义所控制。1882 年，为方便和扩大外国商人对中国的出口贸易，当时的中国海关总税务司、英国人 R. 赫德在上海筹建保税制度。1888 年，第一批保税仓库在上海建立，这是中国保税制度的开始。当时主要是对进口货物的加工、包装等进行保税，随后逐步扩大到其他工业生产性保税和商业性保税。

1949 年以后，在相当长的时间里，由于西方国家的经济封锁和中国对外贸易严格的管制政策，保税制度基本停用。1978 年实行改革开放方针以后，为适应中国对外经济贸易的发展和改善投资环境的需要，保税制度逐步恢复并不断扩大业务，实行了一些新的保税形式，成为中国发展对外经贸往来、扩大出口创汇、吸引外资的一项重要措施。

改革开放以来，中国飞速发展的经济，特别是飞速发展的对外贸易，大大地推动了保税业务的发展，推动了海关对保税货物的监管，也推动了适应经济发展的完全新颖的保税制度的诞生和发展。

1981 年，海关总署颁布的《中华人民共和国海关对保税货物和保税仓库监管暂行办法》，是中国海关制定的第一个涉及海关保税监管制度的文件。该暂行办法首次勾画出"保税仓储"这一保税制度的形式，规定了监管保税仓库和保税仓库货物的具体办法。

1982 年 10 月，海关总署公布的《海关对加工装配和中小型补偿贸易进出口货物监管和征免税实施细则》，开始把"保税加工"纳入保税制度的范围。

1987 年诞生的《海关法》以法律的形式赋予了海关批准保税的权力，扩大了准予保税的货物范围，把"保税加工"这一保税制度形式确定了下来，并明确规定保税货物是海关监管货物。

1990 年 9 月，海关总署颁布的《中华人民共和国海关对进出上海外高桥保税区货物、运输工具和个人携带物品的管理办法》，开始构筑"区域保税"这一新的保税监管制度。

2001 年的《海关法》修订版增补了加工贸易海关监管的条款，赋予海关核定加工贸易单耗的法定权力，对加工贸易实行保税、先征后退及保税料件内销的海关核销等做出了法律规定，大大地丰富了保税制度的内容。

在这期间，保税业务以前所未有的速度迅猛发展，海关对保税货物的监管也很快形成了一套完整的制度。在形成这一套制度的过程中，国家有关部门，特别是海关总署，根据国家的有关法律、法规、政策，制定和发布了许多文件，进一步规范了保税监管的范围、办法、程序、细则和标准，使全国海关的保税监管走上了有法可依、规范管理的轨道。国家的有关法律、法规、政策和规范性文件所包含的海关保税监管的作业要求，构成了保税制度的基本内容。

目前，保税制度已经成为中国海关的一项主要监管制度。

《中华人民共和国海关监管区管理暂行办法》可参考：http://www.gov.cn/gongbao/content/2017/content_5241927.htm。

二、保税制度的分类

保税制度按不同的分类标准，可以有两种不同的分类方法：一种是按海关保税监管作业流程分类；另一种是按保税的基本形式分类。

（一）按海关保税监管作业流程分类

1. 保税备案（设立）制度

保税备案（设立）制度包括保税仓库审批制度、保税工厂审批制度、保税集体审批制度、加工贸易合同备案制度（含加工贸易进口料件银行保证金台账制度）、区域保税备案制度等。

2. 保税通关制度

保税通关制度包括保税货物进口通关制度、保税货物出口通关制度、加工贸易深加工结转通关制度、保税仓库货物进出库通关制度、特殊监管区域保税货物进出区通关制度和进出境通关制度等。

3. 保税核销制度

保税核销制度包括保税仓库货物核销制度、加工贸易货物核销制度、特殊监管区域保税货物核销制度等。

（二）按保税的基本形式分类

1. 保税加工监管制度

保税加工监管制度包括对来料加工、进料加工、外商投资企业加工贸易进出口货物监管制度，对加工贸易保税工厂、保税集团进出口货物监管制度，加工贸易进口料件银行保证金台账制度，等等。

2. 保税物流监管制度

保税物流监管制度包括保税场所监管制度和特殊区域保税监管制度。

保税场所监管制度包括对公用型保税仓库、自用型保税仓库、专用型保税仓库的保税货物监管制度；特殊区域保税监管制度包括对保税区进出境和进出区的保税货物监管制度、对出口加工区进出境和进出区的保税货物监管制度、对上海钻石交易所进出境和进出所的保税监管货物监管制度、对综合保税区（保税港区）进出境和进出区的保税货物监管制度。

三、保税制度的作用

由于保税和出口加工政策合一，这些"境内关外"的园区很快取代了香港地区，成为出口退税的天堂，即企业进料加工业务成品出口及深加工结转货物如需内销不用先出口到香港地区再申报进口，运用保税区"境内关外"的特殊功能，即货物出口到保税区就视同离境，通关速度快，可以办理收汇核销、退税。企业只需再从保税区将货物进口即可完成进出口程序，且报关、报检可以一批进、分批出，这样便可大大节省运输费用和时间。这种特殊功能和政策优势不但为企业节省了大量的运费成本，而且增强了企业产品的价格竞争力。

现行的保税制度，在中国鼓励出口的政策下，加工贸易出口企业的对内和对外贸易政策有所区别，前者要缴纳17%的增值税，后者则享受退税待遇。海关特殊监管区域在外贸经济发展中的优势非常明显，通过享有免证（境外与保税区之间除被动配额外不实行配额、许可证管理）、免税（保税区内生产性项目所需机器设备、物资和保税区企业自用的生产、管理设备及零配件、办公用品等免征关税）、保税（境外进入保税区的货物予以保税）政策，成为开放程度最高的贸易模式。

在保税区注册的企业可以充分利用优惠政策，利用国际市场间的地区差、时间差、价格差、汇率差，实现商品多流向、宽领域、快节奏的销售，选择最佳消费国，抓住最佳销售时机，获得最佳经济效益。例如，某工厂为进料加工企业，生产的成品必须在加工贸易手册[①]到期前出口完毕，进行手册核销，然而有时该种货物在国际期货市场的售价并不理想，或预先联系好的买家临时取消订货，于是该工厂将海关某特殊监管区域作为其一个成品集货基地，将生产出来的产品暂存放于保税仓库内，待世界各地为有利需求时，由码头提取空柜至保税仓库装货，灵活方便。同样，国内厂商也可预测国内市场，先从国外采购货物暂存放于保税仓库，暂不用缴税，待国内市场需求旺盛之时，再出口获得低买高卖的效益。

正是由于具有对进口货物暂缓征收应征关税的特点，保税制度的作用主要表现为以下几点：简化货物通关手续；减轻企业资金负担，加快资金周转；降低出口成本，增强产品在国际市场的竞争能力；吸引外来资金；增加外汇收入；等等。

四、保税制度的特点

海关根据国家的法律、法规、政策和规范性文件对保税货物实施监管的过程，反映出保税制度具有保税批准（或保税备案）、纳税暂缓、监管延伸、核销结案的特点。

（一）保税批准

进境货物可否保税，要由海关依据国家的有关法律、法规和政策决定。货物经

---

① 加工贸易手册是海关为了实现对加工贸易企业的保税加工全过程管理，加工贸易企业为了原材料保税进口/深加工结转及复出口，而在海关办理的加工贸易进出口合同的登记备案（变更）、货物进出口报关申报及核销所用的记录账簿、凭证。

海关批准才能保税进境，这是保税制度一个十分明显的特点。海关应当严格按国家法律、法规和政策所规定的条件和程序进行审批（备案）。批准保税的条件原则为有下四点。

（1）不受管制。不受管制是指申请保税的货物除法律、行政法规另有规定外，一般不受国家贸易许可管制，无须提交相关进出口许可证件。

（2）复运出境。复运出境是指申请保税的货物流向明确，进境储存、加工、装配后的最终流向表明是复运出境，而且申请保税的单证能够证明进出基本是平衡的。

（3）可以监管。可以监管是指申请保税的货物无论在进出口环节，还是在境内储存、加工、装配环节，应符合海关监管要求，必要时海关可要求有关当事人提供担保，以防止某种不合理因素造成监管失控。

（4）审批权限。为了严格审批，海关总署规定了各种保税货物审批的程序和权限。例如，对于保税仓库的审批，规定公共型保税仓库由直属海关受理，报海关总署审批；备料型保税仓库由直属海关审批，报海关总署备案；专用型保税仓库由隶属海关受理，报直属海关审批。

（二）纳税暂缓

纳税暂缓是指保税货物推迟了办理纳税手续的时间，是缓办纳税手续。我们所说的办理纳税手续，包括办理征税手续和减免税手续。一般进口货物和特定减免税货物都必须在进境地海关或主管地海关办妥纳税手续（包括办妥征税或减免税手续）后才能提取。保税货物在进境地海关凭有关单证册不办理纳税手续就可以提取，但是这不等于说保税货物最终均可以不办理纳税手续。当保税货物最终不复运出境或改变保税货物特性时，需按货物实际进口申报情况办理相应纳税手续。例如，加工贸易保税进口货物，因故不能复出口，经批准内销，海关对不能复出口的成品或节余料件等按有关规定对料件进行补税。至于保税货物转为一般贸易进口，纳税暂缓的特点更加明显。

（三）监管延伸

对于一般进出口货物，海关监管的时间是自进口货物进境起到办结海关手续提取货物止，出口货物自向海关申报起到装运出境止，海关监管的地点主要在货物进出境口岸的海关监管场所。

保税货物的海关监管无论是时间，还是场所，都必须延伸。从时间上说，保税货物在进境地被提取，不是海关监管的结束，而是海关监管的开始，一直要监管到储存、加工、装配后复运出境办结海关核销手续或者正式进口海关手续为止；从场所上说，保税货物提离进境地口岸海关监管场所后，直至向海关办结出口或内销手续止，凡是该货物储存、加工、装配的地方，都是海关监管该保税货物的场所。因此，监管延伸也是保税制度的一大特点。

（四）核销结案

一般进出口货物是放行结关。进出口货物收发货人及其代理人向海关申报后，由海关审单、查验、征税、放行，然后提取货物或装运货物。在这里，海关的放行就是一般进出口货物结关的标志。

保税货物进出口报关，海关加盖"放行章"，也执行放行程序。但是，保税货物的这种放行，只是单票货物的形式结关，是整个监管过程的一个环节。保税货物只有核销后才能算结关。核销是保税货物监管的最后一道程序，是保税制度区别于海关一般进出口货物通关制度的一个重要特点。

保税货物的核销，特别是加工生产类保税货物的核销是非常复杂的工作。

储存出境类保税货物和特准缓税类保税货物的核销，相对来说比较简单，因为这两类保税货物无论是复运出境，还是转为进入国内市场，都不改变原来的状态，只要在规定的时间内复运出境或办妥正式进口纳税手续，并且确认复运出境的数量或办妥正式进口纳税手续的数量与原进口数量一致，就可以核销结案。

加工生产类保税货物则不同。这一类保税货物进境后要进行加工、装配，要改变原进口料件的形态，复出口的商品不再是原进口的商品。这样，海关的核销，不仅要确认进出数量是否平衡、单耗是否真实可靠，还要确认成品是否由进口料件生产、没有擅自串（换）料行为。这两个"确认"加大了核销的难度。核销也是保税制度的一个难点。

无论是加工生产类保税货物，还是储存出境类保税货物和特准缓税类保税货物，在核销的实践中，数量往往不是平衡的。正确处理各种核销中发生的数量不平衡问题，也是核销结案的前提之一。

综上所述，保税货物的监管制度有其明显的特点，不同于一般进口货物的监管制度，也与过境、转运、通运货物，特定减免税货物，暂时进口货物一样，在进境地海关没有也不能办结海关手续，海关需要在该货物被暂时放行进境后继续监管，直到能够办结海关手续或者解除海关监管为止。保税货物监管制度和其他海关监管货物的监管制度区别主要在监管方式上。

（五）监管手续费

准予保税的货物在进口时是不纳税的。但是，准予保税的货物在进境报关时依然有一个缴纳监管手续费的问题。根据国家的规定，海关对准予保税进口的货物有权按照《中华人民共和国海关对进口减税、免税和保税货物征收海关监管手续费的办法》征收监管手续费。

保税货物加纳监管手续费的公式是计费基数乘以费率。

保税货物加纳监管手续费的计费基数是准予保税的货物进口关税的完税价格。费率有以下五种。

（1）零。该情形有两种情况：第一，外商投资企业经营的保税货物（暂不收监管手续费）；第二，进口后保税储存不足 90 天，未经加工即复运出口的国际转运货物。

（2）千分之一。该情形有三种情况：第一，来料加工金首饰、裘皮、高档服装、机织毛衣和毛衣片、塑料玩具所进口的料件；第二，进口后保税储存供应给国际运输工具的燃料、物料、备品；第三，进口后保税储存 90 天以上（含 90 天），未经加工即复运出口的国际转运货物。

（3）千分之一点五。该种监管手续费是针对"加工贸易准予保税的专为装配出口机电产品而进口的料件"使用的。

（4）百分之一点五。该情形有两种情况：第一，进口后保税储存做免税品销售的货物；第二，进口后保税储存做免税外汇商品销售的货物。

（5）千分之三。其他经海关批准准予保税的货物，主要是指加工贸易准予保税的专为生产出口非机电产品而进口的料件、准予保税的外国商品维修用的零部件、其他准予保税的货物。

监管手续费的纳费人是保税货物的收货人或其代理人。纳费人应当自海关签发监管手续费缴纳证之日起 15 天内向海关如数缴纳。逾期不缴的，海关除依法追缴外，还要自到期之日起至缴清之日止，按日征收手续费总额 1‰ 的滞纳金。滞纳金的起征点为 10 元，10 元以下的免征。

已纳监管手续费的保税货物，经批准改变保税形式，不改变监管手续费费率的，不重复缴纳；改变监管手续费费率，费率提高的，对不足部分应当补缴，费率降低的，对已征收的超出部分不予退还。

已纳监管手续费的保税货物经批准不复运出境，并缴纳进口税的，监管手续费不予退还。

第三节　认知保税货物

一、保税货物的定义

保税制度在国际贸易中的广泛应用，使这一制度涉及的保税货物成为进出口货物中的一个重要内容。通关程序与一般进出口货物有着明显区别。保税货物一般包含"进入一国关境，在海关监管下未缴纳进口税捐，加工、装配及存放后再复运出口的货物"。

《海关法》对"保税货物"的定义是，"经海关批准未办理纳税手续进境，在境内储存、加工、装配后复运出境的货物"。

根据《海关法》对保税货物描述的概念，我们可以看出，保税货物是进口货物的一种类型，也是海关监管货物的一种类型。但是，保税货物显然与一般进口货物有严格的区别，与其他海关监管货物也有严格的区别。

二、保税货物的特征

根据《海关法》对保税货物所下的定义，保税货物有三大特性，即特定目的、暂免纳税和复运出境。

1. 特定目的

《海关法》将保税货物限定为两种特定目的而进口的货物，即进行贸易活动（储存）和加工制造活动（加工、装配），将保税货物与因其他目的暂时进口的货物（如工程施工、科学实验和文化体育活动等）区别开来。

同时，特定目的必须经海关批准，任何货物，即使是看上去已经具备保税条件的货物，不经过海关批准，也不能成为保税货物。

2. 暂免纳税

《海关法》第五十九条规定："经海关批准暂时进口或者暂时出口的货物，以及特准进口的保税货物，在货物收发货人向海关缴纳相当于税款的保证金或者提供担保后，准予暂时免纳关税。"保税货物未办理纳税手续进境，属于暂时免纳，而不是免税，待货物最终确定流向后，海关再决定征税或免税。

《海关法》指出，保税货物是"未办理纳税手续进境"的货物，其把保税货物归纳在海关的监管货物项下，明确规定保税货物是海关监管货物。正是因为保税货物没有办理纳税手续进境，其从进境的这一天起就必须置于海关的监管之下，其在境内的运输、存储、加工、装配，都必须接受海关监管，直到复运出境或办理正式进口手续止。

3. 复运出境

根据《海关法》对保税货物所做的定义，保税货物的最终流向应当是复运出境，包括存储后复运出境，加工、装配后复运出境及退运等。复运出境是构成保税货物的重要前提。从法律上讲，保税货物未按一般货物办理进口和纳税手续，因此，必须以原状或加工后产品复运出境，这既是海关对保税货物的监管原则，也是经营者必须履行的法律义务。保税货物的通关与一般进出口货物不同，它不是在某一个时间上办理进口或出口手续后即完成了通关，而是进境、储存或加工到复运出境的全过程，只有办理了这一整个过程的各种海关手续后，才真正完成了保税货物的通关。

由于种种原因，保税货物改变性质，不复运出境而办理其他进口手续的情况经常发生。加工贸易进口料件经批准内销交验许可证件、补税补利息；公共型保税仓库进入国内市场办理一般贸易货物进口征税或减免税海关手续；专用型保税仓库货物用于外国商品维修，保修期内免税、保修期外征税；保税区、出口加工区、保税港区、综合保税区用于进口料件生产的产品运往非保税区等，视同进口，办理进口手续等都属于改变保税货物的性质，最终不复运出境而办理相应进口手续的范围。

三、保税货物的分类

根据保税货物进入关境的目的不同，可以将保税货物分为保税加工货物和保税物流货物，如图 1-1 所示。

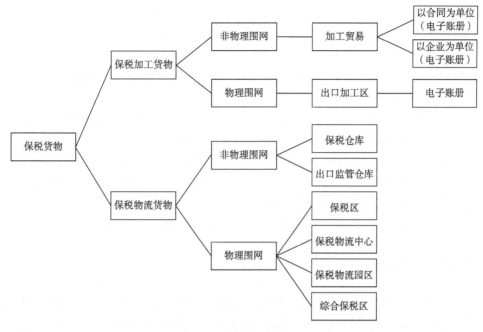

图 1-1　保税货物的分类

（一）保税加工货物

保税加工货物，即通常所说的加工贸易保税货物，是指经海关批准未办理纳税手续进境，在境内加工、装配后复运出境的货物。保税加工通常有来料加工和进料加工两种形式。海关对保税加工货物的监管形式还包括保税工厂和出口加工区等。

保税加工货物包括：①专为加工、装配出口产品而从国外进口且海关准予保税的原材料、零部件、元器件、包装物料、辅助材料（以上内容统称料件）；②用进口保税料件生产的成品、半成品；③在保税加工生产过程中生产的副产品、残次品、边角料和剩余料件。

（二）保税物流货物

保税物流货物是指经海关批准未办理纳税手续进境，在境内储存后复运出境的货物，也称作保税仓储货物。已办结海关出口手续尚未离境，经海关批准存放在海关专用监管场所或特殊监管区域的货物，带有保税物流货物的性质。海关对保税物流货物的监管形式包括保税仓库、出口监管仓库（export supervised warehouse）、保税物流中心、保税区、保税物流园区、综合保税区等。

保税货物的分类不是绝对的，在一定条件下，两大类货物可以互相转换。例如，部分保税物流货物可以转化为保税加工货物，被送往保税工厂、保税集团或出口加工区的加工厂用于加工生产成品出口。这是因为这部分保税货物在入境时（可能已经入仓或入区）尚未明确最后用途，只有当买主确定后才可能确定最终用途，如果投入国内市场，则按一般贸易办理进口手续；如果用于加工贸易生产出口成品，就转化为保税加工货物；

如果继续以保税仓储的名义存在，就继续保持保税物流货物的身份；由于外商取消订单或国际行情不佳，保税加工货物也有可能转化为保税物流货物进行仓储。保税加工货物和保税物流货物的流向也不是绝对的，经过批准和办理进口纳税手续，保税加工货物和保税物流货物可以转为一般贸易货物进行内销，也可以以结转的方式继续保税，还可以因各种原因复运出境。

保税物流货物包括：①进境经海关批准进入海关保税监管场所或特殊监管区域，保税存储后转口境外的货物；②已经办理出口报关手续但尚未离境，经海关批准进入海关保税监管场所或特殊监管区域存储的货物；③经海关批准进入海关保税监管场所或特殊监管区域保税存储的加工贸易货物，供应国际航行船舶和航空器的油料、物料和维修用零部件，供维修外国产品所进口寄售的零配件，外商进境暂存的货物；④经海关批准进入海关保税监管场所或特殊监管区域保税的其他未办结海关手续的进境货物。

四、保税货物的期限

（1）保税加工货物的保税期限，原则上不超过1年，经批准可延长，延长的最长期限原则上也是1年，但具体执行要根据不同的合同、不同的进口料件做具体的规定。

（2）保税仓库存放保税物流货物的时间是1年，可以申请延长，延长的时间，最长为1年。

（3）出口监管仓库，存放保税物流货物的时间是6个月，可以申请延长，延长的时间，最长为6个月。

（4）保税物流中心（A型）存放保税物流货物的时间是1年，可以申请延长，延长的时间，最长为1年；保税物流中心（B型）存放保税物流货物的时间是2年，可以申请延长，延长的时间，最长为1年。

（5）保税物流园区存放保税物流货物的时间没有限制。

（6）保税区存放保税物流货物的时间没有限制。

（7）综合保税区和保税港区存放保税物流货物的时间没有限制。

（8）保税货物属于海关监管货物，保税货物的转让、转移及进出保税场所，应当向海关办理有关手续，接受海关监管和查验。

■ 第四节　中国主要保税物流货物的海关监管形式

一、海关对保税物流货物的监管模式

海关对保税物流货物主要有两类监管模式（表1-1）：一类是非物理围网的监管模式（保税监管场所），包括保税仓库、出口监管仓库、保税物流中心（A型）；另一类是物理围网的监管模式（海关特殊监管区域），包括保税物流中心（B型）、保税物流园区、保税区、综合保税区。

表 1-1 海关对保税物流货物的两类监管模式

监管模式	形式	定义	举例或说明
非物理围网	保税仓库	经海关批准设立的专门存放保税货物及其他未办结海关手续的货物的仓库	对外开放的公用型保税货物仓库和保税堆场
	出口监管仓库	经海关批准设立,对已办结海关出口手续的货物进行储存、保税物流配送,提供流通性增值服务的海关专用监管仓库	储存一般进出口货物的仓库
			储存加工贸易出口货物的仓库
			存放为拼装出口成品的零件的仓库
	保税物流中心(A型)	封闭的海关监管区域,专门从事保税仓储物流业务的海关监管场所,并且具备口岸功能	由境内企业法人经营
物理围网	保税物流中心(B型)	封闭的海关监管区域,专门从事保税仓储物流业务的海关监管场所,并且具备口岸功能	由中国境内一家企业法人经营,多家企业进入
	保税物流园区	经国务院批准,在保税区规划面积内或者毗邻保税区的特定港区内设立的、专门发展现代国际物流业的海关特殊监管区域	存储进出口货物及其他未办结海关手续的货物;境外商品展示
	保税区	经海关批准,允许外国货物不办理进出口手续即可连续长期存储的区域	存储保税货物,保税仓库区
	综合保税区	内陆地区具有保税港区功能的海关特殊监管区域,由海关参照有关规定对综合保税区进行管理,执行保税港区的税收和外汇政策,集保税区、出口加工区、保税物流区、港口的功能于一身	国际中转、配送、采购、转口贸易和出口加工等业务

二、保税物流货物的监管特征

保税物流货物监管制度具有设立审批、准入保税、纳税暂缓、监管延伸[①]、运离结关的特点。表 1-2 为保税监管的基本信息。

表 1-2 保税监管的基本信息

监管场所、区域	存储范围	存储期限	功能	面积(至少)		审批权限	入区退税
				东部地区	中西部地区		
保税仓库	进口	1年+1年	储存	公用:2 000平方米 维修:2 000平方米 液体:5 000平方米		直属海关	否
出口监管仓库	出口	半年+半年	储存/出口配送/国内结转	配送:5 000平方米 结转:1 000平方米		直属海关	否
保税物流中心(A型)	进出口	1年+1年	储存/全球采购配送/国内结转/转口/中转	公用:20 000平方米 自用:4 000平方米	公用:5 000平方米 自用:2 000平方米	海关总署	否
保税物流中心(B型)	进出口	2年+1年		10万平方米	50万平方米	海关总署	是
保税物流园区	进出口	无期限	储存/贸易/全球采购配送/中转/展示	较大(一般100万平方米左右)		国务院	是
保税区	进出口	无期限	物流园区功能+维修/加工	较大(一般200万平方米)		国务院	否
综合保税区(保税港区)	进出口	无期限	保税区功能+港口功能	很大(一般1 000万平方米)		国务院	是

---

① 纳税暂缓、监管延伸在前文已有叙述,此处略去。

（一）设立审批

保税物流货物必须存放在经过法定程序审批设立的保税监管场所或特殊监管区域。保税仓库、出口监管仓库、保税物流中心（A 型）、保税物流中心（B 型）要经过海关审批，并核发批准证书，凭批准证书设立及存放保税物流货物；保税物流园区、保税区、综合保税区（保税港区）要经过国务院审批，凭国务院同意设立的批复设立，并经海关等部门验收合格才能进行保税物流货物的运作。未经法定程序审批同意设立的任何场所或者区域都不得存放保税物流货物。

（二）准入保税

保税物流货物通过准予进入监管场所或监管区域来实现准入保税。准入保税成为海关保税物流货物监管的特点之一。海关对保税物流货物的监管通过对保税监管场所或特殊监管区域的监管来实现。对保税监管场所或特殊监管区域实施监管成为海关对保税物流货物监管的重要职责，海关应当依法监管场所或区域，按批准存放范围准予货物进入保税监管场所或特殊监管区域，不符合规定存放范围的货物不准进入。

（三）运离结关

根据规定，保税物流货物报关同保税加工货物报关一样有报核程序，有关单位应当定期以电子数据和纸质单证向海关申报规定时段保税物流货物的进、出、存、销等情况。但是，实际结关的时间，除外发加工和暂准运离（维修、测试、展览等）需要继续监管外，每一批货物运离保税监管场所或是海关特殊监管区域，都必须根据货物的最终实际流向办结海关手续。办结海关手续后，该批货物就不再是运离的保税监管场所或特殊监管区域范围的保税物流货物。在这里规定时间的报核已经不具备最终办结海关手续的必要程序。

三、保税物流的典型特点

保税物流是物流分类中的一种，符合物流科学的普遍规律，但同时具有不同于其他物流类别的典型特点。

1. 系统边界交叉

国内物流的边界是从国内的任意地点到口岸（装运港），国际物流的边界是从一国的装运港（港口、机场、场站）到另一国的目的港。保税物流货物在地理上是在一国的境内（领土），从移动的范围来看应属于国内物流，但保税物流也具有明显的国际物流的特点，如保税区、保税物流中心及区港联动都是"境内关外"的性质，因此可以认为保税物流是国际物流与国内物流的接力区。

2. 物流要素扩大化

物流的要素一般包括运输、仓储、信息服务、配送等，而保税物流除了具有这些基本的物流要素之外，还包括海关监管、口岸、保税、报关、退税等关键要素，两者紧密结合构成完整的保税物流体系。

3. 线性管理

一般贸易货物通关的基本程序包括申报、查验、征税、放行，是"点式"的管理过程；保税货物是从入境、储存或加工到复运出口的全过程，货物入关是起点，核销结案是终点，是"线性"的管理过程。

4. 瓶颈性

在海关的监管下进行物流运作是保税物流不同于其他物流的本质所在。海关为了达到监管的效力，严格的流程、复杂的手续、较高的抽查率必不可少，但这与现代物流便捷、高效率、低成本的运作要求相背，物流效率与海关监管效力之间存在"二律背反"，在保税需求日益增长的情况下，海关的监管效率成为保税物流系统效率的瓶颈。

5. 平台性

保税物流是加工贸易企业的供应物流的末端，是销售物流的始端，甚至包括生产物流（如 VMI[①]）。保税物流的运作效率直接关系到企业的正常生产与供应链的正常运作，构建通畅、高效率的保税物流系统是海关、政府相关部门、物流企业、口岸等高效协作的结果。完善的政策体系、一体化的综合物流服务平台必不可少，如集成商品流、资金流、信息流的物流中心将是保税物流的主要模式之一。

---

① VMI：vendor managed inventory，供应商管理库存。

第二章

保税加工的海关监管

■ 第一节　保税加工的概述

一、加工贸易与一般贸易的比较

从广义上讲，加工贸易是外国企业（通常是工业发达国家和新兴工业化国家或地区的企业）以投资的方式把某些生产能力转移到东道国或利用东道国已有的生产能力为自己加工装配产品，然后运出东道国境外销售。

从狭义上讲，加工贸易是部分国家对来料或进料加工采用海关保税监管的贸易。

一般贸易是指中国境内有进出口经营权的企业单边进口或单边出口的贸易，按一般贸易交易方式进出口的货物即一般贸易货物。一般贸易货物在进口时可以按一般进出口监管制度办理海关手续，这时它就是一般进出口货物，需要照章征收关税和增值税。一般贸易是与加工贸易相对而言的贸易方式。

加工贸易的国内方一端往往会对应一个加工手册，其向国外采购的料件属于保税状态，优势在于全额保税，简言之，就是进口的货物不用缴一分钱的税收，包括关税、增值税和消费税。加工贸易还可享受出口退税政策，加工过程中使用的国产料件是可以退税的，但前提条件是加工产品必须全部复出口。因此，海关要对其出口产品中进口料件和国产料件的使用情况进行单耗核定，对合同进行核销。相比一般贸易，加工贸易的海关监管方式要复杂得多；其监管的特点为时间长、难度大、风险高。

保税加工货物，即加工贸易保税货物，是指经海关批准未办理纳税手续进境，在境内加工、装配后复运出境的货物。保税加工货物包括专为加工、装配出口产品而从国外进口且海关准予保税的料件及用上述料件生产的成品、半成品等。

加工贸易与一般贸易的区别主要体现为以下几点。

（1）从参与贸易的货物来源角度分析，一般贸易货物主要来自本国的要素资源，符合本国的原产地规则；加工贸易的货物主要来自国外的要素资源，不符合本国的原产地规则，而只是在本国进行了加工或装配。

（2）从参与贸易的企业收益分析，从事一般贸易的企业获得的收益主要来自生产成本或收购成本与国际市场价格之间的差价；从事加工贸易的企业实质上只收取了加工费。

（3）从税收的角度分析，一般贸易的进口要缴纳进口环节税，出口时在征收增值税后退还部分税收；加工贸易进口料件不征收进口环节税，而实行海关监管保税，出口时也不再征收增值税。

二、加工贸易的形式与特征

加工贸易的形式多种多样，目前常见的基本形式主要有进料加工和对外加工装配两种。其中，对外加工装配以来料加工为主，目前我国的加工贸易类型主要分为进料加工和对外加工装配。

1. 进料加工

进料加工是指国内有进出口经营权的单位用外汇购买进口的原料、材料、辅料、元器件、零部件、配套件等，加工或装配成成品或半成品后再外销出口的贸易形式。

进料加工在我国曾被称为"以进养出"，指本国经营企业与国外原材料、零部件供应商订立进口合同，以自有外汇购入国外的原料、辅料、元器件或零部件，利用本国的技术、设备和劳动力，加工成成品后，再销往国外市场的经营活动。进料加工业务中，本国的经营企业既要与国外客户签订购买原材料、零部件的进口合同，又要与国外客户签订成品出口合同。两个合同均以货物所有权的转移为特征，是两笔不同的货物买卖。对于进料加工，本国经营企业必须自担风险、自负盈亏，通过进料加工获取商业利润。

2. 对外加工装配

对外加工装配是来料加工和来件装配（assembling with customer's parts）的总称，是一种委托加工的贸易方式。外商提供全部或部分原材料（主料）、辅料、零部件、元器件、配套件等料件与必要的机器设备，委托我国企业按国外厂商的要求进行加工、装配，成品由国外厂商负责销售，我国按合同收取工缴费。外商提供的设备作价价款，我国用工缴费偿还的贸易形式。

1）来料加工

来料加工是一种委托加工的贸易方式，是指国外客户作为委托方，提供原材料、辅料等料件，委托本国生产企业，即加工业务承接方，按委托方的要求加工成成品后运交委托方，由委托方在国外销售的经营活动。

来料加工业务体现了加工成本高昂的国家利用人工成本低廉国家的生产能力，以降低成本、提高利润为目的，为其商务经营活动服务的经营策略。

2）来件装配

来件装配是指国外委托方提供零部件、元器件，有的还提供包装材料，委托本国承接方按其工艺设计要求进行装配，成品交还委托方处置，承接方按照约定收取装配费的经营活动。

加工贸易的特征主要有以下三点。

第一，两头在外。全部或部分料件采购自境外，而加工成品又销往境外。

第二，加工增值。企业对外签订加工贸易合同的目的在于通过加工使进口料件增值，从中赚取差价或工缴费。

第三，料件保税及暂缓纳税。进口时暂不办理缴纳税款手续，而对其实施保税监管，待货物最终确定流向后，海关再决定征税或免税。

三、进料加工和来料加工的异同点

1. 进料加工和来料加工的相同点

两者都是"两头在外"，即原材料、零部件等从境外进口，在境内加工装配后，成品也销往境外，且都是进口时暂缓纳税，料件进口时免于提交许可证件。

2. 进料加工和来料加工的不同点

（1）来料加工料件由外商免费提供，无须企业付外汇购买；进料加工由境内企业付外汇自行从境外购买。

（2）货物的所有权在来料加工的过程中未发生所有权的转移，料件进口和加工后的成品出口均属于同一笔交易和同一个外商，料件供应者即成品接受者；进料加工中，原材料的进口和成品的出口是两笔不同的交易（进口料件和出口成品是两个不同的合同），均发生货物所有权的转移，原材料的供应者和成品的购买者之间没有必然的联系。

（3）在成品的去向方面，来料加工进口料件做成成品后，返给境外的厂商（料件的提供者），且境内的企业不承担销售风险，不负盈亏，只收取工缴费；进料加工中，境内企业赚取的是从原材料到成品的附加价值，要自筹资金、自找销路、自担风险、自负盈亏。

■ 第二节　海关对保税加工的监管模式

一、海关对保税加工货物的监管特征

海关对保税加工货物的监管特征可以概括为商务审批、备案保税、纳税暂缓、监管延伸、核销结案[1]。

（一）商务审批

保税加工货物需经过商务主管部门审批才能进入向海关备案的程序，具体审批情况有以下两种。

---

[1] 监管延伸、核销结案在前文已有表述。

1. 审批加工贸易合同

经营企业需向商务主管部门申请审批加工贸易合同（纸质手册、电子化手册），以获得由省市级商务主管部门核发的《加工贸易业务批准证》和加工企业所在地的商务主管部门核发的《加工贸易企业经营状况和生产能力证明》，合同经审批后，凭批准的合同到加工企业所在地主管海关办理加工贸易合同备案。

2. 审批加工贸易经营范围

经营企业凭《经营范围批准证书》和《加工贸易企业经营状况和生产能力证明》到海关申请联网监管并建立电子账册、电子化手册。

（二）备案保税

凡准予备案的加工贸易料件进口时可以暂不办理纳税手续。海关受理加工贸易料件备案的原则是合法经营、复运出境、可以监管。

（三）纳税暂缓

保税货物进境时先准予保税，属于暂时免纳税费，而不是免税，待确定货物最终流向后，海关再确定征税或免税范围，即用于出境的免税，不出境的征税，由企业办理纳税手续。保税加工货物经批准内销后征收缓税利息。

从监管时间上来看，保税货物在进境地被提取，不是海关监管的结束，而是海关后续监管的开始，一直到该货物存储、加工、装配后复运出境或办结海关核销手续为止。海关监管时间涉及两个期限：一是保税期限，指经海关批准后，保税加工货物在境内存储、加工、装配，直到复运出境的时间期限；二是申请核销期限，指保税加工货物的经营者向海关申请核销的最后日期。不同监管模式的监管期限见表2-1。

表2-1　不同监管模式的监管期限

监管模式		监管期限
电子化手册管理	准予保税期限	原则上不超过1年，经批准可延长1年
	申请核销期限	手册有效期到期之日或最后一批成品出口后30天内报核
电子账册管理	准予保税期限	从企业电子账册记录第一批料件进口之日起，到该手册被撤销止
	申请核销期限	一般规定以180天为1个报核周期，首次报核期限，从电子账册建立之日起180天后的30天内报核；以后报核期限从上次报核之日起180天后的30天内报核
出口加工区管理	准予保税期限	从加工贸易料件进区起，到成品出口办结海关手续止
	申请核销期限	每180天向海关申报1次保税货物的进出境、进出区情况，进行盘点核销

二、海关对保税加工货物的监管模式

海关对保税加工货物的监管模式有两大类：一类是物理围网的监管模式，包括出口加工区和跨境工业区；另一类是非物理围网的监管模式，采用纸质手册管理或计算机联网监管（电子化手册管理和 E 账册管理）。

物理围网监管是指经国家批准，在关境内或关境线上划出一块地方，采用物理围网，让企业在围网内专门从事保税加工业务，由海关进行封闭的监管。在关境内的保税加工封闭式监管模式为出口加工区，已经施行了多年，有一套完整的监管制度；在关境线上的保税加工封闭式监管模式为跨境工业区，目前只有一处，即珠澳跨境工业区，分澳门园区和珠海园区两部分，在澳门特别行政区的部分是澳门园区，在珠海经济特区的部分是珠海园区。

非物理围网监管有纸质手册管理和计算机联网监管两种模式。

纸质手册管理是一种传统的监管模式，主要是用加工贸易纸质登记手册进行合同内容的备案，凭以办理进出口报关，并记录进口料件及出口成品的实际情况，最终凭以办理核销结案手续。这种监管方式在海关对保税加工货物监管中曾经起过相当重要的作用，但随着对外贸易的发展和现代科技的进步，逐渐为计算机联网监管模式所替代。

计算机联网监管是一种高科技的监管模式，主要是应用计算机手段实现海关对加工贸易企业的联网监管，通过建立电子账册或电子化手册，合同备案、料件进口、产品出口、手册核销全部通过计算机进行。监管海关管理科学严密，企业通关便捷高效，成为目前海关对保税加工货物监管的主要模式。这种监管模式又分为两种：一种是针对大型企业的，以建立电子账册为主要标志，以企业为单元进行监管，不再执行银行保证金台账制度；另一种是针对中小企业的，以建立电子化手册为主要标志，以合同为单元进行管理，执行银行保证金台账制度，目前电子化手册已经成为海关对特殊监管区域外的加工贸易企业的主要监管模式。

加工贸易纸质手册的海关监管是一种传统的保税监管模式，它是经海关审核通过后，产生一本纸质的清册作为载体，企业在进出申报时，都需要向海关出示该手册，海关凭此接受进出口报关，并最后凭此手册办理核销结案手续。

1. 纸质手册的基本报关程序

纸质手册下的加工贸易手册报关程序，以合同备案为单位，基本的报关程序为商务审批—合同备案—进出口报关—合同报核。

（1）商务审批：指企业在办理加工贸易手册前，需要先行到商务主管部门办理两证，一个是《加工贸易生产能力证明》，由企业所在地县级及以上的商务主管部门核发；另一个是《加工贸易业务批准证书》，由企业所在地的省级商务主管部门核发。

（2）合同备案：加工贸易企业持商务主管部门的审批文件，以及相关许可证件、加工贸易合同，到主管海关进行备案，备案获得海关批准后，海关将加工贸易合同制成加工贸易手册作为报关的一部分资料。

（3）进出口报关：指企业在主管海关申领到加工贸易手册后，在海关所同意的进口口岸，进行原材料的进口报关，同时享受原材料的进口保税政策。原材料进口申报后，企业把保税料件在国内生产成成品，再凭此手册在海关允许的出口口岸，进行出口成品的申报，完成手册的一进一出的完整流程。

（4）合同报核：指企业执行完合同后，即进口所有料件做成制成品后，并全部出口完毕，手册进出平衡，这时企业持加工贸易手册、进出口报关单及相关单证，向手册核发海关申请该手册的核销，经海关审核后，完成对该手册的核销结案工作。

2. 海关办理具体步骤

具体步骤如下：预录入〔通过 QP（quick pass，快速报关）系统录入相关资料〕—发送至海关审核—海关审核同意—开设银行保证金台账联系单并打印出来—企业持台账联系单到银行（中国银行或工商银行）开设台账—生成银行保证金台账通知单并打印出来—企业持银行保证金台账通知单返回海关登记—登记完成后海关核发加工贸易手册—企业持手册进行进出口申报—进出口完成后向海关申请报核—海关审核完成打印银行保证金台账核销联系单—企业持银行保证金台账核销联系单到银行登记—银行打印保证金台账核销通知单—海关登记银行保证金台账核销通知单—完成手册结案，打印结案通知书。

3. 合同备案的变更

加工贸易合同中的内容，如品名、规格、金额、数量、加工期限、单耗、商品编码等发生变化的时候，经商务主管部门批准后，需要到海关办理合同备案变更手续，开设台账的合同还需要变更台账。

为简化手续，对于变更金额在 1 万美元以下和合同延长不超过 3 个月的，无须经商务主管部门批准，若有东部地区 B 类企业的允许类商品变为限制性商品的，需要半实转保证金的应及时转，若企业类别有改变，可保持原合同继续执行但是不能再进行变更和延期，转为禁止类商品的需要按当时海关公布的原则进行相关处理。

4. 合同备案的相关事宜

1）不同属于一个直属海关

经营企业与加工企业不同属于一个直属海关的，到加工企业所属直属海关进行报关，经营企业与加工企业属于不同管理类别的，则以级别低的管理类别为准。具体的办理手续如下。

第一，经营企业持商务主管部门核发的《加工贸易批准证明》和《加工贸易企业生产状况和生产能力证明》，填制异地加工贸易申请表格，到经营企业所在地海关领取海关关封。

第二，加工企业所在地海关，凭经营企业的关封和备案申报的相关文件，对合同的备案进行审核，核发加工贸易手册。

2）加工贸易单耗申报

单耗，即进口料件在加工生产过程中，转换为单位成品中的料件的量，分为净耗和损耗。损耗包含工艺性损耗和非工艺性损耗。

净耗（量）是指全部转化为成品中的量。工艺性损耗量是指加工过程中，无法转化到成品当中的耗量，包括无形损耗和有形损耗。

单耗与净耗（量）的关系式为

$$单耗=净耗（量）/（1-工艺性损耗量）$$

■ 第三节　电子化手册的海关监管

一、电子化手册概述

电子化手册是海关适应加工贸易新形势、新发展的需要，从简化手续、方便企业的角度出发，运用现代信息技术和先进的管理理念，以加工贸易手册为管理对象，在加工贸易手册备案、通关、核销等环节采用"电子手册+自动核算"的模式取代原有的纸质手册，并逐步通过与相关部委的联网取消纸质单证作业，最终实现"电子申报、网上备案、无纸通关、无纸报核"的新监管模式。

电子化手册主要以企业的单个合同为单元，进行加工贸易合同内容的备案，凭以进出口，并记录进口料件出口成品的实际情况，最终凭以办理核销结案手续。这种监管模式在海关对保税加工货物监管中起着相当大的作用，也是目前我国海关对特殊监管区域外的加工贸易企业所采取的主要监管模式。

在海关注册备案的所有加工贸易企业，实施电子账册管理的企业及海关特殊监管区域内企业和保税场所除外，均需实施电子化手册管理模式。

电子化手册改革的主要目的是方便企业，贴近当前加工贸易企业的生产运营实际，为企业提供全天候、全方位及方便快捷的网上"大通关"服务，从根本上提高行政审批效率，降低企业通关成本，方便企业合法进出，提高企业竞争力。

二、电子化手册管理的核心内容

1. 取消纸质手册

以电子数据取代纸质加工贸易手册，以企业 IC 卡或 I-KEY 卡作为系统操作的身份认证。

2. 网上作业

若采用企业端录入方式，企业的备案资料库数据、电子化手册数据、报核数据通过网络办理，在企业本地即可完成，仅当企业需要提交资料、样品或领取相关单证时，才需要到海关业务现场。

3. 备案资料库管理

改革现有的加工贸易备案模式，通过对加工贸易料件及成品进行进出口商品约束性预归类（简称预归类），建立企业备案资料库，企业在进行通关手册备案时可直接调用备案资料库数据，以减少企业在办理电子化手册时的审批时间。

三、电子化手册企业数据的录入方式

电子化手册企业数据的录入方式分为两种。

第一，代理录入方式。企业内无须安装任何系统，电子化手册数据和报关单数据由设在海关报关大厅的预录入公司代理录入并收取代理录入费用。

第二，企业自理录入方式。采取该方式的企业需要安装电子口岸统一认证的第三方软件公司开发的统一版本客户端软件，录入并发送备案资料库和电子化手册的备案、变更和核销数据。安装电子口岸统一认证的第三方软件公司开发的统一版本客户端软件系统，需要交纳一次性客户端软件安装费用、日常系统维护费用（按年或月交纳）和数据传输费。

四、电子化手册的管理特点

1. 电子化手册以合同为单元

原则上一个合同办理一本手册，这一点与纸质手册是一致的。

2. 采取网络审批和备案

目前，电子化手册已经实现了企业端的电子数据可以直接向海关申报，也实现了海关的审核数据和银行间的传输，实现了海关的网上审批。下一步，将实现海关和商务主管部门、税务部门、外管部门的联网，实现真正意义上的全流程网上审批①。

3. 实行银行保证金台账制度

银行保证金台账制度的全称为加工贸易银行保证金台账制度，是指经营加工贸易的单位或企业凭海关核准的手续，按合同备案金额向指定银行申请设立银行保证金台账。加工成品在规定的期限内全部出口，经海关核销合同后，由银行核销银行保证金台账。

银行保证金台账制度的核心内容是对不同地区的加工贸易企业和加工贸易所涉及的进出口商品实行分类管理，也就是根据企业类别和商品类别，由银行按照海关规定的计算方法，确定征收保证金的金额。

4. 实行台账的特殊情况

根据企业类别、商品类别及企业所在地区实行台账的不转、空转、实转、半实转。所有的加工贸易合同，都要按照银行保证金台账制度的规定办理，具体包括四种情况：不转，是指不需要开设银行保证金台账；空转，是指开设台账，不需要支付保证金；实转，是指开设台账，支付全额保证金；半实转，是指开设台账，支付一半的保证金。

加工贸易企业按报关单位分类管理中的"收发货人的审定标准"分为高级认证企业和失信企业两个管理类别。

---

① 财政部 税务总局 商务部 海关总署关于跨境电子商务综合试验区零售出口货物税收政策的通知. http://www.chinatax.gov.cn/chinatax/n377/c18353174/content.html，2018-09-28.

商品分为禁止类、限制类、允许类三类。加工贸易禁止类和限制类目录由海关总署会同国家其他有关部门适时公布，禁止类和限制类以外的商品为允许类商品。

国家公布的加工贸易禁止类商品有以下几种。

（1）国家明令禁止进出口的商品。

（2）为种植、养殖而进口的商品。

（3）可能引起高能耗、高污染的商品。

（4）低附加值、低技术含量的商品。

（5）其他列名的加工贸易禁止类商品。

目前公布的加工贸易限制类商品有 2 000 多种，不仅涉及进口料件，也涉及出口成品。第一，加工贸易进口限制类商品：植物油、初级形状聚乙烯、聚酯切片、天然橡胶、糖、棉、棉纱、棉坯布和混纺坯布、化学短纤、铁和非合金钢材、不锈钢、电子游戏机。第二，加工贸易出口限制类商品：线性低密度聚乙烯、初级形状聚苯乙烯、初级形状环氧树脂、初级形状氨基树脂等化工品；实木家具、容器等制成品；玻璃管、棒、块、片及其他型材和异型材；羊毛纱线；旧衣服；部分有色金属。

海关将地区分为东部地区和中西部地区。东部地区包括辽宁省、北京市、天津市、河北省、山东省、江苏省、上海市、浙江省、福建省、广东省。中西部地区是指东部以外的中国其他地区（不包含港澳台地区）[①]。

5. 经海关审核同意，可在全国口岸报关

相比以前的纸质手册只能在有限的几个口岸进行申报，电子化手册可以在海关批准的多个甚至全国所有口岸进行申报，极大地方便了进出口企业，进出口企业根据需要可以自主选择货物进出地。

五、电子化手册办理流程

电子化手册在海关计算机系统内的底账有备案资料库和通关手册两部分。其中，备案资料库实行分段式备案，通关手册实行按合同备案。

1. 企业备案资料库的建立

1）建立备案资料库的目的

电子化手册启用前，企业申请以电子化手册模式开展加工贸易业务的，必须建立备案资料库，这也是电子化手册不同于纸质手册的一个方面。

电子化手册的备案资料库类似于电子账册的经营范围备案，主要目的如下：一是便于海关掌握企业加工贸易料件和成品的总体情况；二是为了确保同一家企业、同一商品不因为人为的因素，在不同的手册备案中造成商品编码、计量单位不同的情况（同名异号），省去了之后办理备案手册输入料件成品的时间。在电子化手册备案时，企业只需从

---

① 港澳台地区均是单独关税区，不归海关总署管理。如果货物运输到港澳台地区属于出口。

备案资料库中调取相应的数据，即可达到规范申报的目的。

备案资料库以企业为单元建立。原则上，一家企业只需要建立一个备案资料库，一个备案资料库可以对应多本电子化手册。一家企业建立一个备案资料库后可长期使用，其中备案的料件和成品是对企业料号级的加工贸易料件、成品进行归并后的结果。

2）备案资料库需要提交给海关的资料

（1）《备案资料库基本信息预录入呈报表》主要填写企业内部编码、主管海关、生产能力、加工企业编码、加工企业名称等（表2-2）。

表2-2　备案资料库基本信息预录入呈报表

经营单位盖章		申报日期		加工单位盖章	
主管海关			企业内部编码		
加工企业名称			加工企业编码		
联系人			联系电话		
进口料件项数			出口成品项数		
生产能力/万美元			备案资料编码		

注：1. 一个企业一份备案资料
　　2. "企业内部编码"为企业自行编写，统一编号不得重复使用；"备案资料编码"为预录入填写
　　3. 此表不需海关审核，仅供企业预录入使用

（2）《备案资料库进口料件预录入呈报表》主要填写商品编码、商品名称、规格型号、计量单位、法定计量单位、主料标志等（表2-3）。

表2-3　备案资料库进口料件预录入呈报表

经营单位盖章				加工单位盖章		
序号	商品编码	商品名称	规格型号	计量单位	法定计量单位	主料标志
1						
2						
3						
4						

（3）《备案资料库出口成品预录入呈报表》主要填写商品编码、商品名称、规格型号、计量单位和法定计量单位等（表2-4）。

表2-4　备案资料库出口成品预录入呈报表

经营单位盖章			加工企业盖章		
序号	商品编码	商品名称	规格型号	计量单位	法定计量单位
1					
2					
3					
4					

原则上，三资企业或有外贸经营权的生产型企业要以企业的名义建立资料库，管理对

象选择"加工企业";外贸公司要以经营单位名义建立资料库,管理对象选择"经营单位"。

为确保备案资料库料件及成品商品编码的准确性,企业对商品编码不确定的,可向海关归类部门咨询办理预归类手续。

除了上述资料外,备案资料库还需要提交给海关以下资料。

（1）经营企业及加工企业工商营业执照（核正本留复印件）[①]。

（2）组织机构代码证（核正本留复印件）。

（3）税务登记证（核正本留复印件）。

（4）海关报关单位注册登记证（核正本留复印件）。

3）海关不予备案的商品

备案资料库备案时,以下四种情况的商品海关不予备案。

（1）禁止进出口商品。除另有规定外,被禁止进出口的商品,将不允许开展加工贸易业务。2020 年,国家共颁布 4 批《禁止进口货物目录》及近 30 种（类）规定禁止进口的货物,以及 5 批《禁止出口货物目录》及近 20 种（类）规定禁止出口的货物。

（2）加工贸易禁止类商品。2020 年以前,在执行的加工贸易禁止类商品目录共有两个,即商务部、海关总署 2009 年第 37 号公告所附《2009 年加工贸易禁止类商品目录》和《2010 年第 63 号增列入加工贸易禁止类目录的商品目录》,前者包含 1 759 个税号商品,后者包含 44 个税号商品。

2020 年 11 月 5 日,商务部、海关总署发布 2020 年第 54 号公告,对加工贸易禁止类商品目录进行调整。一是将商务部、海关总署 2014 年第 90 号公告的加工贸易禁止类商品目录中符合国家产业政策,不属于高耗能、高污染的产品及具有较高技术含量的产品剔除,共计剔除 199 个十位商品编码。同时,对部分商品禁止方式进行调整[②]。二是调整后的加工贸易禁止类商品目录仍按《商务部海关总署 2014 年第 90 号公告》有关规定执行。三是 2020 年第 54 号公告自 2020 年 12 月 1 日起执行。2021 年 6 月 15 日起,为支持加工贸易发展,稳定加工贸易产业链供应链,加工贸易企业进口纸制品（税目 4801~4816）加工出口纸制品（税目 4801~4816）不再列入加工贸易禁止类商品目录。

（3）列入加工贸易禁止类进口商品目录的,凡用于深加工结转转入,或从具有保税加工功能的海关特殊监管区域内企业经实质性加工后进入区外的商品,不按加工贸易禁止类进口商品管理,仍可备案。

（4）列入加工贸易禁止类出口商品目录的,凡用于深加工结转转出,或进入具有保税加工功能的海关特殊监管区域内企业加工生产的商品,不按加工贸易禁止类出口商品管理,仍可备案。

---

① 营业执照、组织机构代码证和税务登记证、社会保险登记证、统计登记证现已实现五证合一。五证合一登记制度是指营业执照、组织机构代码证、税务登记证、社会保险登记证和统计登记证五个证件信息合一的登记制度。全国已经全面推行"一照一码"。"一照一码"就是通过一口受理、并联审批、信息共享、结果互认,将由五个部门（市场监督管理、质检、税务、社保、统计）分别核发不同证照,改为通过一窗受理、互联互通、信息共享,由市场监督管理部门直接核发加载法人和其他组织统一社会信用代码的营业执照,社会保险登记证和统计登记证不再另行发放。自 2016 年 10 月 1 日起,全国范围内实施"五证合一""一照一码"登记模式。为描述方便,本书仍采用"五证合一"前的名称。

② 关于调整加工贸易禁止类商品目录的公告. http://www.gov.cn/zhengce/zhengceku/2020-11/15/content_5561646.htm, 2020-11-05.

4）海关对消耗性物料的管理

消耗性物料是加工贸易企业为加工生产复出口（含深加工结转）产品而进口的，在加工过程中直接用于，但又完全不物化于产品中的消耗掉的物料（部分物化的纳入单耗管理）。根据海关总署 2011 年第 2 号公告，为规范对外商投资企业进口触媒剂、催化剂、磨料、燃料的监督管理，自 2011 年 3 月 1 日起，对外商投资企业为履行产品出口合同进口直接用于加工出口产品而在生产过程中消耗掉的、数量合理的触媒剂、催化剂、磨料、燃料，海关按保税方式进行监管。

海关对非外商投资企业加工贸易项下进口的消耗性物料的监管，有以下两点。

（1）对随加工贸易保税料件一同进口，直接用于加工成品出口，并在加工过程中全部或部分消耗掉，或者物化在成品中，数量合理的石墨电极、石油焦、煤、染化剂、洗涤剂、触媒剂、催化剂，可予以保税备案，海关按核定的耗用量进行监管核销。

（2）对单独进口（即加工贸易项下只进口消耗性物料，不进口其他保税料件），用于加工成品出口的染化剂、洗涤剂、触媒剂、催化剂，可予以保税备案，海关按核定的耗用量进行监管核销。若其加工成品属于应税出口税的商品，仍按现行规定征收出口税。

除上述规定列明的商品和情况外，其他一律征税进口。

5）海关无法监管的商品

若进口料件属于海关无法实行保税监管的，也不允许备案。对首办企业申请设立备案资料库的，经审核，单证齐全、有效的，备案岗位可安排验厂。经实地下厂勘验，符合设立条件的，应同意企业设立申请并办理相关手续。海关审核通过后，H2010 系统[①]生成该企业的备案资料库。备案资料库编码为 12 位，第 1~2 位为标记代码"HS"，第 3~6 位为关区代码，第 7 位为企业性质代码，第 8~12 位为顺序号。

2. 电子化手册备案

电子化手册备案是指企业在备案资料库的商品范围内，按照进出口生产的实际需要，向海关申请备案电子化手册，海关根据地方商务主管部门出具的业务批准证，对电子化手册备案内容予以审核并建立电子化手册的过程。

1）企业首次开展加工贸易业务，办理电子化手册需要提交的单证

首次开展加工贸易，经营单位和加工企业需要向主管地海关提交如下资料。

（1）《对外贸易经营者备案登记表》复印件。

（2）企业法人营业执照副本复印件和税务登记证副本复印件。

（3）《中华人民共和国海关进出口货物收发货人报关注册登记证书》复印件或《对外加工生产企业海关登记通知书》。

（4）商务主管部门签发的《加工贸易业务批准证》及料件、成品、单耗清单。

（5）经营企业自身有加工能力的，应提交主管部门签发的《加工贸易加工企业生产能力证明》；经营企业委托加工的，应当提交经营企业与加工企业签订的委托加工合同和主管部门签发的加工企业的《加工贸易加工企业生产能力证明》。

---

① H2010 系统是海关管理备案、监管货物信息的系统。

（6）经营企业对外签订的进出口合同。

（7）《进料加工备案审批表》《加工合同备案申请表》《进口料件备案申请表》《加工出口成品备案申请表》《单耗备案申请表》《来料加工备案审批表》（表 2-5~表 2-10）。

表 2-5　进料加工备案审批表

备案库号：

预录入号：　　　　　　　　　　　　　　　　　　　　　　　　　　　　手册号：

经营单位名称		负责人		联系电话			
加工企业名称		联系人		联系电话			
进口合同号		进口料件总值		出口成品总值			
出口合同号		成品返销期限		进出口岸			
进口料件名称	规格型号	单位	数量	单价	总价	成品单耗	加工成品名称和数量
初审意见							
科长意见							
关长意见							
备注							

表 2-6　加工合同备案申请表

备案申报编号：　　　　　　　　　　　　　　　　　　　　　　　　　主管地海关：

1. 经营单位名称：	2. 经营单位编码：
3. 经营单位地址：	
4. 经营单位联系人：	5. 联系电话及手机号：
6. 加工企业名称：	7. 加工企业编码：
8. 加工企业地址：	
9. 加工企业联系人：	10. 联系电话及手机号：
11.外商公司名称：	12. 成交方式：
13. 贸易方式：	14. 征免性质：
15. 贸易国（地区）：	16. 加工种类：
17. 内销比例：	18. 批准文号： 19. 协议号：
20. 进口合同号：	21. 进口总值： 22. 币制：
23. 出口合同号：	24. 出口总值： 25. 币制：
26. 投资总额：	27. 进口设备总额： 28. 币制：
29. 进出口岸：	30. 进口期限：
31. 出口期限：	32. 单耗申报环节：
33. 目前共备案手册数：	34. 目前未核销手册数：
35. 申请人：	36. 申请日期：
37. 备注	

表 2-7　进口料件备案申请表

序号	商品编号	商品名称	规格型号	数量	单位	单价	总价	原产国

表 2-8　加工出口成品备案申请表

序号	商品编号	商品名称	规格型号	数量	单位	单价	总价	消费国

表 2-9　单耗备案申请表

序号	成品名称	对应料件序号	单耗量	损耗率/%	对应料件序号	单耗量	损耗率/%

表 2-10　来料加工备案审批表

备案库号：

预录入号：　　　　　　　　　　　　　　　　　　　　　　　　手册号：

经营单位名称		负责人		联系电话		
加工企业名称		联系人		联系电话		
进口合同号		进口料件总值		出口成品总值		
出口合同号		成品返销期限		进出口岸		
进口料件名称	规格型号	单位	数量	单价	总价	成品单耗	加工成品名称和数量
初审意见							
科长意见							
处长意见							
关长意见							
备注							

（8）《代理报关委托书/委托报关协议》（加工贸易企业委托报关公司办理业务时提交）。

（9）生产设备清单及厂房所有权证明材料。

（10）海关需要的其他单证，如特殊行业商品应收取相关部门的批文或许可证件；生产流程介绍、单耗情况说明、排料图、场地证明、设备情况说明等。

2）企业办理电子化手册的具体流程

（1）加工贸易企业通过 QP 系统，按照加工贸易业务批准证内容和海关监管要求，在电子化手册企业端系统"通关手册备案"模块中，自行录入或委托报关公司等中介机构代理录入电子化手册备案数据，进行备案表头、表体的录入及申报（表体录入时调用备案资料库数据，企业只需根据提示填写料件、成品的部分数据及单耗数据）。

（2）电子化手册备案数据录入并向海关发送后，企业凭有关纸质单证向主管海关加工贸易监管部门申请办理电子化手册备案手续。

（3）经海关审核同意设立电子化手册的，H2010 系统建立 12 位编号的电子化手册底账。电子化手册编号的规则如下：第 1 位是"B"或"C"，表示手册类型分别为来料加工手册或进料加工手册；第 2~5 位为主管海关关区代码；第 6 位为年份；第 7 位为企业性质代码；第 8 位为电子化手册标志；第 9~12 位为顺序号。

（4）海关审核通过后，向企业返回审核通过信息；审核不通过的，返回退单信息。电子化手册通过审批后，H2010 系统自动按照备案内容计算产生银行保证金台账。自2010 年 2 月 1 日起，海关与银行实现了银行保证金台账电子化联网管理，H2010 系统会根据备案的内容自动生成银行保证金台账备案联系单数据并发往银行。

（5）企业可通过柜台支付或网上支付的方式办理银行保证金台账业务。

（6）银行将台账进行登记，并将台账状态为"电子登记成功"的台账备案联系单数据反馈回海关端，海关接收电子口岸转发的"银行保证金台账开设电子通知单"，H2010 系统自动登记该通知单。

（7）电子化手册经海关系统确认后，才可用于进出口通关。

（8）海关不再签发纸质加工贸易手册，企业凭电子化手册号码即可办理通关手续。电子化手册项下的银行保证金台账的征免情况同纸质手册。

3）需要提供保证金或银行、非银行金融机构保函的情形

（1）应收风险担保的情形。经营企业或加工企业有下列情形之一的，经营企业应当向海关提供保证金或银行保函、非银行金融机构保函，经海关审核同意后办理手册设立业务：①涉嫌走私，已被海关立案侦查，案件尚未审结的；②由于管理混乱被海关要求整改，尚在整改期内的。

（2）可收取风险担保的情形。经营企业或加工企业有下列情形之一的，海关可以要求经营企业提供保证金或银行保函、非银行金融机构保函后办理手册设立业务：①租赁厂房或设备的；②首次开展加工贸易业务的；③加工贸易手册申请两次或两次以上延期的；④办理异地加工贸易手续的；⑤涉嫌违规，已被海关立案调查，案件尚未审结的。

4）海关对客供辅料的管理

对于出口企业为履行出口产品合同，由外商免费或有价提供用于出口产品的辅助材料，由于其数量少、价值低，为简化手续，在规定的辅料品种范围内（共 78 种），且每批合同进口辅料金额在 5 000 美元以下（含 5 000 美元）的，由主管海关根据出口产品合

同，核定辅料耗用量，免于办理加工贸易登记手册，不纳入银行保证金台账管理范围。

客供辅料列明的 78 种辅料，具体如下：①拉链；②纽扣；③鞋扣；④扣绊；⑤搭扣；⑥摁扣；⑦垫肩；⑧胶袋；⑨别针；⑩大头针；⑪胶贴；⑫纸贴；⑬棉线；⑭提帮线；⑮缝纫线；⑯绣花线；⑰纸板；⑱纸封；⑲花边；⑳滚条；㉑纸盒；㉒铁圈；㉓D 形圈；㉔夹子；㉕胶类；㉖挂钩；㉗风钩；㉘衣架；㉙尼龙绳；㉚开线绳；㉛腈纶绳；㉜铆钉；㉝气眼；㉞纸牌；㉟商标；㊱装饰牌；㊲电脑牌；㊳装饰用标牌；㊴各种标签；㊵电脑纸带；㊶防腐剂；㊷纸样；㊸假带；㊹窗帘绳；㊺花纸；㊻洗涤带；㊼蝴蝶片；㊽干燥剂；㊾棉带；㊿腰带；51吊牌；52玩具眼、鼻、头发；53鞋眼；54尼龙卷；55魔术贴；56条形码；57塑料袋；58密封圈；59横头卡；60嵌线；61彩纸；62汗衫边；63裤钩；64珠子（结）；65拷钮；66胶纸衬；67腰衬；68说明书；69橡筋；70价格牌；71品质带；72尺码带；73珠片；74领插角；75纸箱；76五金配件；77方形圈；78小型生产用工具（扣模、胶针枪）。

5 000 美元以下，78 种以内客供低值辅料，不纳入银行保证金台账管理。海关对符合客供辅料的企业核发海关审核通过的客供辅料清单，企业凭客供辅料清单向海关通关部门办理保税进口，并凭出口报关单核销客供辅料清单。

上述进口辅料限于为加工出口产品而提供的辅助材料，主要材料则由国内购买。如随主料进口辅料，则主管海关仍按一般加工贸易办理合同登记备案，纳入银行保证金台账管理范围。除上述进口辅料外，对金额在 1 万美元及以下的加工贸易合同也不纳入银行保证金台账管理，由主管海关凭商务主管部门的审批文件办理合同备案登记手续，并对进口料件、出口成品进行监管核销。

3. 电子化手册的通关

办理手册后，企业可以持加工贸易手册进行进出口申报，办理通关手续。企业在 QP 系统中录入报关单，向海关申报（同现有的"报关单"通关流程）。

电子化手册管理下的保税加工货物报关，适用进出口报关阶段程序的有保税加工进出境货物报关、保税货物深加工结转报关和其他保税加工货物报关三种情形。

海关特殊监管区域进出口货物报关单、进出境货物备案清单填制规范详见本书附录 11。

1）保税加工进出境货物报关

保税加工进出境货物报关包括料件进口报关和成品出口报关两种，报关包括单证申报、查验、征税、放行货物后提取或装运货物四个环节。保税加工进出境货物报关与一般进出口货物报关最大的不同点是，保税加工进出境货物报关时，在 H2010 系统中已生成电子底账（账册），有关数据通过网络发送给相应的口岸海关，因此企业在口岸报关时提供的有关单证内容必须与备案数据完全一致。也就是说，货物报关的商品编码、品名、规格、计量单位、数量、币制等必须与备案数据无论在字面上还是在计算机格式上都完全一致，只要在某方面不一致，报关就不能通过。

加工贸易保税货物进出境由加工贸易经营单位或其代理人进行申报。加工贸易货物进出境申报必须有《加工贸易登记手册》或其他准予合同备案的凭证。

保税加工进出境货物报关的许可证管理和税收征管要求如下。

（1）关于进出口许可证管理。进口料件除易制毒化学品、监控化学品、消耗臭氧层物质、原油、成品油等个别规定的商品外，均可免予交验进口许可证；出口成品，属于国家规定应交验出口许可证的，在出口报关时必须交验出口许可证。

（2）关于进出口税收征管。准予保税的加工贸易料件进口时暂缓纳税，加工贸易项下出口应税商品，如系全部使用进口料件加工生产的成品，不征收出口关税；加工贸易项下的出口应税商品，如系部分使用进口料件、部分使用国产料件加工的成品，则按海关核定的比例征收出口关税。

加工贸易出口关税的计算公式为

$$出口关税=出口货物完税价格×出口关税税率$$
$$×出口成品中使用的国产料件占全部料件的价值比例$$

2）保税货物深加工结转报关

保税货物深加工结转，是指加工贸易企业将保税进口料件加工的产品转至另一加工贸易企业进一步加工后复出口的经营活动。其程序分为计划备案、收发货登记、结转报关三个环节。

（1）计划备案。转出企业填写《中华人民共和国海关加工贸易保税货物深加工结转申请表》（一式四联），向转出地海关进行备案，或通过网络向转出地海关报送深加工结转转出申请；转出地海关备案后，留存第一联，将其余三联退转出企业交于转入企业，或转出地海关对电子数据进行审核后，发送数据到转入地海关；转入企业持其余三联在转入地海关备案后，留存第三联，将第四联交于转出企业，或转入海关审核转入电子数据，并回执电子数据给转出地海关。

（2）收发货登记。转出、转入企业在每批次货物收发货记录时，应当在《保税货物实际结转情况登记表》上进行如实登记，或企业实际发货及收货后，及时在系统里面进行收发货登记。

（3）结转报关。转入企业凭《中华人民共和国加工贸易保税货物加工结转申请表》《保税货物实际结转情况登记表》等单证向转入地海关办理结转进口手续；转出企业接到转入企业通知后，向转出地海关办理结转出口报关。一份转入报关单对应一份转出报关单，两份报关单之间对应的申报序号、商品编号、加工数量、手册号等内容应当一致。

3）其他保税加工货物报关

其他保税加工货物是指履行加工贸易合同过程中产生的剩余料件、边角料、残次品、副产品，其特征是不能复出口。

对于履行加工贸易合同中产生的上述剩余料件、边角料、残次品和副产品，企业必须在手册有效期内处理完毕。处理的方式有内销、退运和销毁等。

（1）内销。经海关批准允许转内销的保税加工货物按一般进口货物报关，属于进口许可证件管理的，企业按规定补交进口许可证件，补税补息。

剩余料件的内销：进料加工以原进口货物的成交价格为基础，不能确定的，以同时期相同或类似货物的进口价格为基础；来料加工以内销同时期的相同或类似货物的进口成交价格为基础。

边角料的内销：以申报内销时的成交价格为基础。

残次品的内销：需根据单耗对应关系，把残次品折算成相应的料件，以折算的料件数量及价格进行内销。进料加工以原进口货物的成交价格为基础，不能确定的，以同时期相同或类似货物的进口价格为基础；来料加工以内销同时期的相同或类似货物的进口成交价格为基础。

副产品的内销：以申报时的实际报验状态的数量及价格进行内销。

（2）退运。保税加工企业应持有关单证向口岸海关报关办理出口手续，留存有关报关单证以备核销。

（3）销毁。加工贸易企业向海关提出销毁申请，海关经核实同意销毁的，由企业按规定销毁，必要时海关可以派员监督销毁。销毁后，企业应当收取有关部门出具的销毁证明材料，以备报核。

此外，因不可抗力造成且已完全失去使用价值的，经海关审核，可以予以免税核销；因不可抗力造成、虽已失去原有使用价值但可再利用的，根据海关审定的受灾保税货物价格，按对应的进口货物适用的税率，缴纳进口税及缓税利息；非不可抗力造成的，补税、补证、补息。

4. 加工贸易进出口

1）加工贸易货物的主要进出口途径

根据 2014 年海关总署令第 219 号《中华人民共和国海关加工贸易货物监管办法》，加工贸易货物有以下进出口途径。

（1）加工贸易企业可以通过以下方式进口加工贸易货物：①加工贸易企业直接从境外进口；②加工贸易企业从保税区、出口加工区/保税物流中心、综合保税区、保税港区等海关特殊监管区域进口；③加工贸易企业从保税仓库提取货物；④加工贸易企业通过深加工结转方式购买另一加工贸易企业生产的成品（或半成品）。

（2）加工贸易企业可以通过以下方式出口加工贸易货物：①加工贸易企业直接将货物出口至境外；②加工贸易企业将货物出口至保税区、出口加工区/保税物流中心、综合保税区、保税港区等海关特殊监管区域；③加工贸易企业将货物出口至出口监管仓库；④加工贸易企业通过深加工结转方式将成品卖给另一加工贸易企业生产。

根据 2017 年 12 月 20 日海关总署令第 235 号公布的《海关总署关于修改部分规章的决定》第一次修正，根据 2018 年 5 月 29 日海关总署令第 240 号《海关总署关于修改部分规章的决定》第二次修正，根据 2018 年 11 月 23 日海关总署令第 243 号《海关总署关于修改部分规章的决定》第三次修正，根据 2020 年 12 月 23 日海关总署令第 247 号《海关总署关于修改部分规章的决定》第四次修正，《中华人民共和国海关加工贸易货物监管办法》有了微调，具体内容详见以下二维码。

　　2）企业填制加工贸易货物进出口报关单的注意事项

　　（1）"进（出）口岸"栏。应填报货物的进（出）口口岸名称。加工贸易合同项下货物必须在电子化手册备案的口岸办理报关。货物实际的进出口口岸与登记手册不一致的，加工贸易企业应按规定办理变更手续。

　　（2）"备案号"栏。应填写电子化手册的编号。一份报关单只允许填报一本电子化手册的编号。电子化手册编号的首位标记代码必须与报关单中的"贸易方式"和"征免性质"栏目填报的内容相匹配，首位标记代码"C"代表进料加工，"B"代表来料加工。

　　（3）"经营单位"栏。应填报电子化手册规定的加工贸易经营企业。

　　（4）"贸易方式"栏。应填报加工贸易专用的、与电子化手册相对应的贸易方式。

　　（5）"征免性质"栏。应按电子化手册规定的征免性质填报。

　　（6）"项号"栏。第一行应填写报关单中的商品排序号（流水号），第二行应填写加工贸易企业在电子化手册备案的项号。其中，第一，深加工结转货物，应分别按照电子化手册中的进口料件和出口成品的项号进行填报；第二，剩余料件结转货物，出口（转出）报关单应按照转出手册中的进口料件的项号填报，进口（转入）报关单应按照转入手册中的进口料件的项号填报；第三，料件复出、退换货物，出口报关单应按照电子化手册中的进口料件的项号填报；第四，成品退换货物，进口（退运进境）报关单和出口（复运出境）报关单应按照电子化手册中的原出口成品的项号填报；第五，内销货物，应填制进口报关单，按照电子化手册中的进口料件的项号填报。

　　（7）"商品编码"栏。应按照商品编码规则确定的进出口货物的商品编码填报。

　　如果在通关过程中，发现进出口货物实际的商品编码与电子化手册备案的商品编码不一致，企业应按照规定向海关备案部门变更电子化手册中的商品编码。

　　（8）"商品名称、规格型号"栏。填报的内容必须与电子化手册中相同项号下的货物的商品名称、规格型号一致。

　　（9）"原产国（地区）/最终目的国（地区）"栏。应按照实际情况填报，其中，第一，剩余料件结转的，出口报关单"最终目的国（地区）"栏应填报"中国"，进口报关单"原产国（地区）"栏应填报原进口料件的生产国（地区）；第二，深加工结转的，进口报关单均应填报"中国"；第三，料件复运出境的，填报实际最终目的国（地区）；第四，成品退运的，进口报关单"原产国（地区）"栏应填报"中国"，出口报关单"最终目的国（地区）"栏应填报实际的最终目的国（地区）。

　　（10）"备注"栏。加工贸易内销征税的，应按照内销货物的实际状态分别填报"边角料""剩余料件""残次品""副产品""受灾保税货物"；海关予以行政处罚后的补税货物，应填报海关行政处罚决定书的编号。

　　加工贸易货物进出口申报的内容应该与电子化手册的备案内容保持一致，即申报进口料件或出口成品的商品编码、商品品名、规格型号、计量单位等必须与电子化手册的备案数据保持完全一致，且申报的进口或出口数量不得大于备案数量。

5. 电子化手册报核及核销结案

　　电子化手册报核及核销结案，是指企业根据保税货物的进、销、存、转等情况，将电子化手册有效期内的料件进口、成品出口、生产加工、货物库存、深加工结转、内销征税和后续补税等情况向海关申报，海关予以审核、核销、结案的过程。

1）报核和核销的含义

加工贸易合同报核，是指加工贸易企业在加工贸易合同履行完毕或终止合同，并按规定对未出口部分货物进行处理后，按照规定的期限和规定的程序，向加工贸易主管海关申请核销要求结案的行为。

加工贸易合同核销，是指加工贸易企业加工复出口并对未出口的货物办妥有关海关手续后，凭规定单证向海关申请解除监管，经海关审查、核查属实且符合有关法律、行政法规的规定，予以办理解除监管手续的海关行政行为。

海关的报核不仅要确认进出数量是否平衡，而且要确认成品是否由进口料件生产构成。数量上的报核主要是考虑加工贸易的单耗是否准确，质量上的报核主要考虑是否存在料件串换等情形。

2）报核的时间

经营加工贸易的单位或企业应在规定的期限内将进口的料件加工成成品复出口，并自加工贸易手册项下最后一批成品出口之日起或加工贸易手册到期之日起30日内向海关报核。经营企业对外签订的合同因故提前终止的，应当自合同终止之日起30日内向海关报核。

3）报核的单证

（1）企业合同核销申请表。

（2）进出口货物报关单。

（3）核销核算表。

（4）其他海关核销需要的资料。

4）电子化手册核销业务流程

（1）电子化手册报核时，企业应通过电子化手册企业端系统的数据报核模块，向海关申报电子化手册的报核数据，并向海关发送电子报文。

（2）系统会对企业提供的报核数据进行逻辑审核，审核不通过的，系统会自动退单，系统审核通过的，会转入海关人工审核，海关对企业报核的电子数据进行审核，通过审核的，海关通知企业提交纸质单证；企业报核数据不满足海关监管要求，或报核报关单与海关底账不一致的，海关会把电子报文退回企业，并通知企业修改后重新申报。

（3）报核数据通过电子审核的，企业持有关单证向主管海关加工贸易监管部门办理核销结案手续。

（4）海关自受理企业报核之日起20个工作日内，应当核销完毕，如有特殊情况，可以由直属海关的关长批准或由直属海关的关长授权的隶属海关关长批准延长10个工作日。海关同意核销结案的，H2010系统自动产生银行保证金台账核销联系单并发往银行端。

（5）企业办理完结有关银行保证金台账手续后，海关接收电子口岸转发的银行保证金台账核销电子通知单，H2010系统自动登记该通知单。

（6）海关打印加工贸易结案通知书，交企业留存。

5）特殊情况的报核

（1）遗失进出口报关单的合同报核。按规定企业应当用报关单留存联原件报核，在遗失报关单的情况下，可以凭报关单复印件向原报关地海关申请加盖海关印章后报核。

（2）无须申领登记手册的 5 000 美元及以下的 78 种列名辅料清单的合同报核。企业直接持进出口报关单、合同、核销核算表报核。报核的出口报关单应当是注明备案编号的一般贸易出口报关单。

（3）撤销合同的报核。加工贸易合同备案后因故提前终止，未发生进出口而申请撤销的，应报商务主管部门审批，企业凭商务主管部门的批件进行手册报核。

（4）有走私违规行为的加工贸易合同的报核。加工贸易企业因走私行为被海关缉私部门或法院没收保税加工贸易货物的，凭有关证明材料，如《行政处罚决定书》《行政复议决定书》《判决书》《裁决书》等办理核销手续。加工贸易企业因违规等行为被海关缉私部门或法院处以警告、罚款等处罚但不没收加工贸易保税货物的，不予免除加工贸易企业办理相关海关手续的义务。

6）企业报核时的注意事项

（1）企业的自我检查。企业应对核销单证和系统操作等内容做好自我检查，主要包括以下方面：①检查提交单证是否齐全、正确有效，单证内容是否和电子数据一致。②检查提交的报关单份数是否齐全；报关单表头"备案号"与手册编号是否相符；填报的进出口料件、成品等与电子底账及有关单证上核准的内容是否一致。③检查是否在报核前按规定办结剩余料件、边角料、副产品、残次品的内销、退运或销毁手续。④对报核前申报单耗的，检查单耗申报环节、申报状态、申报单耗内容是否符合单耗管理办法的相关要求。⑤检查"报核表头""料件总计""成品总计"中各项数据是否完整、属实。⑥检查进口"料件明细"中的产品总耗用数量、实际进口数量、剩余数量等数据，与报关单累计数据是否一致；核对合同备案进口料件的品名、规格、成分含量与进口报关单是否一致。⑦检查出口"成品明细"中的出口总数量、深加工结转出口数量、实际出口数量等，与报关单累计数量是否一致；核对备案合同出口成品的品名、规格、成分含量与出口报关单是否一致。⑧检查合同项下的料件及成品进出口日期，核算进出口数量、重量及金额有无出现倒挂情形。

（2）企业应掌握的内容。企业应全面掌握核销合同剩余料件、边角料具体数量；了解合同是否存在进出时间和进出金额倒挂问题、是否由外发加工；了解合同有无成品退换及是否在本合同完成，合同是否有违规情形。

（3）企业应办结的报关征税手续。企业须在手册有效期内办结所有报关征税手续，包括剩余料件征税或结转或退运、边角料征税或销毁手续等，超过手册有效期后所有数据将无法向海关作业系统发送。

（4）涉及受灾保税货物。若合同核销涉及受灾保税货物的，应按海关总署令第 218 号进行处理。涉及受灾保税货物的核销需提交以下资料：①商务主管部门签注的意见；②保险公司出具的保险赔款通知书或检验检疫部门出具的有关证明文件；③海关认为的其他有效文件。

第四节 计算机联网监管电子账册管理

计算机联网监管是一种高科技的监管方式，主要是应用计算机手段实现海关对加工贸易企业的联网监管，通过建立电子账册，实现备案、进口、出口、核销等全部通过计算机完成。企业的进、销、存、用、转等生产物流数据全部通过计算机网络管理，受海关的严密监管，构成了电子围网。企业的备案、变更、报关、核销等业务也通过网络完成。

电子账册管理是海关对加工贸易企业实施计算机联网管理中，以加工贸易企业的整体加工贸易业务为单元，对保税加工货物实施监管的一种模式。其是依托现代科技贸易手段，以海关信息化管理系统（H2010）、中国电子口岸、企业资源管理（enterprise resource planning，ERP）系统为基础，使海关通过计算机网络从企业提取监管所必需的财务、物流、生产等数据，与海关计算机系统相连接，海关根据加工贸易联网监管企业（简称联网企业）的生产情况和海关监管的需要确定核销周期，并按照该核销周期对实行电子账册管理的联网企业进行核销的全程式计算机联网管理，实现了"电子账册+联网核查"的海关监管模式。这种监管模式主要针对大型企业，以建立电子账册电子底账为主要标志，以企业为单元进行管理，不再执行银行保证金台账制度，已经实施了多年，并形成了完整的监管制度。

一、联网监管电子账册的管理特点

联网监管电子账册的管理特点是一次审批、分段备案、滚动核销、周转量控制、联网核查，具体体现在以下几个方面。

（1）对企业经营资格、经营范围（商品编码前四位）和加工生产能力一次性审批，取消对加工贸易合同的逐票审批。

（2）先备案进口料件，在生产成品出口前（包括深加工结转）再备案成品及申报实际的单耗情况。

（3）建立以企业为单元的电子账册，实现与企业物流、生产实际接轨的滚动核销制度。

（4）对进出口保税货物的总价值（或数量），按照企业生产能力进行周转量控制备案，满足企业在国际化大生产条件下的零库存生产需要，提高通关速度。

（5）企业可以通过网络向商务主管部门和海关申请办理审批、备案等电子手续，取消手册管理模式下审批、备案及变更等各种复杂手续，满足现代企业快速生产及进出口的要求。

二、联网监管电子账册的适用范围

根据海关总署令第150号《中华人民共和国海关加工贸易企业联网监管办法》，申请实施联网监管办理电子账册的加工贸易企业应当具备以下条件。

（1）具有加工贸易经营资格。

（2）在海关注册，并已在主管海关加工贸易监管部门备案。

（3）属于生产型企业，具有加工生产加工贸易货物的设备、厂房、工人等基本条件。

除了具备基本条件外，部分海关还会根据辖区内企业的实际情况，要求加工贸易企业具备以下条件。

（1）企业经营守法，具有可靠资信，内部管理规范，对采购、生产、库存、销售等环节能实行全程计算机管理，且数据经技术处理可由企业内部系统导入。

（2）能按照海关监管要求提供真实、准确、完整并具有被核查功能的数据。

（3）属于高级认证类、失信类管理企业。

（4）有足够的资产或资金为本企业实行联网监管应承担的经济责任提供总担保。

三、联网监管电子账册为企业带来的便利

（1）电子账册以企业为单元建立，原则上只需商务主管部门一次审批、海关一次备案，彻底摆脱手册备案时须商务主管部门逐个审批、海关逐个备案的烦琐手续。

（2）实行最大周转金额控制，贴近企业的生产经营实际。只要企业进出口数量在最大周转金额范围内，就可根据生产的实际情况灵活地进出口。

（3）实行分段备案，避免企业非主观故意违规。较好地避免虚拟合同模式下企业由于模糊备案或未及时办理变更手续而出现的非主观故意违规行为。

（4）实行滚动核销，简化核销手续，提高了核销效率，同时实行计算机自动核算，提高了核销的准确性。

（5）提高了企业的通关效率。实施联网监管后，电子账册备案只需要半小时，电子账册的变更则只需要几分钟。

（6）增强企业的竞争力。联网监管充分满足企业生产周期短、零库存、即时生产等运营管理需求，企业在海关核定的周转量内灵活备案、进出口，通关手续更快捷，生产周期大大缩短，增强了企业的竞争力。

四、联网监管电子账册备案

企业凭商务主管部门的批准证通过网络向海关办理"经营范围电子账册"备案手续，其备案内容为经营单位名称及代码、加工单位名称及代码、批准证件编号、加工生产能力、加工贸易进口料件和成品范围（商品编码前四位）。企业在收到海关的备案信息后，应将商务主管部门指定准备的纸质的《联网监管企业加工贸易业务批准证》交海关存档。

1. 资质审核

加工贸易企业在申请海关联网监管前，应接受海关资质审核并做好相关前期准备工作。申请程序如下。

企业向其主管海关提交申请，主管海关在接收到加工贸易企业以书面形式递交的联网监管申请后，对企业相关情况进行审核。主管海关经审核同意实施联网监管的，报直属海关批准后，向申请联网企业制发《海关实施加工贸易联网监管通知书》。

企业收到海关制发的通知书后，向主管海关提交备案申请资料。主管海关对申请实施联网企业的进口保税料件、出口成品的归类和商品归并关系进行预先审核和确认。

主管海关审核通过，并报直属海关批准后，加工贸易企业即完成资质审核工作。

2. 企业准入

具备条件的企业向海关申请实施联网监管的，应先填制《加工贸易企业联网监管申请表》，注明申请实施电子账册或电子手册管理，并提交主管海关加工贸易监管部门。在商务主管部门对企业申请联网监管进行前置审批的基础上，主管海关应对申请企业是否具备联网监管条件进行审核，并根据实际情况确定是否准许企业实施联网监管的模式。

海关会重点对企业的如下内容进行审核。

（1）对《加工贸易企业联网监管申请表》的有关内容进行审核。

（2）企业是否使用 ERP［MRP（material requirements planning，物料需求计划）］等企业生产管理软件对采购、生产、仓库、销售等实行计算机管理。

（3）企业内部管理是否规范，能否按照海关要求提供准确有效的数据。

（4）企业三年内是否有走私、违规、欠税或其他欺瞒等信誉不良记录。

（5）企业能否根据不同的联网模式，自行或委托中介开发计算机接口程序与维护联网企业端系统。

（6）是否可以将保税料件与非保税料件分开存放管理。

3. 企业前期技术准备工作

对具备联网监管资格的企业，应按照海关联网监管要求，做好以下准备工作。

（1）通过主管海关申请配置测试环境联网参数和填写《联网监管企业基本情况调查表》。

（2）填写《电子账册联网传输配置申请表》。

（3）企业开发了企业端软件。企业应结合内部 ERP 系统增加相应的海关监管功能，包括经营范围、电子账册、归并关系、中期核查、报关清单、报关单等业务数据。

（4）安装企业端软件。

4. 企业联网监管电子账册备案流程

企业需备案联网监管电子账册的，主管海关应凭商务主管部门制发的批准文件办理联网企业电子账册备案手续，并按照联网企业报送备案的资料建立电子账册。电子账册备案的内容应与商务主管部门批准内容一致。

（1）电子联网监管核准。企业向其主管海关提出联网监管的申请，经主管海关初审并报其直属海关核准后，同意其实施联网监管，并核发联网监管验收合格证。企业需提交的单证如下：①联网监管申请表；②经营范围清单（料件与成品的名称与四位编码）；

③营业执照；④外贸经营资格批件；⑤会计报表。

（2）加工贸易业务核准。企业向商务主管部门申领《加工贸易业务批准证》，需提交以下单证：①营业执照；②外贸经营资格批件；③联网监管验收合格证；④经营范围清单；⑤生产能力证明。

（3）电子账册的建立。建立电子账册（主管海关），凭《加工贸易业务批准证》核发经营范围电子账册和便捷通关电子账册。

（4）经营范围电子账册的备案。经营范围电子账册用于载明核准的进出口料件、成品及最大周转金额和数量，不能用于报关。海关 HS 编码只有前四位。经营范围电子账册的备案要注意以下内容：①备案内容。经营单位名称与代码、生产单位名称与代码、加工贸易批准证书编号、加工能力、经营范围清单。②变更事项。经营范围、加工能力变更，须经商务主管部门核准才可到海关办理。其他变更可直接到海关办理。

（5）便捷通关电子账册的备案。便捷通关电子账册，即加工贸易电子账册，也称为 E 账册，账册的料件及成品的海关 HS 编码有十位，适用于报关。E 账册的备案要注意以下内容：①备案内容。企业基本情况、料件和成品情况、单耗关系。②备案时间。料件备案必须在进口前备案，成品和单耗备案可以推迟到成品出口前。③周转金额和周转数量。海关会根据加工能力核定一个最大周转金额和周转数量，每批进口时不能超过其剩余值。

电子账册备案内容包括企业基本情况表、保税料件和成品、单耗关系。

企业通过电子账册企业端系统的"电子账册"模块录入电子账册备案数据。企业向海关发送备案数据后，应及时带上相关单证至主管海关予以审核。填报内容如下：①表头，包括经营单位名称及海关代码、加工企业名称及海关代码、批准证编号、经营范围账册编号、年加工生产能力、最大周转金额、进出口岸等；②料件，包括商品名称、规格型号、商品编码、计量单位、法定单位、第二法定单位、币制、征免方式等；③成品，包括商品名称、规格型号、商品编码、计量单位、法定单位、第二法定单位、币制、征免方式等；④单耗，包括料件序号、成品序号、版本号、净耗、损耗率等。

电子账册备案数据经海关审核通过后，由海关确定电子账册的核销周期（一般为 180 天），并产生 12 位的电子账册号码，其中第一位为标记代码"E"，第 2~5 位为关区代码，第 6 位为年份，第 7~12 位为顺序号，计算机将自动反馈海关审核信息。

通常一家企业只建立一本电子账册，但如某企业集团公司下有一无法人资格却独立核算的分厂，则该分厂可以另建立电子账册。

5. 企业联网监管电子账册变更

当企业的经营范围与能力发生变更（或其他原因需对电子账册的经营范围、有效期、进出口总金额等内容进行变更）时，经商务主管部门批准，企业可通过网络向海关申请变更。企业可通过网络办理便捷通关电子账册备案手续。内容包括：企业基本情况，包括经营单位及代码、加工企业及代码、批准证编号、经营范围账册号、加工生产能力等；成品部分，包括归并后的料件、成品名称、单耗关系、成品版本号、对应料件的净耗、损耗率等。海关可通过电子账册设定最大周转金额、最大周转数量，电子账册进口料件的金额、数量及电子账册剩余料件的金额、数量不得超过最大周转金额和最大周转数量。

每一个企业一般只能申请建立一个便捷通关电子账册，但是如果企业有无法人资格却独立核算的分厂，料件、成品单独管理的，经海关批准可以建立一个电子账册；企业需异地口岸进出口报关或异地深加工结转报关的，可以申请办理便捷通关电子账册异地报关分册。海关审核后可核发纸质分册，企业凭纸制分册进行异地口岸报关。

主管海关凭商务主管部门的变更证明办理相关变更手续，具体包括三种类型的变更。

（1）新增变更，即新增料件、成品或单耗等。

（2）修改变更，即修改电子账册表头内容，或尚未进出口通关的料件、成品、单耗等各项内容，以及已经进出口通关的料件、成品的商品编码。

（3）删除变更，即删除尚未进出口通关的料件、成品、单耗版本等各项内容。

电子账册的基本情况表发生变化，如料件、成品品种、单耗关系的增加等，只要未超出经营范围和加工能力的，企业不必报经商务主管部门审批，可通过企业端直接向海关申请变更。

企业相同序号下的成品出口前，如当批出口成品的单耗关系与已备案的成品单耗版本不符，应按当批出口成品的实际单耗情况提交新的单耗版本，办理单耗变更。

6. 商品归并关系管理

（1）商品归并关系的概念。商品归并关系，是指海关与联网企业根据监管的需要，按照商品名称、HS编码、价格、贸易管制等条件，将联网企业内部管理的料号级商品与电子账册备案的项号级商品进行归并或拆分，建立一对多或多对一的对应关系。

（2）商品归并关系管理规则。联网企业电子账册备案、变更时，对进口料件和出口成品进行归并，应遵循以下规则。

电子账册备案、变更时，联网企业应以内部管理的料号级商品为基础，按照《中华人民共和国进出口税则》规定的目录条文和归类总规则、类注、章注、子目注释及其他归类注释，进行商品归类，并归入相应的税则号列，经海关审核确定后，在企业内部管理的料号级商品与电子账册备案的项号级商品之间建立一一对应关系。受海关监管资源限制，无法实现料号级商品与项号级商品一一对应的，需要建立多对一归并关系。

联网企业的计算机系统能够按照进口料件重要程度实施分类管理，并且经主管海关认定其进口料件可以区分主料与非主料实施监管的，主料建立一一对应关系，非主料可建立多对一归并关系。

（3）料号级料件的归并。料号级料件同时满足以下条件的，可予以归并：①十位商品编码相同；②申报计量单位相同；③中文商品名称相同；④符合规范申报的要求。

其中，根据相关规定可予保税的消耗性物料与其他保税料件不得归并；因管理需要，海关或企业认为需要单列的商品不得归并。

（4）出口成品的归并。出口成品采用成品版本号进行备案和申报，如同时满足以下条件的可予以归并：①十位商品编码相同；②申报计量单位相同；③中文商品名称相同；④符合规范申报的要求。

其中，涉及单耗标准与不涉及单耗标准的料号级成品不得归并；因管理需要，海关或企业认为需要单列的商品不得归并。

7. 内销征税

联网企业因故内销保税料件或其制成品，主管海关应凭商务主管部门制发的《加工贸易保税进口料件内销批准证》，按现行加工贸易监管规定办理内销征税手续，或在商务主管部门制发的《加工贸易保税进口料件内销批准证》范围内允许企业先行内销保税料件或其制成品，并在当月内集中办理内销缴税的申报手续。

五、联网监管电子账册的报关

（1）进出境报关（同现有的"报关单"通关流程）。
（2）深加工结转报关（同现有的"报关单"通关流程）。
（3）内销缓税利息的计算，计息日从上次核销日到开具税款缴纳数止。

$$缓税利息=应补税款×计息期间×利息率$$

六、联网监管电子账册的核销管理

1. 核销基础

电子账册核销是指企业根据保税货物进、销、存、转等情况，将电子账册核销周期内的料件进口、成品出口、生产加工、货物库存、深加工结转等情况向海关申报，海关予以核销的过程。电子账册核销包括预报核审核和正式报核审核两个流程。

核销周期，即实施海关联网监管的企业，每隔一个周期需要对其进口料件、出口成品、在制品等进行盘存，对其电子账册中的料件等进行核准的操作，联网监管实行滚动核销，对采用电子账册管理模式的联网企业，由主管海关按实际监管需要确定核销周期，一般情况下，电子账册一般以 180 天为一个报核周期，最长不得超过一年。

首次报核期限为从电子账册建立之日起 180 天后的 30 天内；以后报核期限，为从上次报核之日起 180 天后的 30 天内。

核销时限是指企业从向海关申请电子账册的报核之日起，到该电子账册核销结案之日止的时间。主管海关完成电子账册核销的时限为下一个核销日期前，但原则上不得超过 180 天。

电子账册核销业务办理流程如下：企业在 QP 系统端录入预报核数据—主管海关进行预报核审核—海关审核通过预报核并通知企业申报正式报核数据—主管海关进行正式报核审核—主管海关予以通过正式报核—进入下一核销周期。

报核时需提交海关的资料：①电子账册报核总体情况表；②归并参数表；③盘点表（盘点清册）；④进出报关单；⑤税款缴纳书；⑥财务报表。

2. 电子账册预报核填报数据

电子账册预报核填报数据的内容如下。

（1）电子账册预报核填报报核表头。报核表头包括电子账册编号、核销开始日期、核销结束日期、报核次数、进口报关单份数、出口报关单份数、报核料件项数、报核成品项数等。报核类型填报"电子账册预报核"。

（2）电子账册预报核填报报关单。报关单包括报关单号、申报地海关、进出口标志、申报日期、进出口日期、核扣方式。企业向海关发送数据后，应通知主管海关予以审核。海关通过预报核审核的，企业按海关要求申报电子账册正式报核数据。

3. 电子账册正式报核填报数据

电子账册正式报核填报数据的内容如下。

（1）电子账册正式报核填报报核表头。报核表头包括电子账册编号、核销开始日期、核销结束日期、报核次数、进口报关单份数、出口报关单份数、报核料件项数、报核成品项数等。报核类型填报"电子账册正式报核"。

（2）电子账册正式报核填报报核料件。报核料件包括料件序号、商品编码、商品名称、计量单位、消耗总数量、应剩余数量、实际剩余数量等。

（3）电子账册正式报核填报报核成品。报核成品包括成品序号、商品编码、附加编码、商品名称、计量单位、出口总数量等。

（4）电子账册正式报核填报核销料件。根据主管海关的要求填报，包括料件进口总数量、内销数量、退运（换）数量、边角料数量等。

（5）电子账册正式报核填报核销成品。根据主管海关的要求填报，包括成品退运（换）数量等。

七、企业联网监管风险担保、电子账册暂停和注销

1. 企业联网监管的风险担保

联网企业有下列情形之一的，海关可以要求其提供保证金或银行保函作为担保。
（1）企业管理类别下调的。
（2）未如实向海关报送数据的。
（3）海关核查、核销时拒不提供相关账册、单证、数据的。
（4）未按照规定时间向海关办理报核手续的。
（5）未按照海关要求设立账册、账册管理混乱或者账目不清的。

2. 基于担保缺失的停账

联网企业属于涉嫌走私违规已被立案调查的，主管海关可根据实际情况，要求企业缴纳相当于电子账册生产周转量保税料件等值税款或电子手册备案保税料件等值税款金额一定比例的风险担保金或提供银行担保；联网企业不缴纳风险担保金或不提供银行担

保的，主管海关可对其电子账册设置为停账状态，待联网企业办理海关相关手续或按要求整改后予以恢复。

3. 基于身份识别卡丢失的停账

对企业由于身份识别卡丢失而申请停账的，海关可为其办理停账手续。

4. 基于不具备加工贸易经营资格的账册注销

对已不具备加工贸易经营资格的联网企业，主管海关相应注销其电子账册。

八、关于企业联网监管核查数据报送与实施核查

主管海关可根据监管需要和捆绑联网核查进行辅助管理的原则，要求企业动态报送单耗、深加工结转、外发加工、保税转内销和库存等联网核查数据。对企业报送的数据，应采取数据核对和下厂核查等方式开展对联网企业的核查。海关核查人员下厂核查可采用专项核查或盘点核查的方式进行。

第三章

保 税 物 流

第一节 保税物流的概念及主要功能

一、保税物流的概念

保税物流是国际物流的一部分，各类物流的关系如图 3-1 所示。保税物流指经营者经海关批准，将货物在税收保全（无税）的状态下，从供应地到需求地对货物实施空间位移的过程。上述过程主要包括进口货物在口岸、特殊监管区域、保税监管场所、保税加工场所之间或保税监管区域（场所）内，以及国内出口货物进入特殊监管区域、保税监管场所、保税加工场所的空间位移。

图 3-1　各类物流的关系

目前，中国已经成为全球制造业的主要投资生产基地，生产的产品主要以外销为主，同时兼营中国国内市场，外销企业采用的多数为保税形式的加工，我们称这类企业为加工贸易企业。加工贸易企业的进出口额已经占中国总进出口额的一半以上，加工贸易企业的物流运作成为中国实际物流运作中的重要课题。

二、保税物流的主要功能

保税物流主要有保税仓储、简单加工、转口贸易、出口拼箱、进口分拨、检测维修服务等功能。

1. 保税仓储

货物从国内或国外运至保税仓库以保税形式存储起来，免交关税，节约大量税金，增加资金的流动性。

2. 简单加工

货物可以在保税仓库进行包装、分拣、贴标签、换标签、拼装等流通性加工。简单加工可实现手册核销、转厂和出口转内销等业务，即加工贸易企业可通过出口到特殊监管区域内，享受出口退税（规避国内深加工结转出口企业无法享受出口退税的问题），核销手册，实现跨关区转厂、出口转内销等。

3. 转口贸易

进口货物在保税监管场所或区域存储，可经简单加工后，转手出口到其他目的国或地区。可充分利用保税区内免领进出口许可证件、免征关税和进口环节增值税等优惠政策，利用国内外市场的地区差、时间差、价格差、汇率差等，在保税区内实现货物国际转运流通、加工贴唛、贴标签、再包装、打膜等，最终再运输到目的国。

4. 出口拼箱

将中国各地及国外供应商采购的原材料、半成品、成品等汇集到保税仓库仓储，再按销售合同组合成不同的货柜后出口。

5. 进口分拨

从世界各地进口的货物（包括国内转至保税仓库的货物）可以暂存在保税仓库，进行分拣、简单加工、拆拼箱后，根据国内采购商的需求进行批量送货，以减轻收货人的进口税赋压力及仓储负担。进口分拨还可提供展示服务，即国外大宗商品，如设备及原材料等，可存放在保税仓库保税存放，并可常年展示。展示结束后可以直接运回原地，避免高额的关税和烦琐的报关手续。

6. 检测维修服务

发往国外的货物因品种或包装退运，需返回工厂检测或维修，可利用保税场所或区域功能，直接将货物退至保税区内，简化报关程序，不用缴纳进口税，待维修完毕后，直接复出口。

保税物流货物一般储存在保税仓库、出口监管仓库、保税物流中心、保税区等监管场所和海关特殊监管区域，通过保税物流功能来完成货物的转移。

■ 第二节　保税仓库

一、保税仓库概述

（一）保税仓库的含义

保税仓库是指经海关批准设立的专门存放保税货物及其他未办结海关手续货物

的仓库。

（二）存放货物的范围

经海关批准可以存入保税仓库的货物如下。

（1）加工贸易进口货物。

（2）转口货物。

（3）供应国际航行船舶和航空器的油料、物料和维修用零部件。

（4）供维修外国产品所进口寄售的零配件。

（5）外商进境暂存货物。

（6）未办结海关手续的一般贸易进口货物。

（7）经海关批准的其他未办结海关手续的进境货物。

（三）保税仓库的名称和分类

中国大体上有三类保税仓库。

（1）公用型保税仓库，即由主营仓储业务的中国境内独立企业法人经营，专门向社会提供保税仓储服务的保税仓库。

（2）自用型保税仓库，即由特定的中国境内独立企业法人经营，仅储存本企业自用的保税货物的保税仓库。

（3）专用型保税仓库，即专门用来储存具有特定用途或特殊种类商品的保税仓库，包括液体危险品保税仓库、备案保税仓库、寄售维修保税仓库和其他专用保税仓库。

（四）保税仓库的设立

保税仓库应当设立在有海关机构、便于海关监管的区域。经营保税仓库的企业，应当具备经市场监督管理部门注册登记，具有企业法人资格等六项条件。

企业申请设立保税仓库的，应向仓库所在地主管海关提交书面申请，提供能够证明具备要求条件的有关文件。

二、报关程序

保税仓库的报关程序可以分为进库报关和出库报关。

（一）进库报关

货物在保税仓库所在地进境时，除国家另有规定外，免领进口许可证件，由收货人或其代理人办理进口报关手续，海关进境现场放行后存入保税仓库。

货物在保税仓库所在地以外的其他口岸入境时，经海关批准，收货人或其代理人可以按照转关运输的报关程序办理手续，也可以直接在口岸海关办理异地传输报关手续。

（二）出库报关

保税仓库货物出库可以出现进口报关和出口报关两种情况。保税仓库货物出库根据情况可以逐一报关，也可以集中报关。

1. 进口报关

（1）保税仓库货物出库用于加工贸易的，由加工贸易企业或其代理人按加工贸易货物的报关程序办理进口报关手续。

（2）保税仓库货物出库用于可以享受特定减免税的特定地区、特定企业及特定用途的，由享受特定减免税的企业或其代理人按特定减免税货物的报关程序办理进口报关手续。

（3）保税仓库货物出库进入国内市场或用于境内其他方面，由收货人或其代理人按一般进口货物的报关程序办理进口报关手续。

2. 出口报关

保税仓库货物为转口或退运到境外而出库的，保税仓库经营企业或其代理人按一般出口货物的报关程序办理出口报关手续，但可免缴纳出口关税，免交验出口许可证件。

3. 集中报关

保税货物出库批量少、批次频繁的，经海关批准可以办理定期集中报关手续。

（三）报关要点

（1）保税仓库所存货物的储存期限为1年，如因特殊情况需要延长储存期限的，应向主管海关申请延期，经海关批准可以延长的，延长的期限最长不超过1年。

（2）保税仓库所存货物，是海关监管货物，未经海关批准并按规定办理有关手续的，任何人不得出售、转让、抵押、质押、留置、移作他用或进行其他处置。

（3）货物在保税仓库储存期间发生损毁或灭失，除不可抗力原因外，保税仓库应当依法向海关缴纳损毁、灭失货物的税款，并承担相应的法律责任。

（4）保税仓库货物可以进行包装、分级分类、加刷唛码、分拆、拼装等简单加工，但不得进行实质性加工。

（5）保税仓库经营企业应于每月5日之前以电子数据和书面形式向主管海关申报上一个月仓库收、付、存情况，并随附有关单证，由主管海关核销。

■ 第三节 出口监管仓库

一、出口监管仓库概述

（一）出口监管仓库的含义

出口监管仓库是指经海关批准设立，对已办结海关出口手续的货物进行存储、保税货物配送、提供流通性增值服务的海关专用监管仓库。

出口监管仓库分为出口配送型仓库和国内结转型仓库。出口配送型仓库是指存储以实际离境为目的的出口货物的仓库。国内结转型仓库是指存储用于国内结转的出口货物的仓库。

（二）存放货物的范围

出口监管仓库是指具有专门存储货物的场所，其中出口配送型仓库的面积不得低于5 000平方米，国内结转型仓库的面积不得低于1 000平方米。

经海关批准可以存入出口监管仓库的货物：①一般贸易出口货物；②加工贸易出口货物；③从其他海关特殊监管区域、场所转入的出口货物；④其他已办结海关出口手续的货物。

出口配送型仓库还可以存放为拼装出口货物而进口的货物。

出口监管仓库不得存放下列货物：①国家禁止进出境货物；②未经批准的国家限制进出境货物；③海关规定不得存放的货物。

（三）出口监管仓库的设立

出口监管仓库的设立，应符合海关规定的具有企业法人资格、注册资本、仓库面积等五项条件，经海关受理审批做出行政许可及验收，经直属海关核发《中华人民共和国出口监管仓库注册登记证书》，方可投入运营。《中华人民共和国出口监管仓库注册登记证书》有效期为3年。

（四）出口监管仓库的税收

存入出口监管仓库的出口货物，按照国家规定应当提交许可证件或缴纳出口关税的，发货人或其代理人应当提交许可证件或缴纳税款。

对经批准享受入仓即予退税政策的出口监管仓库，海关在货物入仓结关后予以签发出口货物报关单证明联。对不享受入仓即予退税政策的出口监管仓库，海关在货物实际离境后签发出口货物报关单证明联。

（五）出口监管仓库的更换

对已存入出口监管仓库因质量等原因要求更换的货物，经仓库所在地主管海关批准，可以更换货物。被更换货物出仓前，更换货物应当先行入仓，并应当与原货物的商品编码、品名、规格型号、数量和价值一致。

出口监管仓库货物，因特殊原因确需退运、退仓的，应当经海关批准，并按照有关规定办理相关手续。

二、出口监管仓库报关程序

出口监管仓库货物报关，大体可以分为进仓报关、出仓报关、结转报关和更换报关。

（一）进仓报关

出口货物存入出口监管仓库时，发货人或其代理人应当向主管海关办理出口报关手续，填制出口货物报关单。按照国家规定应当提交出口许可证件和缴纳出口关税的，必须提交许可证件和缴纳出口关税。提交报关必需的单证和仓库经营企业填制的《出口监管仓库货物入仓清单》。

（二）出仓报关

出口监管仓库货物出仓可能出现出口报关和进口报关两种情况。

1. 出口报关

出口监管仓库货物出口时，仓库经营企业或其代理人应当向主管海关申报。提交报关必需的单证，并提交仓库经营企业填制的《出口监管仓库货物出仓清单》。入仓没有签发出口货物报关单证明联的，出仓离境海关按规定签发出口货物报关单证明联。

2. 进口报关

出口监管仓库货物转进口的，应当经海关批准，按照进口货物的有关规定办理相关手续：①用于加工贸易的，由加工贸易企业或其代理人按加工贸易货物的报关程序办理进口报关手续；②用于可以享受特定减免税的特定地区、特定企业和特定用途的，由享受特定减免税的企业或其代理人按特定减免税货物的报关程序办理进口报关手续；③进入国内市场或用于境内其他方面，由收货人或其代理人按一般进口货物的报关程序办理进口报关手续。

（三）结转报关

经转入、转出方所在地主管海关批准，并按照转关运输的规定办理相关手续后，出口监管仓库之间、出口监管仓库与保税区、出口加工区、保税物流园区、保税物流中心、保税仓库等特殊监管区域、专用监管场所之间可以进行货物流转。

（四）更换报关

对已存入出口监管仓库因质量等原因要求更换的货物，经仓库所在地主管海关批准，可以更换货物。被更换货物出仓前，更换货物应当先行入仓，并应当与原货物的商品编码、品名、规格型号、数量和价值相同。

三、出口监管仓库的管理

（1）出口监管仓库所存货物的存储期限为 6 个月。经主管海关同意可以延期，但延期不得超过 6 个月。货物存储期满前，仓库经营企业应当通知发货人或其代理人办理货物的出口或者进口手续。

（2）存入出口监管仓库的出口货物，按照国家规定应当提交许可证件或缴纳出口关税的，发货人或其代理人应当提交许可证件或缴纳税款。

（3）出口货物存入出口监管仓库时，发货人或其代理人应当向主管海关申报。发货人或其代理人除按照海关规定提交有关单证外，还应当提交仓库经营企业填制的《出口监管仓库货物入仓清单》。海关对报关入仓货物的品种、数量、金额等进行审核、核注和登记。经主管海关批准，对批量少、批次频繁的入仓货物，可以办理集中报关手续。

（4）出仓货物出口时，仓库经营企业或其代理人应当向主管海关申报。仓库经营企业或其代理人除按照海关规定提交有关单证外，还应当提交仓库经营企业填制的《出口监管仓库货物出仓清单》。

（5）出仓货物出境口岸不在仓库主管海关的，经海关批准，可以在口岸所在地海关办理相关手续，也可以在主管海关办理相关手续。

（6）出口监管仓库货物转进口的，应当经海关批准，按照进口货物有关规定办理相关手续。

四、出口监管仓库的监管要点

（1）出口监管仓库必须专库专用，不得转租、转借给他人经营，不得下设分库。

（2）出口监管仓库经营企业应当如实填写有关单证、仓库账册，真实记录并全面反映其业务活动和财务状况，编制仓库月度进、出、转、存情况表和年度财务会计报告，并定期报送主管海关。

（3）出口监管仓库所存货物的储存期限为 6 个月。如因特殊情况需要延长储存期限的，应在到期之前向主管海关申请延期，经海关批准可以延长的，延长的期限最长不超过 6 个月。

（4）出口监管仓库所存的货物，是海关监管货物，未经海关批准并按规定办理有关手续，任何人不得出售、转让、抵押、质押、留置、移作他用或进行其他处置。

（5）货物在仓库储存期间发生损毁或者灭失，除不可抗力原因外，出口监管仓库应当依法向海关缴纳损毁、灭失货物的税款，并承担相应的法律责任。

（6）经主管海关同意，可以在出口监管仓库内进行品质检验、分级分类、分拣分装、印刷运输标志、改换包装等流通性增值服务。

五、出口监管仓库的应用

出口监管仓库通常结合保税仓库共同使用，一般把保税仓库和出口监管仓库合二为一，统称"两仓"，即一出一进。出口监管仓库和保税仓库属于同一范畴，主要应用于加工贸易企业当中。加工贸易企业在应用保税这一概念的过程中非常丰富，主要有五种加工保税模式，一是通常所说的"两头在外模式"，即原料和成品都在国外，加工在国内；二是"两头在内模式"，即原料和成品都在国内，当然加工也在国内，只是来源都是加工贸易公司；三是保税内销；四是非保外销；五是委托加工。

关于出口监管仓库，局限的范围非常小：一是主要用于出口；二是仓库内不允许流通加工；三是仓库容量有限；四是涉及面比较窄；五是退税一般要求为实际离境。

第四节 保税物流中心

保税物流中心是封闭的海关监管区域，具备口岸功能，分为 A 型和 B 型两种。

一、保税物流中心（A 型）

（一）保税物流中心（A 型）概述

1. 保税物流中心（A 型）的含义

保税物流中心（A 型）是指经海关批准，由中国境内企业法人经营、专门从事保税仓储物流业务的海关监管场所。按服务范围分类，保税物流中心（A 型）可以分为公用型物流中心和自用型物流中心两类。

公用型物流中心是指由专门从事仓储物流业务的中国境内企业法人经营，向社会提供保税仓储物流综合服务的海关监管场所。

自用型物流中心是指由中国境内企业法人经营，仅向本企业或本企业集团内部成员提供保税仓储物流服务的海关监管场所。

2. 存放货物的范围

（1）国内出口货物。

（2）转口货物和国际中转货物。

（3）外商暂存货物。

（4）加工贸易进出口货物。

（5）供应国际航行船舶和航空器的物料、维修用零部件。

（6）供维修外国产品所进口寄售的零配件。

（7）未办结海关手续的一般贸易进口货物。

（8）经海关批准的其他未办结海关手续的货物。

3. 开展业务的范围

保税物流中心（A型）经营企业可以开展以下业务：①保税存储进出口货物及其他未办结海关手续的货物；②对所存货物开展流通性简单加工和增值服务；③全球采购和国际分拨、配送；④转口贸易和国际中转业务；⑤经海关批准的其他国际物流业务。

但不得开展以下业务：①商业零售；②生产和加工制造；③维修、翻新和拆解；④存储国家禁止进出口的货物，以及危害公共安全、公共卫生或健康、公共道德或秩序的国家限制进出口的货物；⑤存储法律、行政法规明确规定不能享受保税政策的货物；⑥其他与物流中心无关的业务。

（二）保税物流中心（A型）的设立和管理

1. 经营保税物流中心（A型）的必要条件

（1）选址。保税物流中心（A型）应当设在国际物流需求量较大、交通便利且便于海关监管的地方。

（2）经营企业的资格条件有经市场监督管理部门注册登记，具有独立的企业法人资格等。申请设立的条件有符合海关对物流中心的监管规划建设等要求。

2. 保税物流中心（A型）的设立申请、受理审批、延期审查和变更

（1）申请设立保税物流中心（A型）的经营企业应当向所在地直属海关提交书面申请，提供能够证明规定条件已经具备的有关文件。

（2）保税物流中心（A型）的申请由直属海关受理，报海关总署审批，并由海关总署出具批准申请企业筹建物流中心的文件。物流中心验收合格后，由海关总署向企业核发保税物流中心（A型）验收合格证书和保税物流中心（A型）注册登记证书，颁发保税物流中心（A型）标牌。物流中心在验收合格后方可开展有关业务。

（3）保税物流中心（A型）注册登记证书有效期为2年。经营企业应当在每次有效期满30日内向直属海关办理延期审查申请手续。海关对审查合格的企业准予延期2年。

（4）保税物流中心（A型）需变更经营单位名称、地址、仓储面积等事项的，企业申请并由直属海关报海关总署审批。其他变更事项报直属海关备案。

（三）保税物流中心（A型）的进出货物报关程序

1. 保税物流中心（A型）与境外之间的进出货物报关

（1）物流中心与境外之间进出的货物，应当在物流中心主管海关办理相关手续。物流中心与口岸不在同一主管海关的，经主管海关批准，可以在口岸海关办理相关手续。

（2）物流中心与境外之间进出的货物，除实行出口被动配额管理和中华人民共和国参加或缔结的国际条约及国家另有明确规定的以外，不实行进出口配额、许可证件管理。

（3）从境外进入物流中心内的货物，凡属于规定存放范围内的货物予以保税；属于物流中心企业进口自用的办公用品、交通运输工具、生活消费品等，以及物流中心开展综合物流服务所需进口的机器、装卸设备、管理设备等，按照进口货物的有关规定和税收政策办理相关手续。

2. 保税物流中心（A型）与境内之间的进出货物报关

（1）物流中心内货物运往所在关区外，或者跨越关区提取物流中心内货物的，可以在物流中心主管海关办理进出物流中心的报关手续，也可以按照境内监管货物转关运输的方式办理相关手续。

（2）企业根据需要经主管海关批准，可以分批进出货物，月度集中报关，但集中报关不得跨年度办理。

（3）对物流中心与境内之间的进出货物报关按下列规定办理：①物流中心货物出中心进入关境内的其他地区视同进口，按照货物进入境内的实际流向和实际状态办理进口报关手续；属于许可证件管理的商品，企业还应当向海关出具有效的许可证件。②货物从境内进入物流中心视同出口，办理出口报关手续，如需缴纳出口关税的，应当按照规定纳税；属于许可证件管理的商品，还应当向海关出具有效的出口许可证件。

（四）保税物流中心（A型）的监管和报关要点

（1）物流中心内货物保税存储期限为1年。确有正当理由的，经主管海关同意可以予以延期，除特殊情况外，延期不得超过1年。

（2）从境内运入物流中心的原进口货物，境内发货人应当向海关办理出口报关手续，经主管海关验放；已经缴纳的关税和进口环节海关代征税，不予退还。

（3）对从境内运入物流中心已办结报关手续，或从境内运入物流中心供中心内企业自用的国产机器设备、装卸设备、管理设备、检测检验设备等，以及转关出口货物（启运地海关在已收到物流中心主管海关确认转关货物进入物流中心的转关回执后）签发出口退税报关单证明联。

（4）从境内运入物流中心的下列货物，海关不签发出口退税报关单证明联：①供中心企业自用的生活消费品、交通运输工具；②供中心企业自用的进口的机器设备、装卸设备、管理设备、检测检验设备等；③物流中心之间，物流中心与出口加工区、保税物流园区、保税物流中心（B型）和已实行国内货物入仓环节出口退税政策的出口监管仓库等海关特殊监管区域或海关保税监管场所往来的货物。

（5）从物流中心进入境内用于在保修期限内免费维修有关外国产品并符合无代价抵偿货物有关规定的零部件，或者用于国际航行船舶和航空器的物料或属于国家规定可以免税的货物，免征关税和进口环节海关代征税。

（6）实行集中申报的进出口货物，应当适用每次货物进出口时海关接受申报之日实施的税率、汇率。

（7）保税仓储货物在存储期间发生损毁或灭失的，除不可抗力外，物流中心经营企业应当依法向海关缴纳损毁、灭失货物的税款，并承担相应的法律责任。

二、保税物流中心（B型）

1. 保税物流中心（B型）的含义

保税物流中心（B型）是指经海关批准，由中国境内一家企业法人经营、多家企业进入并从事保税仓储物流业务的海关集中监管场所。

海关对其采取物理围网式监管模式，其存放货物的范围与开展业务的范围与保税物流中心（A型）相同。

2. 进入保税物流中心（B型）的货物种类

经海关批准可以进入保税物流中心（B型）的有以下货物：①国内出口货物；②转口货物和国际中转货物；③外商暂存货物；④加工贸易进出口货物；⑤供应国际航行船舶和航空器的物料、维修用零部件；⑥供维修外国产品所进口寄售的零配件；⑦未办结海关手续的一般贸易进口货物；⑧经海关批准的其他未办结海关手续的货物。

物流中心内企业应当按照海关批准的存储货物范围和商品种类开展保税物流业务。

3. 设立保税物流中心（B型）应当具备的条件

设立保税物流中心（B型）应当具备下列条件。

（1）物流中心仓储面积，东部地区不低于10万平方米，中西部地区不低于5万平方米。

（2）符合海关对物流中心的监管规划建设要求。

（3）选址在靠近海港、空港、陆路交通枢纽及内陆国际物流需求量较大，交通便利，设有海关机构且便于海关集中监管的地方。

（4）经省级人民政府确认，符合地方经济发展总体布局，满足加工贸易发展对保税物流的需求。

（5）建立符合海关监管要求的计算机管理系统，提供供海关查阅数据的终端设备，并按照海关规定的认证方式和数据标准，通过电子口岸平台与海关联网，以便海关在统一平台上与国家税务、外汇管理等部门实现数据交换及信息共享。

（6）设置符合海关监管要求的安全隔离设施、视频监控系统等监管、办公设施。

4. 保税物流中心（B 型）经营企业应具备的资格条件

保税物流中心（B 型）经营企业应当具备下列资格条件。

（1）经市场监督管理部门注册登记，具有独立企业法人资格。

（2）注册资本不低于 5 000 万元。

（3）具备对物流中心内企业进行日常管理的能力。

（4）具备协助海关对进出物流中心的货物和物流中心内企业的经营行为实施监管的能力。

5. 保税物流中心（B 型）进出货物的通关程序

保税物流中心（B 型）与关境内、关境外间的进出口货物报关与保税物流中心（A 型）的报关情况相同。这里需要强调的是物流中心内企业之间的货物流转。

保税物流中心（B 型）内货物可以在物流中心内企业之间进行转让、转移，并办理相关海关手续。未经批准，物流中心内企业不得擅自将所存放货物抵押、质押、留置、移作他用或进行其他处置。保税物流中心（B 型）经营企业不得在本物流中心内直接从事保税仓储物流的经营活动；物流中心内货物保税存储期限为 2 年，若有特殊情况，延期不得超过 1 年。

第四章

海关特殊监管区域

■第一节 保税区

一、保税区的定义

保税区也称保税仓库区，级别低于综合保税区。这是一国海关设置的或经海关批准注册、受海关监督和管理的可以较长时间存储商品的区域，是经国务院批准设立的、海关实施特殊监管的经济区域。

保税区的功能定位为保税仓储、出口加工、转口贸易三大功能。保税区具有进出口加工、国际贸易、保税仓储商品展示等功能，享有免证、免税、保税政策，实行"境内关外"运作方式，保税区能便利转口。运入保税区的货物可以进行储存、改装、分类、混合、展览，以及加工制造，但必须处于海关监管范围内。外国商品存入保税区，不必缴纳进口关税，可自由进出，只需交纳存储费和少量费用，但如果要进入关境则需缴纳关税。

保税区有较好的政策待遇，与非保税区相比，有显著的政策优势。保税区与非保税区的政策比较见表 4-1。

表 4-1 保税区与非保税区的政策比较

项目	保税区	非保税区
海关管理	实行保税制度，货物从境外运入保税区或从保税区运往境外，免进口税，免许可证	只是对保税仓库或保税工厂实行保税制度
	货物从保税区运往国内非保税区，视同进口；货物从国内非保税区运入保税区，视同出口	国外货物到达口岸后必须办理进口手续；国内货物离开口岸必须办理出口手续
	区内企业与海关实行电脑联网,货物进出采取 EDI（electronic data interchange，电子数据交换）报关	只有少数大企业实行 EDI 报关
	以《保税区海关监管办法》为法规保障	
外汇管理	外汇收入实行现汇管理，既可以存入区内金融机构，也可以卖给区内指定银行	经常性外汇收入实行强制结汇，外汇必须卖给指定银行

续表

项目	保税区	非保税区
外汇管理	无论是中资企业，还是外商投资企业，均可以按规定开立外汇账户；不办理出口收汇和进口付汇核销手续	中资企业未经批准不得保留外汇账户；企业必须办理出口收汇和进口付汇核销手续
	经常项目下的外汇开支，中资企业和外商投资企业实行统一的管理政策，由开户银行按规定办理	中资企业在结、售、汇等方面都与外商投资企业有区别

二、保税区报关流程

（一）境外货物进区流程描述

（1）加工贸易所需进境料件、转口货物、仓储货物适用进境备案手续。

（2）货物到达港口后，收货人或其代理人到预录入点办理进境货物备案清单预录入手续（加工贸易进境料件在加工企业预录入，仓储、转口货物在仓库预录入），预录入按《进出境备案清单填制规范》填写。

（3）将预录入数据向海关发送申报，待接到接受申报回执后，打印进境货物备案清单。

（4）在备案清单上签署报关员姓名，并加盖报关章，随附报关员证、提单（包括小提单）、相关商业单证、运输单证、原产地证书、《进口信用证、托收承兑/付汇情况表》、审批单证及其他海关认为必要时需交验的有关单证和资料到海关办理书面交单申报手续。

（5）海关接单后，经审核符合申报条件、手续齐全有效的，予以放行，并在有关单证上加盖放行章或验讫章，将盖章单证返还报关员办理提货手续。

（6）货物须由海关监管车辆从码头（机场等）承运至保税区内。

（二）区内货物出境流程描述

（1）保税区运往境外的货物适用出境备案手续。

（2）发货人或其代理人到预录入点办理出境备案清单预录入手续，预录入按《进出境备案清单填制规范》填写。

（3）将预录入数据向海关发送申报，待收到申报回执后，打印出境货物备案清单。

（4）在备案清单上签署报关员姓名，并加盖报关章，随附报关员证、相关商业单证、运输单证、审批单证及其他海关认为必要时需交验的有关单证和资料到海关办理书面申报手续。

（5）海关接单后，经审核符合申报条件、手续齐全有效的，予以放行，并在有关单证上加盖放行章或验讫章，将盖章单证返还报关员办理货物装船出运手续。

（6）货物须由海关监管车辆从保税区承运至码头（机场等）。

（三）其他境外货物进区或货物出区流程描述

（1）除加工贸易进境料件、转口货物和仓储货物外的从境外运入保税区，或从保税区运往非保税区,或从境外通过保税区报关直接运往非保税区的货物适用进口报送手续。

（2）收（发）货人或其他代理人到预录入点办理进口报关单预录入手续,按报关单填制规范填写。

（3）将预录入数据向海关发送申报,待接到接受申报回执后,打印进口报关单。

（4）在报送单上签署报关员姓名,加盖报关章,随附报关员证、相关商业单证、运输单证、审批单证及其他海关认为必要时需交验的有关单证和资料到海关办理书面交单申报手续。

（5）海关接单后,经审核符合申报条件、手续齐全有效的,予以放行,并在相关单证上加盖放行章或验讫章,将盖章单证返还报关员办理提货手续。

（6）入区货物须由海关监管车辆从码头（机场等）承运至保税区。

（四）货物从非保税区出口到保税区流程描述

（1）从非保税区运往保税区的货物适用出口报送手续。

（2）货物先运入保税区或直接运入码头后,发货人或其代理人到预录入点办理出口报关单预录入手续,预录入按报关单填制规范填写。

（3）将预录入数据向海关发送申报,待接到申报回执后,打印出口报关单。

（4）在报关单上签署报关员姓名,加盖报关章,随附报关员证、相关商业单证、运输单证、审批单证及其他海关认为必要时需交验的有关单证和资料到海关办理书面交单申报手续。

（5）海关接单后,经审核符合申报条件、手续齐全有效的,予以放行,并在相关单证上加盖放行章或验讫章,将盖章单证返还报关员办理货物进区手续。

第二节　综合保税区和保税港区

一、什么是保税港区和综合保税区

保税港区是指经国务院批准,设立在国家对外开放的口岸港区和与之相连的特定区域内,具有口岸、物流、加工等功能的海关特殊监管区域。保税港区是海关按照我国国情实际需要,借鉴发达国家海关的先进管理经验,与国际通行做法相衔接,适应跨国公司运作和现代物流发展需要的新兴监管区域,是目前我国港口与陆地区域相融合的保税物流层次最高、政策最优惠、功能最齐全、区位优势最明显的监管区域,是真正意义上的"境内关外",是在形式上最接近自由贸易港的政策模式。

综合保税区与保税区一词之差,但功能更为齐全,它整合原来保税区、保税物流园区、出口加工区等多种外向型功能区后,成为更为开放的一种形态,也更符合国际惯例。

保税港区和综合保税区都是经过国务院批准设立的海关特殊监管区域,两者在政策、功能和管理模式上基本相同,区别在于综合保税区一般设立在内陆地区,保税港区一般设立在国家对外开放的口岸港区和与之相连的特定区域内。综合保税区和保税港区一样，是我国目前开放层次最高、优惠政策最多、功能最齐全、手续最简化的特殊开放区域。保税港区是保税物流的最高形式。

根据现行有关政策，海关对综合保税区实行封闭管理，境外货物进入综合保税区，实行保税管理；境内其他地区货物进入综合保税区，视同出境；商务主管部门、外汇管理部门也对综合保税区实行相对优惠的政策。企业在综合保税区开展口岸作业业务，海关、商检等部门在园区内查验货物后，可在任何口岸（海港或空港）转关出口，无须再开箱查验。

二、保税港区（综合保税区）可以开展的业务及税收优惠政策

保税港区具有口岸、物流、加工三大主要功能，根据《海关总署关于修改〈中华人民共和国海关保税港区管理暂行办法〉的决定》（海关总署令第191号），保税港区内可以开展以下九类具体业务：①存储进出口货物和其他未办结海关手续的货物；②国际转口贸易；③国际采购、分销和配送；④国际中转；⑤检测和售后服务维修；⑥商品展示；⑦研发、加工、制造；⑧港口作业；⑨经海关批准的其他业务。

保税港区（综合保税区）享有六项优惠政策。

1. 境外货物（一线货物）入区免证免（保）税

从境外进出保税港区的货物，不实行进出口配额、许可证管理。区内企业自用的进口基建物资、机器设备、办公用品等免征进口关税和进口环节海关代征税，除减免税货物、征税货物（区内自用的交通工具、生活消费用品等）外的其他进口货物予以保税，从保税港区运往境外的货物免征出口关税。

2. 国内货物（二线货物）入区实行退税

从国内进入保税港区的货物视同出口，实行退税。

3. 区内货物自由流转，免税

保税港区内企业之间的货物可以自由流转，交易不征增值税和消费税。

4. 保税加工限制较少

除高耗能、高污染和资源性产品及列入加工贸易禁止类商品目录的商品外，区内企业开展保税加工业务不受限制；区内企业不实行加工贸易银行保证金台账、合同核销制度和单耗标准管理；货物出区进入国内销售按货物进口的有关规定办理报关，并按货物的实际状态征税。

5. 保税仓储货物期限

保税港区内的仓储货物不设存储期限，但存储期超过2年的，区内企业应当每年向海关备案。

6. 生产用原材料不征出口关税或退税

区内生产企业在国内采购用于生产出口产品的原材料，涉及出口关税的，进区时不征收出口关税；涉及取消出口退税的，进区时按增值税法定税率予以退税。

7. 综合保税区内企业双重身份

综合保税区内企业可以享受代理报关和自理报关双重身份。

【案例 4-1】

全国唯一的特殊综合保税区未来 5 年发展路线图来了，"特中之特"在哪？

作为我国海关特殊监管区域中唯一的特殊综合保税区，"十四五"期间，洋山特殊综合保税区将有哪些特别举措？

2021 年 6 月 24 日，《洋山特殊综合保税区发展"十四五"规划》（简称《规划》）出炉，通过发展基础、发展环境、总体要求、主要任务、区域布局、保障措施六个部分，全面展现了洋山特殊综合保税区的美好蓝图。

1. 探索建设具有中国特色的自由贸易园区的发展规划

"十四五"时期是洋山特殊综合保税区全域封关运行后，迈向更高水平开放新征程的首个五年。

根据《规划》，"十四五"期间，洋山特殊综合保税区必须要应对世界经济格局加速演变新挑战，承接更高水平对外开放国家新使命，助力上海经济高质量发展的新要求。

洋山特殊综合保税区要更加主动服务国家对外开放战略布局，从要素开放向制度开放全面拓展，加大开放型经济的风险压力测试。探索一批更高水平的贸易自由化便利化政策制度，利用"特殊"的地位，推动更多国际化、标志性的政策和制度率先在洋山特殊综合保税区"试验"，加快各项制度和政策系统集成，探索建设具有中国特色的自由贸易园区。

到 2025 年，初步形成国际公认、竞争力最强的自由贸易园区基本框架。经济质量和效益显著提高，经济增速在全国综合保税区处于领先地位，总量规模跻身全国综合保税区前列，形成开放特征明显、产业特色鲜明、具有较强国际竞争力和影响力的特殊综合保税区。

到 2035 年，全面建成国际公认、竞争力最强的自由贸易园区，成为代表中国、引领全球的开放风向标。

2. 加快建设新型国际贸易示范区和保税区服务辐射能级

根据《规划》，"十四五"期间，洋山特殊综合保税区有五大主要任务：①加快建设新型国际贸易示范区；②全面提升航运枢纽服务辐射能级；③推动建立更加开放的金融服务体系；④全力打造全球保税研发和制造产业新高地；⑤努力构建数字化转型示范区。

聚焦国际贸易示范区建设，洋山特殊综合保税区将建设离岸贸易创新实践区，依托洋山大宗商品国际贸易优势，推动建设有色金属、铁矿石、石油天然气等大宗商品离岸交易和服务平台，优化提升国内国际市场联通和辐射能力。积极推动大宗商品离岸交易规则和监管治理创新，布局亚太地区交割仓库、物流网络及交易经纪业务，建立完善离岸大宗商品供应链体系等。打造高水平转口贸易中心。加快集聚供应链总部企业，提升亚太供应链管理能力。

围绕打造全球保税研发和制造产业新高地，《规划》提出，"十四五"期间，洋山特殊综合保税区将围绕集成电路、人工智能、生物医药、民用航空等重点产业需要，构建研发、制造、服务等保税产业链，成为全球高端保税研发和制造的产业新高地。

具体支持政策包括以下方面。

（1）贸易自由化便利化方面，将实施一线径予放行、二线单侧申报、区内不设账册。

（2）免征增值税政策。对注册在洋山特殊综合保税区内的企业，在洋山特殊综合保税区内提供交通运输服务、装卸搬运服务和仓储服务取得的收入，免征增值税。

（3）支持发展跨境数字贸易，鼓励跨境电商企业建立国际配送平台，支持建立跨境电商海外仓。

（4）重点企业15%所得税政策。临港新片区内从事集成电路、人工智能、生物医药、民用航空等关键领域核心环节相关产品（技术）业务，并开展实质性生产或研发活动的符合条件的法人企业，自设立之日起5年内减按15%的税率征收企业所得税。

3. 推动建立更加开放的金融服务体系

根据《规划》，"十四五"期间，洋山特殊综合保税区将深化金融制度创新，进行更大范围的压力测试，试点更加自由便利的金融政策，更好地发挥金融服务实体经济发展、贯通国际国内循环的支撑作用。

其中一大亮点是，提升离岸金融服务能力。洋山特殊综合保税区将支持具有资质的金融机构和金融基础设施为离岸大宗商品交易中心提供账户开立、结算、清算、托管等服务，办理全功能型的"跨境资金池"业务，提供更加便利的跨境金融服务。支持符合条件的金融机构拓展仓单质押融资、期货期权、基差贸易、价格保险、利率互换等创新金融产品，逐步形成具有国际影响力的"洋山国际价格"。

与金融服务相关的政策如下。

（1）拓展跨境金融服务功能政策。实施资金便利收付的跨境金融管理制度，进一步简化优质企业跨境人民币业务办理流程，推动跨境金融服务便利化。支持企业开展真实、合法的离岸转手买卖业务。金融机构可以按照国际惯例，为临港新片区内企业开展离岸转手买卖业务提供高效便利的跨境金融服务。

（2）发展租赁业态政策。加快发展飞机、船舶等融资租赁业务。

4. 努力构建数字化转型示范区

根据《规划》，"十四五"期间，洋山特殊综合保税区将以数字化转型为引领，着力提升洋山特殊综合保税区数字监管、数字园区、数字经济等方面的能力，打造最先进、最智能的数字自由贸易园区。为此，洋山特殊综合保税区将全面提升数字监管能力，加快打造数字化园区，大力发展数字经济。

为加快打造数字化园区，洋山特殊综合保税区将加大国际通信等新型数字化基础设施建设投资，提升信息化、智慧化水平。深度应用5G、物联网、人工智能等新一代信息技术及装备，进一步丰富数字化、智慧场景应用。

聚焦数字经济发展，洋山特殊综合保税区将加快建设"洋山云计算数据中心"，进一步推动互联网数据中心等增值电信业务对外开放，在安全前提下促进跨境数据便利化流通。加快发展数字贸易产业，试点开展跨境数据交易的存储、运营、结算等业务，拓展数字版权确权、估价、交易等服务功能，制定接轨国际的数字贸易监管规则，推动完善数字贸易要素流动机制。

三、中国综合保税区建设的基本情况

截至 2015 年 2 月，经国务院批准设立的综合保税区有 41 家，分别是苏州太仓港综合保税区、苏州高新技术产业开发区综合保税区、唐山曹妃甸综合保税区、赣州综合保税区、淮安综合保税区、衡阳综合保税区、南通综合保税区、湘潭综合保税区、盐城综合保税区、无锡高新区综合保税区、济南综合保税区、沈阳综合保税区、南京综合保税区、长春兴隆综合保税区、潍坊综合保税区、成都综合保税区、苏州工业园综合保税区、天津滨海新区综合保税区、北京天竺综合保税区、海南海口综合保税区、广西凭祥综合保税区、黑龙江绥芬河综合保税区、上海浦东机场综合保税区、江苏昆山综合保税区、重庆西永综合保税区、广州白云机场综合保税区、西安综合保税区、西安高新综合保税区、银川综合保税区、新疆阿拉山口综合保税区、新疆喀什综合保税区、武汉东湖综合保税区、太原武宿综合保税区、舟山港综合保税区、贵阳综合保税区、贵州贵安新区综合保税区、兰州新区综合保税区、临沂综合保税区，南阳卧龙综合保税区，郑州新郑综合保税区，石家庄综合保税区。

截至 2021 年 1 月 15 日，我国 31 个省、自治区、直辖市共有海关特殊监管区域 162 个。其中，综合保税区 147 个，保税港区 2 个，保税区 9 个，出口加工区 1 个，珠澳跨境工业区（珠海园区）1 个。和 2015 年相比，综合保税区增加了 106 个，是 2015 年的 3.6 倍，说明增速极快。

截至 2021 年 8 月 21 日，综合保税区区域分布及名单如下。

北京：北京天竺综合保税区、北京大兴国际机场综合保税区。

天津：天津东疆综合保税区、天津滨海新区综合保税区、天津港综合保税区、天津泰达综合保税区。

河北：曹妃甸综合保税区、秦皇岛综合保税区、廊坊综合保税区、石家庄综合保税区。

山西：太原武宿综合保税区。

内蒙古：呼和浩特综合保税区、鄂尔多斯综合保税区、满洲里综合保税区。

辽宁：大连大窑湾综合保税区、大连湾里综合保税区、营口综合保税区、沈阳综合保税区。

吉林：长春兴隆综合保税区、珲春综合保税区。

黑龙江：绥芬河综合保税区、哈尔滨综合保税区。

上海：洋山特殊综合保税区、上海浦东机场综合保税区、上海外高桥港综合保税区、松江综合保税区、金桥综合保税区、青浦综合保税区、漕河泾综合保税区、奉贤综合保税区、嘉定综合保税区。

　　江苏：苏州工业园综合保税区、昆山综合保税区、苏州高新技术产业开发区综合保税区、无锡高新区综合保税区、盐城综合保税区、淮安综合保税区、南京综合保税区、连云港综合保税区、镇江综合保税区、常州综合保税区、吴中综合保税区、吴江综合保税区、扬州综合保税区、常熟综合保税区、武进综合保税区、泰州综合保税区、南通综合保税区、太仓港综合保税区、江阴综合保税区、徐州综合保税区。

　　浙江：宁波梅山综合保税区、宁波北仑港综合保税区、宁波前湾综合保税区、舟山港综合保税区、杭州综合保税区、嘉兴综合保税区、金义综合保税区、温州综合保税区、义乌综合保税区、绍兴综合保税区。

　　安徽：芜湖综合保税区、合肥经济技术开发区综合保税区、合肥综合保税区、马鞍山综合保税区、安庆综合保税区。

　　福建：厦门海沧港综合保税区、厦门象屿综合保税区、泉州综合保税区、福州综合保税区、福州江阴港综合保税区。

　　江西：九江综合保税区、南昌综合保税区、赣州综合保税区、井冈山综合保税区。

　　山东：潍坊综合保税区、济南综合保税区、东营综合保税区、济南章锦综合保税区、淄博综合保税区、青岛前湾综合保税区、烟台综合保税区、威海综合保税区、青岛胶州湾综合保税区、青岛西海岸综合保税区、临沂综合保税区、日照综合保税区、青岛即墨综合保税区。

　　河南：郑州新郑综合保税区、郑州经开综合保税区、南阳卧龙综合保税区、洛阳综合保税区、开封综合保税区。

　　湖北：武汉东湖综合保税区、武汉经开综合保税区、武汉新港空港综合保税区、宜昌综合保税区、襄阳综合保税区。

　　湖南：衡阳综合保税区、郴州综合保税区、湘潭综合保税区、岳阳城陵矶综合保税区、长沙黄花综合保税区。

　　广东：广州南沙综合保税区、广州白云机场综合保税区、深圳前海综合保税区、深圳盐田综合保税区、深圳坪山综合保税区、广州黄埔综合保税区、东莞虎门港综合保税区、珠海高栏港综合保税区、汕头综合保税区、梅州综合保税区、湛江综合保税区。

　　广西：钦州综合保税区、广西凭祥综合保税区、北海综合保税区、南宁综合保税区、梧州综合保税区。

　　海南：海口综合保税区。

　　重庆：重庆西永综合保税区、重庆两路寸滩综合保税区、重庆江津综合保税区、重庆涪陵综合保税区、重庆万州综合保税区、重庆永川综合保税区。

　　四川：成都高新综合保税区、成都高新西园综合保税区、绵阳综合保税区、成都国际铁路港综合保税区、泸州综合保税区、宜宾综合保税区。

　　贵州：贵阳综合保税区、贵安综合保税区、遵义综合保税区。

　　云南：昆明综合保税区、红河综合保税区。

　　陕西：西安综合保税区、西安关中综合保税区、西安高新综合保税区、西安航空基地综合保税区、宝鸡综合保税区、陕西西咸空港综合保税区。

　　甘肃：兰州新区综合保税区。

　　宁夏：银川综合保税区。

　　新疆：阿拉山口综合保税区、乌鲁木齐综合保税区、霍尔果斯综合保税区、喀什综合保税区。

　　青海：西宁综合保税区。

　　西藏：拉萨综合保税区。

第三节　综合保税区（保税港区）与其他特殊区域的区别

　　我国现阶段为发展对外贸易而实行特殊海关监管和税收、外汇政策的保税区域大致分为保税区、出口加工区、保税物流园区和保税港区四种。它们均由国务院批准设立，区内设置隔离设施及监控系统，由海关实行封闭监管。其中，前三种保税区域有各自独特的功能优势，但也同样存在功能缺失，而保税港区则综合了前三种保税区域的所有功能，实现了区港合一，拥有其他保税区域所没有的口岸功能。四种特殊监管区域税收及政策对比见表4-2。

表 4-2　四种特殊监管区域税收及政策对比

税收及政策优势	出口加工区	保税区	保税物流园区	保税港区
境外货物入区保税	是	是	是	是
国内货物入区退税	是	否	是	是
区内允许生产加工	是	是	否	是
贸易功能	否	有	有	有
保税时限	无	无	无	无

一、与出口加工区、保税物流园区的区别

　　出口加工区和保税物流园区都享受出口退税政策，货物自境内区外进入区内即可办理退税。但出口加工区的主要功能仅限于保税加工，区内除了可以进行出口加工和提供专为出口加工企业生产提供服务的仓储和货物进出的运输服务，不得经营商业零售、一般贸易、转口贸易及其他与加工区无关的业务。出口加工区设置在港口之外，因此没有口岸功能。保税物流园区是应区港联动，整合保税区的仓储功能和邻近港口的装卸、运输功能，为实现保税区域与港口一体化运作的需求而在毗邻保税区的特定港区内设立，园区和港区之间开辟直通式通道，专门发展现代国际物流业的海关特殊监管区域。保税物流园区具有国际贸易、国际中转、保税仓储等功能，货物入区退税，可以开展分级、挑选、刷贴标志、改换包装形式等简单加工及集装箱拆拼箱增值业务，但不能进行加工制造业务。保税物流园区是保税区向自由贸易区转型过程中的升级版，

实行保税区及出口加工区叠加政策，即国内货物进入园区视同出口，办理报关手续，实行退税；园区货物内销按货物进口的有关规定办理报关手续，货物统一按照实际状态征税；区内货物自由流通，免征增值税和消费税。保税物流园区虽然有专门通道与保税港区相连，但在监管上仍与港口分属不同海关，因此不具有实际的口岸功能。

保税港区设立在国家对外开放的口岸港区和与之相连的特定区域内，具有口岸、物流、加工等功能，其拥有保税区、出口加工区、保税物流园区"三区合一"的政策优势，港区合一，是我国目前开放程度最高、政策最优的海关特殊监管区域。在政策上，保税港区享受保税区、出口加工区相关的税收和外汇管理政策。主要税收政策为国外货物入港区保税；货物出港区进入国内销售按货物进口的有关规定办理报关，并按货物实际状态征税；国内货物入港区视同出口，实行退税；港区内企业之间的货物交易不征增值税和消费税。从保税港区政策和功能上可以看出，保税港区不仅在区位上，在功能和政策上优势也更明显。从功能上讲，保税港区叠加了保税区、出口加工区、保税物流区乃至港口码头通关的所有政策和功能，集保税区、保税物流园区、港口、出口加工区等优势于一体；从发展趋向上讲，保税港区是未来我国建设自由贸易区的先行实验区；从运作模式上讲，保税港区实现了保税区域与港口的实质联动。综合保税区（保税港区）是保税物流的最高形式。

出口加工区、保税区、保税物流园区、综合保税区（保税港区）四种区域的功能优势如表 4-3 所示。可以这样理解，保税港区=（保税区+保税物流园区+出口加工区）的税收和外汇管理政策的叠加综合体。

表 4-3　四种区域的功能优势

功能优势	出口加工区	保税区	保税物流园区	综合保税区（保税港区）
仓储物流	否	是	是	是
对外贸易	否	是	是	是
国际采购	是	是	是	是
分销和配送	否	是	是	是
国际中转	否	否	是	是
研发、加工、制造	是	是	否	是
港口作用	否	否	是	是
检测和售后维修	是	是	否	是
商品展示	是	是	是	是

二、保税区与综合保税区（保税港区）的区别

根据现行有关政策，海关对保税区实行封闭管理，境外货物进入保税区，实行保税管理；境内其他地区货物进入保税区，视同出境；商务主管部门、外汇管理等部门对保税区也实行较区外相对优惠的政策。保税区拥有国际贸易、仓储物流、保税加工、商品展示等功能，可部分开展海铁联运业务和集装箱拆拼箱业务，但它设置在港区之外，且

没有出口退税功能，货物只有在实际离境之后才能进行出口退税。

保税区和综合保税区都是海关特殊监管区域，有着保税物流的功能。不同在于，从时间上，保税区出现在 20 世纪 90 年代初，而综合保税区出现在 21 世纪；从功能上，综合保税区要比保税区强大。具体来说，国内货物进入综合保税区可以入区退税，在综合保税区可以开展保税展览展示、检测维修，而这些功能都是保税区不具有的。海关、检验检疫、国家外汇管理局、国家税务系统等相关部门对保税区是按境内来管理的，而保税港区实现了真正意义上的"境内关外"。

从发展形态上讲，保税港区是我国保税经济区域的高级形态；从功能上讲，保税港区叠加了保税区、出口加工区、保税物流园区各项功能政策；从发展趋向上讲，保税港区是未来我国建设自由贸易区的先行实验区；从运作模式上讲，保税港区实现了保税区域与港口的实质联动。

保税港区正以其最齐全的功能、最优惠的政策、最大的开放度，成为我国继保税区之后，最为特殊的外向型经济区域。保税区与保税港区，虽一字之差，但其内涵相去甚远。保税区与保税港区的比较如下。

1. 保税区的功能相对比较单一

随着世界经济的发展尤其是经济全球化进程的加快，保税区这种形式已经满足不了中国更好地参与全球经济的需要。例如，越来越多的跨国公司在中国投资，其产品在研制、生产、销售等环节需要高度的国际化，迫切需要一个具备国际配送、国际采购、国际中转等功能，且货物能自由、高效流通的区域。保税区功能较为单一，不能完全满足需求。从保税区多年的运作来看，不同保税区规模参差不齐，功能也不尽相同，总体偏重贸易和加工，物流功能等相对薄弱。

2. 保税港区能更好地发挥国际物流功能

与保税区相比，保税港区的内涵更为丰富，功能更为齐全。从字面上很容易看出，保税港区比保税区多了码头和港口的功能。除了港口的功能外，保税港区还整合了原来保税区、保税物流园区、出口加工区等多种外向型功能区的所有功能。保税港区具有国际物流功能。保税港区不仅能使国外产品快速进入中国国内市场，还方便转口去其他国家，降低经营成本，同时，还能产生集聚效应，使多个跨国公司的物流中心集结在同一保税港区内，带动区内仓储业、运输业、贸易业、金融业、信息业等多种服务业发展。

3. 保税港区具有更多的税收、监管等多项优惠政策

实际上，保税区与保税港区，其本质是一致的，即"境内关外"，自由免税，只是保税区的优惠政策不足，且一些优惠政策并未落实。与传统保税区相比，保税港区不仅是真正的"境内关外"，还享受税收、监管等各项更为优惠的政策。

从境外进入保税港区的货物，海关按照有关规定予以保税，或免征关税和进口环节税；从保税港区运往境外的货物，免征出口关税；从保税港区进入国内的货物，按照货

物进口的有关规定办理报关手续，并按照货物实际状态征收关税和进口环节税；保税港区企业生产的供区内销售或运往境外的产品，免征相应的增值税和消费税；保税港区企业之间的货物交易，不征收增值税和消费税；国内货物进入保税港区视同出口，按照规定实行退税，但国内货物进入保税区，不能立即退税，必须要等该批货物实际离境后才能退税。

■ 第四节　综合保税区（保税港区）的通关管理

根据《海关总署关于修改〈中华人民共和国海关保税港区管理暂行办法〉的决定》，综合保税区可开展多种进出口业务。按照海关的管理特性，海关的监管模式可基本归纳为三大类型：一是保税物流监管模式，包括存储进出口货物和其他未办结海关手续的货物、国际采购、分销和配送、检测、商品展示；二是保税加工监管模式，包括加工、制造、研发；三是保税维修监管模式。对综合保税区（保税港区）的区内企业经营货物的管理则可依据其性质分别纳入保税物流监管模式或保税加工监管模式。海关对综合保税区内保税货物的监管，依托信息化手段，采用H2010系统电子账册管理，同时借助电子口岸数据平台，实现综合保税区海关特殊监管区域辅助管理系统（简称辅助系统）与H2010系统的实时对接，满足电子数据传输和通关手续办理功能，符合区内企业电子账册管理、联网管理、货物流转及卡口值守等监管和辅助管理需求，从而建立起以联网监管和风险核查为核心，实施"电子账册+联网+核查"的保税监管模式。

一、保税仓储物流企业的管理

准备入驻综合保税区，并准备在区内从事保税仓储、研发、维修检测、运输等业务的企业，首先应按相关规定，在综合保税区主管地海关办理企业登记备案，获得注册登记证书及海关注册编码，取得报关单位资质（进出口货物收发货人）。海关还会对每家企业评定相应的诚信等级（即企业管理类别），企业遇到注册登记证书有效期届满、重要信息变更、管理类别调整、停止经营等情况时，都应及时向海关办理有关手续。

目前，海关对企业的管理类型分两大类，即报关公司和进出口货物收发货人。报关公司是指按照有关规定经海关准予登记注册，接受进出口货物收发货人的委托，以进出口货物收发货人的名义或以自己的名义，向海关办理代理报关业务，从事报关服务的境内法人，如区内的代理报关公司（报关行）。进出口货物收发货人是指依法直接进口或出口货物的中华人民共和国关境内的法人、其他组织或个人，如区内的生产企业、物流企业、贸易公司等。经海关批准，区内企业可以享受报关公司和进出口货物收发货人的双重身份，即既可自理报关，又可从事代理报关。

一般情况下，保税仓储物流企业可注册为进出口货物收发货人，办理自己货物及代理货物的海关申报、运输、仓储等业务。企业应先行办理市场监督管理、税务、质检、商务等部门的注册登记手续，再在海关办理海关注册登记手续。

（一）进出口货物收发货人的企业注册管理

1. 进出口货物收发货人注册登记时需要提交的单证

（1）《报关单位情况登记表》（表4-4）、《报关单位管理人员情况登记表》（表4-5）。

表4-4　报关单位情况登记表

海关注册编码		组织机构代码		注册海关	
中文名称					
工商注册地址				邮政编码	
营业执照注册号		工商登记日期		进出口企业代码	
行政区划		经济区划		经济类型	
经营类别		组织机构类型		行业种类	
法定代表人（负责人）		法定代表人（负责人）身份证件类型		法定代表人（负责人）身份证件号码	
海关业务联系人		移动电话		固定电话	
上级单位名称		上级单位组织机构代码		与上级单位关系	
序号	出资者名称		出资国别	出资金额/万元	出资金额币制
1					
2					
3					

本单位承诺，我单位对向海关所提交的申请材料及本表所填报的注册登记信息内容的真实性负责并承担法律责任

（单位公章）

年　月　日

表4-5　报关单位管理人员情况登记表

（所属报关人员）

所属报关单位海关注册编码						
序号	姓名	身份证件类型	身份证件号码	业务种类		
1				□备案	□变更	□注销
2				□备案	□变更	□注销
3				□备案	□变更	□注销
4				□备案	□变更	□注销
5				□备案	□变更	□注销

我单位承诺对本表所填报备案信息内容的真实性和所属报关人员的报关行为负责并承担相应的法律责任

（单位公章）

年　月　日

（2）《企业注册登记（变更、注销、补证）申请书》（表4-6）。

表 4-6　企业注册登记（变更、注销、补证）申请书

企业注册登记（变更、注销、补证）申请书

××海关

我单位根据中华人民共和国海关对企业注册登记管理的有关规定，现向贵关提交相关申请材料，申请办理下列事项（请勾选所申办的申请事项）。我单位保证在相关申请表中所填写的信息是完整的、准确的、真实的，所提交的所有材料是完整的、准确的、合法的，如有违反，愿意承担一切法律责任，请予批准。

我单位的联系电话为（1）　　　　　（2）　　　　　（3）
联系人为

我单位的申请事项如下：
1. 进出口货物收发货人（□注册登记　□变更　□注销　□补证　□历史编码延期 ）
2. 报关公司（分支机构）（□注册登记　□变更　□换证　□注销　□补证）
3. 对外加工生产企业（□海关登记　□变更　□注销　□补证　□历史编码延期 ）
4. 临时注册登记□
5. 保税仓库（□注册登记　□变更　□延续　□注销　□补证 ）
6. 其他申请事项：

申请单位（公章）：

法定代表人/负责人（签字）：

年　月　日

（3）企业法人营业执照副本复印件加盖公章（个人独资、合伙企业或者个体工商户提交营业执照）。

（4）对外贸易经营者备案登记表复印件（法律、行政法规或者商务部规定不需要备案登记的除外）。

（5）中华人民共和国外商投资企业（台港澳侨投资企业）批准证书复印件加盖公章。

（6）组织机构代码证书副本复印件加盖公章。

（7）企业章程复印件（非企业法人免提交）。

（8）银行开户证明复印件（人民币基本账户）。

（9）其他与注册登记有关的文件资料。

所有申请材料应当加盖企业公章确认，按规定提交复印件的，应当同时向海关交验原件。

2. 进出口货物收发货人注册登记流程

（1）申请人或代理人准备资料向海关企业管理部门提出企业注册申请。

（2）海关企业管理部门对资料进行初审。

（3）初审通过后，企业至预录入部门进行数据预录入，并发送电子数据至海关。

（4）海关根据电子数据和企业的纸质资料进行复核。

（5）海关审核通过后，核发《进出口货物收发货人报关注册登记证书》。

（6）企业注册登记成功后，至电子口岸制作企业的法人卡和操作员卡并激活。

海关注册编码共 10 位，由数字和 24 位英文大写字母（I 和 O 除外）组成，第 1~4 位是企业注册地的行政区域代码，第 5 位是企业注册地的经济区划代码，第 6 位是企业的经济类型代码，第 7 位是企业注册用的海关经营类别代码，第 8~10 位是流水号。如果企业的注册代码第 5 位是"6"，表示该企业为综合保税区（保税港区）内的企业；如果企业的注册代码第 7 位为"K"，表示该企业具有代理报关和自理报关的双重身份。

3. 进出口货物收发货人的信息变更

进出口货物收发货人单位名称、企业性质、注册资本、企业地址、法定代表人（负责人）等重要信息变更的，应当自批准变更之日起 30 日内，向注册地海关提交变更后的工商营业执照或其他批准文件及复印件，办理注册登记变更手续，不及时办理将会影响企业的进出口业务，还可能会被降低海关管理类别。

进出口货物收发货人办理变更应如实提交以下材料：①海关进出口货物收发货人报关注册登记证书；②变更后的《对外贸易经营者备案登记表》或批准证书复印件（外商投资企业提供）；③变更后的企业工商营业执照副本复印件；④变更后的组织机构代码证书副本复印件加盖公章；⑤变更后的国税证副本复印件；⑥变更后的银行开户证明复印件（人民币基本账户）；⑦《报关单位情况登记表》《报关单位管理人员情况登记表》。

（二）报关企业的海关管理类别

海关管理类别代表了企业在海关的诚信等级，等级越高，就能享受更多的海关手续优惠措施，反之，低等级企业则要接受海关更为严格的监管。海关管理类别由高到低依次为 AA 类、A 类、B 类、C 类和 D 类，新注册企业的管理类别为 B 类，企业符合条件后应及时向海关申请调高管理类别，以便享受更多的优惠措施。

自 2008 年 4 月 1 日起，海关开始对海关特殊监管区域内企业实施分类管理，区内企业暂按 B 类实施管理，适用时间以企业首次注册登记日期算起。

根据 2021 年 9 月 13 日海关总署令第 251 号公布的《中华人民共和国海关注册登记和备案企业信用管理办法》，自 2021 年 11 月 1 日起，海关对企业实行信用管理，把企业调整为高级认证企业和失信企业。

1. 企业有下列情形之一的，海关认定为失信企业

（1）被海关侦查走私犯罪公安机构立案侦查并由司法机关依法追究刑事责任的。

（2）构成走私行为被海关行政处罚的。

（3）非报关企业 1 年内违反海关的监管规定被海关行政处罚的次数超过上年度报关单、进出境备案清单、进出境运输工具舱单等单证（简称相关单证）总票数千分之一且被海关行政处罚金额累计超过 100 万元的。

报关公司 1 年内违反海关的监管规定被海关行政处罚的次数超过上年度相关单证总票数万分之五且被海关行政处罚金额累计超过 30 万元的。

上年度相关单证票数无法计算的，1 年内因违反海关的监管规定被海关行政处罚，非报关公司处罚金额累计超过 100 万元、报关公司处罚金额累计超过 30 万元的。

（4）自缴纳期限届满之日起超过 3 个月仍未缴纳税款的。

（5）自缴纳期限届满之日起超过 6 个月仍未缴纳罚款、没收的违法所得和追缴的走私货物、物品等值价款，并且超过 1 万元的。

（6）抗拒、阻碍海关工作人员依法执行职务，被依法处罚的。

（7）向海关工作人员行贿，被处以罚款或者被依法追究刑事责任的。

（8）法律、行政法规、海关规章规定的其他情形。

2. 企业有下列情形之一的，海关认定为高级认证企业

（1）高级认证企业的认证标准分为通用标准和单项标准。

高级认证企业的通用标准包括内部控制、财务状况、守法规范以及贸易安全等内容。

高级认证企业的单项标准是海关针对不同企业类型和经营范围制定的认证标准。

（2）高级认证企业应当同时符合通用标准和相应的单项标准，通用标准和单项标准由海关总署另行制定并公布。

《中华人民共和国海关注册登记和备案企业信用管理办法》见以下二维码。

（三）海关注册登记的注销

企业注销海关注册登记前，应先办结所有海关手续，如账册核销、减免税货物的补税或解除监管等。

1. 以书面形式向注册地海关报关

报关企业有下列情况之一的，应当以书面形式向注册地海关报关，海关在办结有关手续后，应当依法办理注销注册登记手续。

（1）破产、解散、自行放弃报关权或分成两个以上新企业的。

（2）被市场监督管理部门注销登记或吊销营业执照的。

（3）丧失独立承担责任能力的。

（4）报关企业丧失注册登记许可的。

（5）进出口货物收发货人的《对外贸易经营者备案登记表》或外商投资企业批准证书失效的。

（6）其他依法应该注销注册登记的情形。

2. 报关企业注销应提交以下材料

（1）海关进出口货物收发货人报关注册登记证书。

（2）企业书面注销申请。

（四）综合保税区（保税港区）内主要的保税物流企业类型

1. 出口集拼型保税物流企业

出口集拼型保税物流企业的主要特征有以下两点。

（1）企业货物来源与流向：货物全部来源于境外或境内，在区内仓储，拆、集、拼后全部出口境外。

（2）企业主要利用境外货物入区保税、境内货物入区退税、进口自用设备免税、区内企业免征增值税和区内保税货物无存储期限要求等政策。

2. 进口配送型保税物流企业

（1）企业货物来源与流向：货物全部来源于境外或境内，在区内仓储，拆、集、拼后向境内配送。

（2）企业主要利用境外货物入区保税、境内货物入区退税、进口自用设备免税、区内企业免征增值税和区内保税货物无存储期限要求等政策。

3. 简单加工型保税物流企业

（1）企业货物来源与流向：货物全部来源于境外或境内，在区内开展刷唛、分拣、分装、改换包装等流通性简单加工后再出口境外或进口到境内。

（2）企业主要利用境外货物入区保税、境内货物入区退税、进口自用设备免税、区内企业免征增值税和区内保税货物无存储期限要求等政策。

4. 国内结转型保税物流企业

（1）企业货物来源与流向：货物全部来源于境内，在区内仓储后，再全部进口到境内。

（2）企业主要利用境外货物入区保税、境内货物入区退税、进口自用设备免税、区内企业免征增值税和区内保税货物无存储期限要求等政策。

5. 物流综合型保税物流企业

（1）企业货物来源与流向：货物全部来源于境外或境内，在区内仓储，或拆、集、拼，或开展刷唛、分拣、分装、改换包装等流通性简单加工后，再出口到境外或进口到境内，或结转到其他海关特殊监管区域、保税监管场所。

（2）企业主要利用境外货物入区保税、境内货物入区退税、进口自用设备免税、区内企业免征增值税和区内保税货物无存储期限要求、货物出区办理进口手续等政策。

（五）综合保税区（保税港区）进出车辆管理

综合保税区（保税港区）实行的是全封闭围网的卡口人员值守管理，进出综合保税区（保税港区）的运输工具和个人，均需接受海关的监管和检查。

海关对进出区的车辆按载货车辆（重车和空车）和行政车辆分别管理，一般载货车辆需要在海关辅助平台登记备案，制作相应的车辆 IC 卡，并因此捆绑进出区车辆的核放单，与进出区货物的申报信息进行关联，进出区是通过卡口监管设施，如地磅、车辆扫描装置、车票扫描仪等进行监管，以保证一致。行政车辆一般会核发通行证，进出区接受海关的检查。

保税港区与区外之间进出的下列货物，经海关批准，可以由区内企业指派专人携带或者自行运输。

（1）价值 1 万美元以下的小额货物。

（2）因品质不合格复运区外退换的货物。

（3）已办理进口纳税手续的货物。

（4）企业不要求出口退税的货物。

（5）其他经海关批准的货物。

二、综合保税区企业的电子账册的分类管理

电子账册是企业向海关申报进出区货物的电子凭证，是海关为控制和记录企业申报进出及存仓货物所建立的电子数据账册。

区内企业开展业务需向海关申请开立账册，海关审批通过后，在 H2010 系统和辅助系统中以企业为单元建立相同账册编号的电子底账，接收 H2010 系统、卡口业务远程监控系统（简称卡口系统）等发送的信息，以及企业报关、报备信息和企业 ERP、WMS（warehouse management system，仓库管理系统）流转产生的出入库信息，对企业生产、库存过程实施实时记录和动态管理，为海关中期核查和后续稽核提供数据支持。

企业在辅助系统中的账册为料号级数据，在 H2010 系统中的账册为项号级数据。由企业录入并发送账册备案料号级、归并关系、报关单（备案清单）项号级数据等相关信息，海关对有关电子数据进行审批和备案。

综合保税区内企业的电子账册分为两大类：一类电子账册为加工贸易电子账册和仓储物流电子账册，区内的保税加工企业建立加工贸易电子账册，通过不同的单耗版本建立加工账册的料件及成品的对应关系；区内的保税物流企业建立仓储物流电子账册，并建立料件与成品间的 1∶1 的对应单耗关系。《海关特殊监管区域企业电子账册单耗备案

申请表》见表 4-7。

表 4-7　海关特殊监管区域企业电子账册单耗备案申请表

账册编号：

成品序号	成品名称	成品货号	成品计量单位	版本号	对应料件序号	对应料件名称	对应料件货号	料件计量单位	单耗	损耗率

填制说明：

（1）成品序号：与电子账册的成品序号相同。

（2）成品名称：与电子账册的成品名称相同。

（3）成品货号：与电子账册的成品货号相同。

（4）成品计量单位：按成品在海关备案电子账册的料件与成品间建立单耗关系的计量单位填报。

（5）版本号：是指某一加工成品对应料件单耗关系的报备编号。由企业自行编制（不得重复），限字长 9 位，数字型。企业未编制成品版本号的无须填写。

（6）对应料件序号：与电子账册的料件序号相同。

（7）对应料件名称：与电子账册的料件名称相同。

（8）对应料件货号：与电子账册的料件货号相同。

（9）料件计量单位：按料件在海关备案电子账册的料件与成品之间建立单耗关系的计量单位填报。

（10）单耗：指物化在单位出口产品中的保税料件的数量。

（11）损耗率：指区内企业根据加工生产工艺的要求，在生产过程中所必须耗用的（含工艺损耗）不能物化在成品中的原材料的比率（保税物流企业不需提供）。

另一类电子账册为减免税货物电子账册，该类账册主要用于区内的保税加工企业或保税物流企业进出减免税货物。

（一）加工贸易电子账册

1. 加工贸易电子账册备案

海关对出口加工区内企业开展加工贸易业务实行电子账册管理。区内企业首次办理保税料件登记备案后，生成加工贸易电子账册，海关按电子账册所载内容对区内企业保税进口料件进行管理。

2. 加工贸易电子账册变更

区内企业电子账册备案完成后，可以通过变更程序办理进口料件的增补手续。

3. 加工贸易电子账册核销

出口加工区内加工贸易实行电子账册管理，每 6 个月滚动核销一次，企业须在核销期到后的 30 天内向海关预报核,在口岸电子执法系统或终端上完成电子账册报核数据的录入、核销工作。

(二)仓储物流电子账册

综合保税区海关对区内的保税物流企业所存储货物一般按两种类型的通关账册进行管理。

1. 备案式账册

备案式账册（H 账册），即电子账册第一位标记代码为"H"，适用于区内的保税加工企业和保税物流企业。该账册是根据需要预先在海关进行进口料件和对应的出口成品的备案（《海关特殊监管区域企业电子账册成品备案申请表》），见表 4-8。因是仓储物流电子账册，其备案的料件及成品的项号、HS 编码、商品品名、规格型号、计量单位应保持一致，货物实际进出区时，再根据在 H2010 系统的申报对账册进行核增（进区）及核减（出区）。该类账册存在一个归并的问题，即同类别的商品，即使有细小的差别，企业内部的料号不一样，但在账册备案时，也会被归并到同一个项号下。该账册设有核销期限，到期需向海关办理报核手续。该类账册为综合保税区内企业所采取的主要账册类型。

表 4-8 海关特殊监管区域企业电子账册成品备案申请表

账册编号：

序号	商品编码	附加号	商品名称	规格型号	成品货号	计量单位	法定计量单位	法定第二计量单位

填制说明：

（1）序号：指区内企业申报出口成品的顺序号。

（2）商品编码：按《中华人民共和国海关税则》填写。附加号：商品编码的第 9~10 位。

（3）商品名称：指区内企业申报出口成品的规范中文商品名称。

（4）规格型号：按成品实际规格型号填写。

（5）成品货号：企业内部成品编号（不得重复），限字长 30 位，字符型。企业未对成品编号的，不需填写。

（6）计量单位：参照《计量单位代码表》填写。企业申报出口成品的成交计量单位，应按料件与成品之间建立单耗关系的成品计量单位填报。

（7）法定计量单位：指《海关统计商品目录》的第一计量单位。

（8）法定第二计量单位：按《海关统计商品目录》的第二计量单位填写，无第二计量单位的，应为空。

2. 记账式账册

记账式账册（HW 账册），即电子账册第一位标记代码为"H"，第六位标记代码为"W"，主要适用于区内进出商品品名相对较少的保税物流企业，该账册无须预先在海关进行料件及成品的备案，即可直接办理进出报关手续，货物进区的时候，通过在 H2010

系统的入区申报，自动反写数据到账册，进行账册的核增动作，即"以报代备"。等货物出区时，再通过在 H2010 系统的出区申报（同时需要关联其原入区时的备案清单），自动反写数据到账册，进行账册的核减动作，如此反复进行流水式的记账。该账册不存在归并问题，同一规格型号的货物，只要在不同的时间段进行申报，在 HW 账册就会产生不同的项号。该类账册的企业不需要办理报核手续。

综合保税区内的保税物流企业可以根据主管地海关的监管要求和自身业务的特点，选择使用 H 账册或 HW 账册。

一般情况下，海关对区内保税物流企业只允许一个企业一本账册的模式进行管理，特殊情况下因企业开展多种业务，也可考虑采取多本账册模式予以处理。

（三）减免税货物电子账册

区内保税物流企业除了开展仓储货物的业务外，为了保障区内的业务能顺利、便捷地开展，需要进出相应减免税货物，海关采取减免税货物电子账册的模式进行管理。

减免税货物是指海关根据国家政策规定准予减税、免税进口的货物，即区内企业从境外进口的免征进口关税和进口环节海关代征税的基建物资、机器设备、办公用品等。区内企业从境内区外采购的国产基建物资、机器设备、办公用品等可以享受出口退税，海关也视同减免税货物进行管理，企业遇到减免税货物的抵押贷款、货物出区等情况都应及时向海关办理相关手续。

不同于区外的减免税货物的管理方式，海关对进出综合保税区（保税港区）的减免税货物实行电子账册管理，减免税货物电子账册的第 1 位标记代码为"H"，第 6 位标记代码为"D"，简称 HD 账册或设备账册，减免税货物进区前，企业应提前办理设备账册的备案手续，备案内容主要包括减免税货物的商品编码、中文品名、申报单位等。

1. 境外货物入区享受减免税货物的范围

除法律、行政法规另有规定外，下列货物从境外进入综合保税区（保税港区），海关免征进口关税和进口环节海关代征税，按减免税货物电子账册进行管理。

（1）区内生产性的基础设施建设项目所需的机器、设备和建设生产厂房、仓储设施所需的基建物资。

（2）区内企业生产所需的机器、设备、模具及其维修用零配件。

（3）区内企业和行政管理机构自用合理数量的办公用品。

2. 境外货物入区不予免税的范围

（1）从境外进入综合保税区（保税港区），供区内企业和行政管理机构自用的交通运输工具、生活消费用品，按进口货物的有关规定办理报关手续，海关按照有关规定征收进口关税和进口环节海关代征税。

（2）综合保税区（保税港区）进口属于国务院一律停止减免税的 20 种商品〔包括

电视机、摄像机、录像机、放像机、音响设备、空调器、电冰箱（电冰柜）、洗衣机、照相机、复印机、程控电话交换机、微型计算机及外设、电话机、无线寻呼系统、传真机、电子计数器、打字机及文字处理机、家具、灯具和餐料〕和汽车应照章征税，不予办理进口减免税手续。

3. 综合保税区（保税港区）减免税货物的监管方式

（1）区内企业从境外进口的用于区内业务所需的设备、基建物资，以及区内企业和行政管理机构自用合理的办公用品等，填报"境外设备进区"（代码5335）。

（2）区内企业将境外设备（代码5335）项下的货物退运境外，填报"区内货物退运"（代码5361）。

（3）区内企业将境外进口的自用设备、物资，申报进入境内区外，填报"设备进出区"（代码5300）。

4. 享受出口退税的国产设备的范围

从区外进入综合保税区（保税港区）供综合保税区（保税港区）行政管理机构和区内企业使用的国产基建物资、机器、装卸设备、管理设备、办公用品等，海关按照对出口货物的有关规定办理，签发出口货物报关单证明联。

5. 不享受出口退税的境内区外入区货物

（1）从区外进入综合保税区（保税港区）供综合保税区（保税港区）行政管理机构和区内企业使用的生活消费用品和交通运输工具，海关不予签发出口货物报关单证明联。

（2）从区外进入综合保税区（保税港区）的原进口货物、料件、设备、基建物资等，区外企业应当向海关提供上述货物或物品的清单，按照出口货物的有关规定办理申报手续，海关不予签发出口货物报关单证明联，原已缴纳的关税、进口环节海关代征税不予退还。

6. 国产设备进入综合保税区（保税港区）的监管方式

区内企业从境内（区外）购进的自用设备、物资，以及将上述设备、物资从海关特殊监管区域销往境内区外、结转到同一海关特殊监管区域或另一海关特殊监管区域的企业，或在境内区外退运、退换的，填报"设备进出区"（代码5300）。

7. 减免税货物的抵押

（1）综合保税区（保税港区）内的企业因生产经营的需要，将未满海关监管年限的减免税货物向金融机构设立抵押贷款时，应事先向海关申请并获得许可。

（2）区内企业不得以减免税货物向金融机构以外的公民、法人或其他组织办理贷款抵押。

（3）区内企业将未满海关监管年限的特定减免税货物向金融机构设立的抵押贷款，应当用于企业的生产经营，不得用于与其他企业、单位之间的债务抵偿。

（4）减免税货物中实行配额许可证管理的货物，不得设立贷款抵押。

8. 减免税货物如何解除监管

从境外进入综合保税区（保税港区），并按照相关管理规定享受减免税的货物，根据《中华人民共和国海关进出口货物减免税管理办法》（海关总署令第 179 号），在海关监管年限内实施监管，监管年限从货物进境放行之日起计算。减免税货物监管年限期满如需出区，可向主管海关申请办理解除监管手续。

进口减免税货物的海关监管年限为：①船舶、飞机，8 年。②机动车辆，6 年。③其他货物，5 年。

申请减免税货物解除监管的，申请人或其代理人，应向海关提交以下资料。

（1）书面申请及《减免税货物解除监管申请表》。

（2）需解除监管的减免税清单，以及相应的进境备案清单（复印件）或补税报关单及税票（复印件）。

（3）固定资产凭证。

（4）海关需要的其他单证和资料。

经海关审核，符合解除监管条件的，予以签发《中华人民共和国海关进口货物解除监管证明》。

三、综合保税区（保税港区）电子账册的备案管理

（一）综合保税区（保税港区）电子账册备案需注意事项

（1）综合保税区（保税港区）内企业的生产经营活动应当符合国家产业发展要求，不得开展高耗能、高污染和资源性产品及列入加工贸易禁止类商品目录商品的加工贸易业务，即列入加工贸易禁止类商品目录的商品不允许备案上电子账册。

（2）综合保税区（保税港区）内企业不实行银行保证金台账和风险担保金制度，不按照合同核销制度进行管理的，海关对综合保税区（保税港区）内的加工贸易货物不实行单耗标准管理。

（3）综合保税区（保税港区）内货物不设置存储期限，但存储期限超过 2 年的，区内企业应每年向海关报备。出于货物性质和实际情况等原因，在综合保税区（保税港区）继续存储会影响公共安全、环境卫生或个人健康的，海关应当责令企业及时办结相关海关手续，将货物运出区。

（二）申请开设保税货物电子账册的，申请人（或其委托代理人）应当向特殊监管区域主管海关提出申请并提交下列文件材料

1. 减免税货物电子账册

（1）电子账册报备申请表（表 4-9）。

表4-9　海关特殊监管区域企业电子账册料件备案申请表

账册编号：

序号	商品编码	附加号	商品名称	规格型号	料件货号	计量单位	法定计量单位	法定第二计量单位	原产地

填制说明：

（1）序号：企业申报进口料件的顺序号。

（2）商品编码：按《中华人民共和国海关税则》填写。附加号：商品编码的第9~10位。

（3）商品名称：指区内企业申报进口料件的规范中文商品名称。

（4）规格型号：按料件实际规格型号填写。

（5）料件货号：企业内部料件编号（不得重复），限字长30位，字符型。企业未对料件编号的，不需填写。

（6）计量单位：参照《计量单位代码表》填写。企业申报进口料件的成交计量单位，应按料件与成品之间建立单耗关系的料件计量单位填报。设备申报计量单位必须填写法定计量单位。

（7）法定计量单位：指《海关统计商品目录》的第一计量单位。

（8）法定第二计量单位：按《海关统计商品目录》的第二计量单位填写，无第二计量单位的，不需填写。

（9）原产地：指原产国或地区，报备时不需填写，进口时如实申报。

（2）报备设备清单。

（3）设备描述的情况说明。

（4）备案商品如涉及管制商品的，还需提供归口主管部门的审批文件。

（5）海关要求提供的其他单证。

2. 加工贸易电子账册及仓储物流电子账册

（1）电子账册报备申请表。

（2）进口料件报备申请表。

（3）出口成品报备申请表。

（4）单耗报备申请表。

（5）生产工艺流程图、有关货物的详细说明等。

（6）备案商品如涉及管制商品的，还需提供归口主管部门的审批文件。

（7）海关要求提供的其他单证。

（三）保税货物电子账册备案操作流程

保税货物电子账册备案操作流程如图4-1所示。

（1）企业向海关提交申请材料（其中《海关特殊监管区域企业电子账册备案申请表》如表4-10所示，《海关特殊监管区域企业电子账册变更申请表》如表4-11所示）。

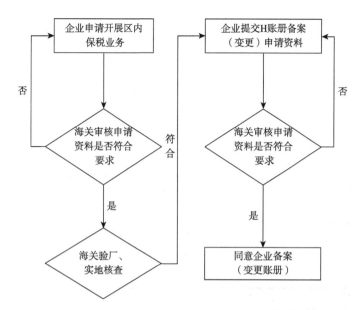

图 4-1　保税货物电子账册备案操作流程

表 4-10　海关特殊监管区域企业电子账册备案申请表

1. 账册编号：		2. 预录入号：	
3. 申报类型：	设备	料件	
4. 经营单位名称：		经营单位编码：	
5. 联系人：	6. 电话：	7. 企业注册资金：	
8. 贸易方式：		9. 批准证编号：	
10. 设备金额：	11. 币制：	12. 进口总额（USD）：	
13. 进口口岸一：	14. 进口口岸二：	15. 结束有效期：	
16. 备案日期：		17. 备案内容：　料件　成品　单耗	
18. 附表页数：料件表　　成品表　　单耗表			
申请人及单位签章：	管委会签章：	初审人意见：	复审人意见：
录入人签字：		科长意见：	处长意见：

填制说明：

（1）账册编号：企业不需填写为海关同意备案后自动产生的电子账册编号。

（2）预录入号：企业不需填写。企业预录入后或 EDI 发送时计算机自动产生。

（3）申报类型：为备案或变更，首次申请报备应填写备案，备案后报备应填写变更。

（4）经营单位名称：指区内加工贸易企业、仓储企业名称。

（5）贸易方式：选择填写（加工贸易 5015、保税仓储 5033、设备物资 5335）。

（6）批准证编号：指海关特殊监管区域管委会的批准文号。

（7）进口总额（USD）：由计算机自动累加的实际进口总金额，企业不需填写。

（8）结束有效期：指企业经批准经营期限的终止日期。

表 4-11 海关特殊监管区域企业电子账册变更申请表

1. 账册编号：		2. 预录入号：	
3. 申报类型： 设备		料件	
4. 经营单位名称： 经营单位编码：			
5. 联系人：	6. 电话：	7. 企业注册资金：	
8. 贸易方式：		9. 变更批准证编号：	
10. 设备金额：	11. 币制：	12. 进口总额（USD）：	
13. 进口口岸一：	14. 进口口岸二：	15. 结束有效期：	
16. 变更日期：	17. 变更次数：	18. 变更方式： 修改 增加	
19. 变更内容： □料件 □成品 □单耗			
20. 附表页数： □料件 □成品 □单耗			
申请人及单位签章：	管委会签章：	初审人意见：	复审人意见：
录入人签字：		科长意见：	处长意见：

填制说明：

（1）账册编号：填写电子账册编号。

（2）预录入号：无须填写。

（3）经营单位名称：指区内加工贸易企业、仓储企业名称。

（4）贸易方式：不得修改。申报类型：为备案或变更，首申请报备应填写备案，备案后报备应填写变更。

（5）变更批准证编号：指海关特殊监管区域管委会的批准文号。

（6）进口总额（USD）：由计算机自动累加的实际进口总金额，企业不需填写。

（7）结束有效期：指企业经批准经营期限的终止日期。

（8）变更日期：指账册通过变更审核的日期。

（9）变更次数：指企业申报变更账册的次数。

（2）海关审核，对符合条件的，同意企业预录入；对不符合条件的，不予受理并退回申请材料。

（3）海关收取备案纸质材料。

（4）海关在 H2010 系统审核通过企业申请，生成 H 账册、HW 账册或 HD 账册。

（四）保税货物电子账册变更操作流程

申请变更保税货物电子账册的，申请人或其委托代理人应当向特殊监管区域主管海关提出申请，并提交下列文件材料：①电子账册变更申请表；②申请人（或其委托代理人）的预录入备案清单；③生产工艺流程图、有关货物的详细说明等；④备案商品如涉及管制商品的，还需提供归口主管部门的审批文件；⑤海关需要的其他单证。

电子账册的变更流程同备案流程。

（五）辅助系统简介

辅助系统是以电子口岸物流商务基地为基础，根据海关总署的相关业务技术规范，专为海关监管特殊区域场所业务量身定做的辅助管理系统。该辅助系统充分发挥了中国电子口岸在关务物流领域的优势,实现了与 H2010 系统通过作业系统的良好对接;充分考虑了海关通关作业系统今后的升级及 H2010 系统的建设,同时为其他监管部门预留数据接口,如检验检疫、港务局、场站等部门。

辅助平台是一个为企业提供集物流、单证、备案信息综合管理为一体的平台。平台以 H2010 系统通关作业为基础,针对地方个性化的监管需求提供个性化的解决方案,为企业和海关、港区、口岸、场站及其他特殊区域之间建立高效、快捷的物流信息通道,具有手续简便、通关快捷的优势,通过区内企业、区间企业的转厂可实现零库存、VMI、JIT(just in time,准时制)等现代化生产模式;缩短关务作业时间,提高企业接单效率,为企业提供数据批量导入的接口,实现与企业 ERP 系统的有效整合;实现一次数据录入、后续全程使用,降低企业的录单成本,减少企业的申报差错,为企业提供核销核算服务,使企业对关务数据做到心中有数,提高企业申报数据的质量。

在综合保税区内的仓储物流企业,其通关业务及保税物流、减免税货物等电子账册操作及通关申报等均在 H2010 系统中进行,而卡口管理、分送集报、非报关等业务在辅助系统进行。辅助系统作为辅助管理平台,紧紧依托 H2010 系统的报关单(备案清单)、电子账册等订制数据,对进出特殊区域的货物、车辆进行实际监管,并将企业发送数据与实际物流数据相结合,为海关加强对特殊区域的管理提供风险预警与决策参考。

四、海关特殊监管区域概念简述

(一)海关特殊监管区域几个相关概念

1. 海关特殊监管区域

海关特殊监管区域是经国务院批准,设立在中华人民共和国关境内,赋予承接国际产业转移、连接国内国际两个市场的特殊功能和政策,由海关为主实施封闭监管的特定经济功能区域。

截至 2020 年 12 月底,全国海关特殊监管区域总规划面积超 445 平方千米。截至 2021 年 1 月 15 日,我国 31 个省、自治区、直辖市共有海关特殊监管区域 163 个。其中,保税港区 2 个,综合保税区 150 个,保税区 9 个,出口加工区 1 个,珠澳跨境工业区(珠海园区)1 个。

海关特殊监管区域共有 6 类,即保税区、出口加工区、保税物流园区、跨境工业区(珠澳跨境工业园区)、保税港区、综合保税区。

2. 综合保税区

综合保税区是设立在内陆地区的具有保税港区功能的海关特殊监管区域,由海关参照有关规定对综合保税区进行管理,执行保税港区的税收和外汇政策,集保税区、出口加工区、保税物流区、港口的功能于一身,可以发展国际中转、配送、采购、转口贸易和出口加工等业务。其税收政策如下。

(1)国外货物入区保税。

（2）货物出区进入国内销售按货物进口的有关规定办理报关，并按货物实际状态征税。

（3）国内货物入区视同出口，实行退税。

（4）区内企业之间的货物交易不征增值税和消费税。

3. 保税监管场所

保税监管场所是经海关批准设立由海关实施保税监管的特定场所，属于海关事权。其主要有 3 种，即进口保税仓库、出口监管仓库、保税物流中心（分为 A 型和 B 型）。保税监管场所分类见表 4-12。

表 4-12　保税监管场所分类

保税监管场所形式	法律依据	定义及分类	可存入货物范围
保税仓库	《中华人民共和国海关对保税仓库及所存货物的管理规定》（2018年修正）	经海关批准设立的专门存放保税货物及其他未办结海关手续货物的仓库。保税仓库按照使用对象不同分为公用型保税仓库、自用型保税仓库	（1）加工贸易进口货物； （2）转口货物； （3）供应国际航行船舶和航空器的油料、物料和维修用零部件； （4）供维修外国产品所进口寄售的零配件； （5）外商暂存货物； （6）未办结海关手续的一般贸易货物； （7）经海关批准的其他未办结海关手续的货物
保税物流中心（A型）	《中华人民共和国海关对保税物流中心（A型）的暂行管理办法》（2018年修正）	经海关批准，由中国境内企业法人经营、专门从事保税仓储物流业务的保税监管场所。保税物流中心（A型）按照服务范围分为公用型物流中心和自用型物流中心	（1）国内出口货物； （2）转口货物和国际中转货物； （3）外商暂存货物； （4）加工贸易进出口货物； （5）供应国际航行船舶和航空器的物料、维修用零部件； （6）供维修外国产品所进口寄售的零配件； （7）未办结海关手续的一般贸易进口货物； （8）经海关批准的其他未办结海关手续的货物
保税物流中心（B型）	《中华人民共和国海关对保税物流中心（B型）的暂行管理办法》（2018年修正）	经海关批准，由中国境内一家企业法人经营，多家企业进入并从事保税仓储物流业务的保税监管场所	（1）国内出口货物； （2）转口货物和国际中转货物； （3）外商暂存货物； （4）加工贸易进出口货物； （5）供应国际航行船舶和航空器的物料、维修用零部件； （6）供维修外国产品所进口寄售的零配件； （7）未办结海关手续的一般贸易进口货物； （8）经海关批准的其他未办结海关手续的货物
出口监管仓库	《中华人民共和国海关对出口监管仓库及所存货物的管理办法》（2018年修正）	经海关批准设立，对已办结海关出口手续的货物进行存储、保税物流配送、提供流通性增值服务的仓库。出口监管仓库分为出口配送型仓库和国内结转型仓库	（1）一般贸易出口货物； （2）加工贸易出口货物； （3）从其他海关特殊监管区域、场所转入的出口货物； （4）出口配送型仓库可以存放为拼装出口货物而进口的货物，以及为改换出口监管仓库货物包装而进口的包装物料； （5）其他已办结海关出口手续的货物

4. 企业集团加工贸易监管改革

企业集团加工贸易监管模式，是指海关实施的以企业集团为单元，以信息化系统为载体，以企业集团经营实际需求为导向，对企业集团实施整体监管的加工贸易监管模式。

企业集团是指以资本为主要联结纽带的母子公司为主体，由共同行为规范的母公司、子公司、参股公司共同组成的具有一定规模的企业法人联合体。

5. 物流账册管理

物流账册管理分为账册管理、日常管理和查询统计三个模块。

账册管理是指对物流账册的备案、新增、修改等转人工审核信息进行审核。

日常管理是指对账册进行手工调整、暂停恢复、电子账册注销、入仓货物延期、商品编码批量调整、回执补发送、账册数据同步。

查询统计功能包括超期货物查询、出仓情况查询、账册备案查询、审核结果查询。

物流账册为记账式账册，备案时表体不可录入，根据海关终审通过的核注清单的记账回执记录物流账册表体数据。其中，记账模式分为可累计和不可累计。

可累计：是指企业首次进区一项商品，该项商品会在账册生成一条记录（如生成账册备案序号1）。企业再进同一项商品，申报时在账册备案序号栏录入相同备案序号（序号1），系统自动调取账册第一项商品信息，进账后库存累加或核扣。企业申报可累计账册的核注清单可选择商品备案序号。

不可累计：每项商品进账都会生成一条记录，即使商品相同也是单独生成一项。库存不会在原有项号累加。企业可根据自身物流管理的模式选择不同类型的记账模式。企业申报不可累计账册的核注清单不可选择商品备案序号。

6. 加工账册管理

海关特殊监管区域内加工企业保税加工货物设立 H 账册。特殊监管区域加工账册分工单式账册、耗料式账册、单耗式账册三种。

对于业务规定要求建立专用账册的，可以通过账册用途字段选择保税维修账册、一般纳税人账册、电商账册、研发账册等。普通保税账册该项账册用途为空。

加工账册管理主要分为前期管理、中期管理和后期管理三个模块。

前期管理是指对账册备案、变更进行人工审核，以及查询相关记录；中期管理是指对耗料单备案、变更、删除等进行人工审核、修改账册部分项目、修改单耗版本、账册暂停恢复、账册进出口情况查询等；后期管理是指对账册报核、核算进行人工确认、账册核算人工调整、账册强行注销等。

（二）金关二期

1. 金关二期系统

海关总署金关工程（二期）（简称金关二期）的特殊监管区域管理系统及保税物流管理系统是金关二期中加工贸易系统的重要组成部分，适用于特殊监管区域及保税监管场所的保税加工、保税物流、服务贸易、新兴业务（检测、维修、研发等生产性服务业）等海关业务均被纳入以上两个系统进行管理。系统以企业为单元、以账册和记账凭证管理作为基础、区域/场所为整体进行一体化规划和作业流程设计，将区域/场所内企业的货物流、单证流和海关的信息流有机结合，实现数据智能化管理，对进出区域/场所的货物进、出、转、存等环节实施全方位监管，构建全国统一、分层级管理的系统。

特殊监管区域管理系统涉及七个模块：①加工账册管理；②物流账册管理；③保税核注清单管理；④申报表管理；⑤出入库单管理；⑥核放单管理；⑦担保管理。其中，保税核注清单管理和担保管理为单独系统模块。

单证定义如下。

底账（账册）：指用于区域和场所的企业账册。区域账册包括物流账册、加工账册（单耗）、加工账册（耗料）和加工账册（工单），区域账册是一种特殊的物流账册；场所账册为物流账册。所有底账的进、出、转、存的唯一凭证是核注清单。

业务申报表：日常进出区统一业务审批单证，具体类别包含分送集报、外发加工、保税展示交易、出区检测、出区维修、模具外发、简单加工及其他日常进出区等。业务申报表需要备案、变更及结案，可在货物实际进出区过程中做担保额度动态控制。

出入库单：日常进出区统一单证，代表进出区域/场所的一批次货物。出入库单为中间单证，其上为业务申报表，其下为核放单。业务申报表的担保额度调整通过出入库单实现。

核放单：进出卡口的唯一凭证。核放单与载货车辆一一对应，核放单只能由核注清单、提货单（先入区后报关）或出入库单生成。

提货单：是先入区后报关模式专用单证。企业凭此单证从口岸提货，并生成核放单入区。

加工贸易账册：是海关以企业为管理单元为联网企业建立电子底账的海关监管模式。海关根据联网企业的生产情况和海关的监管需要确定核销周期，并按照该核销周期对实行加工贸易账册管理的联网企业进行核销。

联网监管：是指加工贸易企业通过数据交换平台或者其他计算机网络方式向海关办理设立、变更、核销等手续。海关对加工贸易企业实施计算机联网监管。

联网企业：是指实行加工贸易联网监管的企业。实施联网监管后，加工贸易企业通过数据交换平台或者其他计算机网络方式向海关办理设立、变更、核销等手续。

电子底账：海关根据企业实际情况，为申请联网监管的企业所报送备案的资料建立电子底账，对联网企业实施电子底账管理。

卡口登记货物：经主管海关批准，海关监管区内企业自行从区外购买、区外企业不要求出口退税且不涉及征收出口关税和出口许可证件管理的基建、办公用品、生活消费品、包装物料等非生产原材料货物以卡口登记形式申报出入海关监管区域，以及以人民币交易或者免费提供的非生产原材料货物以卡口登记形式进入保税港区。

2. 核注清单

1）核注清单概念、用途

保税核注清单是金关二期保税底账核注的专用单证，属于办理加工贸易及保税监管业务的相关单证。

加工贸易及保税监管企业已设立金关二期保税底账的，在办理货物进出境、进出海关特殊监管区域、保税监管场所，以及开展海关特殊监管区域、保税监管场所、加工贸易企业间保税货物流（结）转业务的，相关企业应按照金关二期保税核注清单系统设定的格式和填制要求向海关报送保税核注清单数据信息，再根据实际业务需要办理报关手续。

在金关二期系统上，企业办理加工贸易货物余料结转、加工贸易货物销毁（处置后未获得收入）、加工贸易不作价设备结转手续的，可不再办理报关单申报手续；海关特殊监管区域、保税监管场所间或与区（场所）外企业间进出货物的，区（场所）内企业可不再办理备案清单申报手续。

2）申报规则

企业报送保税核注清单后需要办理报关单（备案清单）申报手续的，报关单（备案清单）申报数据由保税核注清单数据归并生成。

海关特殊监管区域、保税监管场所、加工贸易企业间加工贸易及保税货物流转，应先由转入企业报送进口保税核注清单，再由转出企业报送出口保税核注清单。

3）修改或撤销保税核注清单的处理

海关接受企业报送保税核注清单后，保税核注清单需要修改或者撤销的，按以下方式处理。

（1）货物进出口报关单（备案清单）需撤销的，其对应的保税核注清单应一并撤销。

（2）保税核注清单无须办理报关单（备案清单）申报或对应报关单（备案清单）尚未申报的，只能申请撤销。

（3）货物进出口报关单（备案清单）修改项目涉及保税核注清单修改的，应先修改清单，确保清单与报关单（备案清单）的一致性。

（4）报关单、保税核注清单修改项目涉及保税底账已备案数据的，应先变更保税底账数据。

（5）保税底账已核销的，保税核注清单不得修改、撤销。

（6）海关对保税核注清单数据有布控复核要求的，在办结相关手续前不得修改或者撤销保税核注清单。

（7）符合下列条件的保税核注清单商品项可归并为报关单（备案清单）同一商品项。

一是料号级料件同时满足以下条件的可予以归并：10位商品编码相同；申报计量单位相同；中文商品名称相同；币制相同；原产国相同。其中，根据相关规定可予保税的消耗性物料与其他保税料件不得归并；因管理需要，海关或企业认为需要单列的商品不得归并。

二是出口成品同时满足以下条件的可予以归并：10位商品编码相同；申报计量单位相同；中文商品名称相同；币制相同；最终目的国相同。其中，出口应税商品不得归并；涉及单耗标准与不涉及单耗标准的料号级成品不得归并；因管理需要，海关或企业认为需要单列的商品不得归并。

4）核注清单填制规范

为规范和统一保税核注清单管理，便利加工贸易及保税监管企业按照规定格式填制和向海关报送保税核注清单数据，特制定填制规范如下。

（1）预录入编号。

该项填报核注清单预录入编号，预录入编号由系统根据接受申报的海关确定的规则自动生成。

（2）清单编号。

该项填报海关接受保税核注清单报送时给予保税核注清单的编号，一份保税核注清单对应一个清单编号。

保税核注清单海关编号为 18 位；其中第 1~2 位为 QD，表示核注清单；第 3~6 位为接受申报海关的编号（海关规定的《关区代码表》中相应海关代码）；第 7~8 位为海关接受申报的公历年份；第 9 位为进出口标志（"I"为进口，"E"为出口）；后 9 位为顺序编号。

（3）清单类型。

该项按照相关保税监管业务类型填报，包括普通清单、分送集报清单、先入区后报关清单、简单加工清单、保税展示交易清单、区内流转清单、异常补录清单等。

（4）手（账）册编号。

该项填报经海关核发的金关二期加工贸易及保税监管各类手（账）册的编号。

（5）经营企业。

该项填报手（账）册中经营企业海关编码、经营企业的社会信用代码、经营企业名称。

（6）加工企业。

该项填报手（账）册中加工企业海关编码、加工企业的社会信用代码、加工企业名称，保税监管场所名称〔保税物流中心（B 型）填报中心内企业名称〕。

（7）申报单位编码。

该项填报保税核注清单申报单位海关编码、申报单位社会信用代码、申报单位名称。

（8）企业内部编号。

该项填写保税核注清单的企业内部编号或由系统生成流水号。

（9）录入日期。

该项填写保税核注清单的录入日期，由系统自动生成。

（10）清单申报日期。

申报日期指海关接受保税核注清单申报数据的日期。

（11）料件、成品标志。

该项根据保税核注清单中的进出口商品为手（账）册中的料件或成品填写。料件、边角料、物流商品、设备商品填写"I"，成品填写"E"。

（12）监管方式。

该项按照报关单填制规范要求填写。

特殊情形下填制要求如下：

调整库存保税核注清单，填写 AAAA；设备解除监管保税核注清单，填写 BBBB。

（13）运输方式。

该项按照报关单填制规范要求填写。

（14）进（出）口口岸。

该项按照报关单填制规范要求填写。

（15）主管海关。

主管海关指手（账）册主管海关。

（16）起运运抵国别。

该项按照报关单填制规范要求填写。

（17）核扣标志。

该项填写清单核扣状态。海关接受清单报送后，由系统填写。

（18）清单进出卡口状态。

清单进出卡口状态是指特殊监管区域、保税物流中心等货物，进出卡口的状态。海关接受清单报送后，根据关联的核放单过卡情况由系统填写。

（19）申报表编号。

该项填写经海关备案的深加工结转、不作价设备结转、余料结转、区间流转、分送集报、保税展示交易、简单加工申报表编号。

（20）流转类型。

该项填写保税货物流（结）转的实际类型，包括加工贸易深加工结转、加工贸易余料结转、不作价设备结转、区间深加工结转、区间料件结转。

（21）录入单位。

该项填写保税核注清单录入单位海关编码、录入单位社会信用代码、录入单位名称。

（22）报关标志。

该项由企业根据加工贸易及保税货物是否需要办理报关单（进出境备案清单）申报手续填写。需要报关的填写"报关"，不需要报关的填写"非报关"。

a. 以下货物可填写"非报关"或"报关"：①金关二期手（账）册间余料结转、加工贸易不作价设备结转；②加工贸易销毁货物（销毁后无收入）；③特殊监管区域、保税监管场所间或与区（场所）外企业间流（结）转货物（减免税设备结转除外）。

b. 设备解除监管、库存调整类核注清单必须填写"非报关"。

c. 其余货物必须填写"报关"。

（23）报关类型。

加工贸易及保税货物需要办理报关单（备案清单）申报手续时填写，包括关联报关、对应报关。

a. "关联报关"适用于特殊监管区域、保税监管场所申报与区（场所）外进出货物，区（场所）外企业使用 H2010 系统手（账）册或无手（账）册。

b. 特殊区域内企业申报的进出区货物需要由本企业办理报关手续的，填写"对应报关"。

c. "报关标志"栏可填写"非报关"的货物，如填写"报关"时，本栏目必须填写"对应报关"。

d. 其余货物填写 "对应报关"。

（24）报关单类型。

该项按照报关单的实际类型填写。

（25）对应报关单（备案清单）编号。

该项填写保税核注清单（报关类型为对应报关）对应报关单（备案清单）的海关编号。海关接受报关单申报后，由系统填写。

（26）对应报关单（备案清单）申报单位。

该项填写保税核注清单对应的报关单（备案清单）申报单位海关编码、单位名称、社会信用代码。

（27）关联报关单编号。

该项填写保税核注清单（报关类型为关联报关）关联报关单的海关编号。海关接受报关单申报后，由系统填写。

（28）关联清单编号。

该项填写要求如下。

a. 加工贸易及保税货物流（结）转、不作价设备结转进口保税核注清单编号。

b. 设备解除监管时填写原进口保税核注清单编号。

c. 进口保税核注清单无须填写。

（29）关联备案编号。

加工贸易及保税货物流（结）转保税核注清单在该项填写对方手（账）册备案号。

（30）关联报关单收发货人。

该项填写关联报关单收发货人名称、海关编码、社会信用代码。按报关单填制规范要求填写。

（31）关联报关单消费使用单位/生产销售单位。

该项填写关联报关单消费使用单位/生产销售单位名称、海关编码、社会信用代码。按报关单填制规范要求填写。

（32）关联报关单申报单位。

该项填写关联报关单申报单位名称、海关编码、社会信用代码。

（33）报关单申报日期。

该项填写与保税核注清单——对应的报关单的申报日期。海关接受报关单申报后由系统填写。

（34）备注（非必填项）。

该项填报要求如下。

a. 涉及加工贸易货物销毁处置的，填写海关加工贸易货物销毁处置申报表编号。

b. 加工贸易副产品内销，在该项内填报 "加工贸易副产品内销"。

c. 申报时其他必须说明的事项填报在该项。

（35）序号。

该项填写保税核注清单中商品顺序编号（系统自动生成）。

（36）备案序号。

该项填写进出口商品在保税底账中的顺序编号。

（37）商品料号。

该项填写进出口商品在保税底账中的商品料号级编号。由系统根据保税底账自动填写。

（38）报关单商品序号。

该项填写保税核注清单商品项在报关单中的商品顺序编号。

（39）申报表序号。

该项填写进出口商品在保税业务申报表商品中的顺序编号。

设备解除监管核注清单，填写原进口保税核注清单对应的商品序号。

（40）商品编码。

该项填报的商品编号由 10 位数字组成。前 8 位为《中华人民共和国进出口税则》确定的进出口货物的税则号列，同时也是《中华人民共和国海关统计商品目录》确定的商品编码，后 2 位为符合海关监管要求的附加编号。

加工贸易等已备案的货物，填报的内容必须与备案登记中同项号下货物的商品编码一致，由系统根据备案序号自动填写。

（41）商品名称、规格型号。

按企业管理实际如实填写。

（42）币制。

按报关单填制规范要求填写。

（43）数量及单位。

按照报关单填制规范要求填写。其中第一比例因子、第二比例因子、重量比例因子分别填写申报单位与法定计量单位、第二法定计量单位、重量（千克）的换算关系。该项非必填项。

（44）单价、总价。

按照报关单填制规范要求填写。

（45）产销国（地区）。

按照报关单填制规范中有关原产国（地区）、最终目的国（地区）要求填写。

（46）毛重（千克）。

该项填报进出口货物及其包装材料的重量之和，计量单位为千克，不足 1 千克的填报为"1"。该项非必填项。

（47）净重（千克）。

该项填报进出口货物的毛重减去外包装材料后的重量，即货物本身的实际重量，计量单位为千克，不足 1 千克的填报为"1"。该项非必填项。

（48）征免规定。

该项应按照手（账）册中备案的征免规定填报；手（账）册中的征免规定为"保金"或"保函"的，应填报"全免"。

（49）单耗版本号。

该项适用加工贸易货物出口保税核注清单。本栏目应与手（账）册中备案的成品单耗版本一致。该项非必填项。

（50）简单加工保税核注清单成品。

该项由简单加工申报表调取，具体字段含义与填制要求与上述字段一致。

3. 加工贸易账册核销

加工贸易账册核销是指企业根据保税货物进、出、转、存、销等情况，将加工贸易账册核销周期内的料件进口、成品出口、生产加工、货物库存、深加工结转等情况向海关申报，海关予以审核、核销的过程。具体流程是，由企业提交待核销核注清单、实盘库存等数据至金关二期系统，对账册理论库存与实盘库存差异进行确认或处置后完成核销手续。

加工贸易账册的报核时限应在核销周期到期之日起 30 天内完成。对采用电子账册管理模式的联网企业，由主管海关按实际监管需要确定核销周期，最长不得超过 1 年。核销周期到期时，由企业、海关或所委托的中介机构对企业的保税货物进行盘点，并确认盘点结果。海关或所委托的中介机构要确保对企业的每本电子账册项下的保税货物每年至少盘点 1 次。

根据账册核销方式，分为海关核销及企业自核，其中海关核销一般由海关进行核销前盘点并进行人工审核，企业自核一般由企业自主进行核销前盘点并由系统自动审核。根据料件核算方式不同，分为单耗核销及工单核销，其中单耗核销指按照单耗模式管理的账册核销，工单核销指海关与实行 ERP 系统管理的生产制造企业进行联网，通过实时采集企业每次实际投料的作业工单数据和企业进出库的申报数据，对企业生产进行定量、动态监管，实现海关库存数据与企业实际库存数据自动比对的一种核销方式。

五、综合保税区（保税港区）货物进出区通关

综合保税区（保税港区）的货物通关可简单地概括为一句话，即一线免征保税，二线应征应税，区内自由流转。其中，一线是指综合保税区（保税港区）与境外之间，二线是指综合保税区（保税港区）与境内区外之间，区内流转是指在同一海关特殊监管区域内的不同企业之间。

综合保税区（保税港区）报关货物主要是在综合保税区申报进出境、进出区的保税货物，其通关监管管理依靠 H2010 系统和辅助系统来实现。区内企业在申报货物实际进出区时，通过企业端 QP 系统录入报关单电子数据发送至海关 H2010 系统申报（一线环节由区内企业申报、二线环节由区外或区内企业申报），海关在 H2010 系统接单、查验、征税、放行结关后，对 H2010 系统的账册进行核增或核减，同时辅助平台将订制的 H2010 系统报关单结关数据与辅助平台的申请单电子数据进行关联比对，货物实际进出卡口时，卡口对捆绑了申请单信息的核放单进行核注，进而将核放单数据记录信息返写在辅助平台对应的电子账册上，以保证辅助平台账册数据与 H2010 系统的账册数据一致。

以下为货物进出区通关情况介绍。

（一）一线进境货物入区

1. 流程

货物的收发货人或代理人申报一线进境备案清单或进口报关单—海关审核通过放行—辅助平台订制报关数据—数据比对一致—货物入区。

（1）一线进境保税货物，区内企业申报备案清单。

（2）一线进境减免税货物、征税货物、通过综合保税区（保税港区）直接进出的货物，申报进口报关单。

（3）一线进境货物应当在综合保税区（保税港区）主管海关办理海关手续，进境口岸不再为综合保税区（保税港区）辖区的，可以采取转关方式予以申报。

（4）区内企业在区外从事进出口贸易且货物不实际进出综合保税区（保税港区）的，可以在收发货人所在地或货物实际进出境口岸海关办理申报手续。

2. 一线进境货物保税，实行备案制

海关对综合保税区（保税港区）与境外之间进出的货物实行备案制管理，对从境外进入综合保税区（保税港区）的货物予以保税，但减免税货物、应征税货物除外。

3. 一线进境货物免证

综合保税区（保税港区）与境外之间进出的货物，不实行进出口配额、许可证件管理，但法律、法规另有规定的除外。对于同一配额、许可证件项下的货物，海关在进区环节已经验核配额、许可证件的，在出境环节不再要求企业出境配额、许可证件原件。

4. 一线进境货物的监管方式

根据《海关特殊监管区域进出口货物报关单、进出境货物备案清单填制规范》，其监管方式如下。

（1）区内加工企业在来料加工贸易业务项下的料件从境外进口的，填报"区内来料加工"（代码5014）。

（2）区内加工企业在进料加工贸易业务项下的料件从境外进口的，填报"区内进料加工"（代码5015）。

（3）区内物流仓储企业从境外进口的用于仓储、分拨、配送、转口的物流货物，填报"区内物流货物"（代码5034）。

（4）区内企业从境外进口的用于区内业务所需的设备、基建物资，以及区内企业和行政管理机构自用合理数量的办公用品等，填报"境外设备进区"（代码5335）。

（5）区内企业经营来料加工业务，出境的成品返回退换的，填报"来料成品退换"（代码4400）。

（6）区内企业经营进料加工业务，出境的成品返回退换的，填报"进料成品退换"（代码4600）。

（7）从境外进入特殊区域的检测、维修货物，区内企业填报"修理物品"（代码1300）。

（二）区内货物一线出境

1. 流程

区内企业申报出境备案清单—海关审核—通过放行—辅助平台订制报关数据—数据比对一致—货物出区出境。

（1）一线出区出境保税货物，由区内企业申报出境备案清单。

（2）一线出境减免税货物、征税货物、通过综合保税区（保税港区）直接进出的货物申报出口报关单。

（3）一线出境货物应当在综合保税区（保税港区）主管海关办理海关申报手续，出境口岸不在综合保税区（保税港区）主管海关辖区的，经综合保税区（保税港区）主管海关批准，可以在口岸海关办理海关手续。

（4）区内企业在区外从事对外贸易业务且货物不实际进出综合保税区（保税港区）的，可以在收发货人所在地或货物实际进出境口岸海关办理申报手续。

2. 区内一线出境货物免征出口关税，实行备案制

从综合保税区（保税港区）运往境外的货物免征出口关税，但法律、法规另有规定的除外。海关对综合保税区（保税港区）与境外之间进出的货物实行备案制管理，对从境外进入综合保税区（保税港区）的货物予以保税，但减免税货物、征税货物（区内企业自用的交通运输工具、生活消费用品等）、通过综合保税区（保税港区）直接进出的货物除外。实行备案制管理的，货物的收发货人或代理人应当如实填写进出境货物备案清单，并在海关备案。

3. 一线出境货物免证

综合保税区（保税港区）与境外之间进出的货物，不实行进出口配额、许可证件的管理，但法律、行政法规和规则另有规定的除外。对应同一配额、许可证件项下的货物，海关在进区环节已经验核配额、许可证件的，在出境环节不再要求企业出境配额、许可证件原件。

4. 一线出境货物的监管方式

根据《海关特殊监管区域进出口货物报关单、进出境货物备案清单填制规范》，其监管方式如下。

（1）区内加工企业在来料加工贸易业务项下的成品申报出境，填报"区内来料加工"（代码5014）。

（2）区内加工企业在进料加工贸易业务项下的成品申报出境，填报"区内进料加工"（代码5015）。

（3）下列进出特殊区域的货物，填报"区内物流货物"（代码 5034）：①区内物流企业运往境外的用于仓储、分拨、配送、转口的物流货物；②区内加工企业将境内入区且未经加工的料件申报出境的货物。

（4）区内企业将境外设备进区（监管方式代码"5335"）项下的货物退运境外，填报"区内设备退运"（代码 5361）。

（5）特殊区域运往境外的检测、维修货物，区内企业填报"修理物品"（代码 1300）。

（6）区内企业将来料加工项下的边角料复出境的，填报"来料边角料复出"（代码 0864），将进料加工项下的边角料复出境的，填报"进料边角料复出"（代码 0865）。

（三）二线国内货物入区

1. 二线国内货物入区流程

区内货物的收发货人或代理人申报进境备案清单，区外企业申报出口报关单—海关同时审核两单—通过放行—辅助平台订制报关数据—数据比对一致—货物入区。

（1）二线进区货物实行双向报关，即区内企业申报进境备案清单，区外国内企业申报出口报关单。

（2）二线货物应该在综合保税区（保税港区）主管海关办理进出区海关申报手续。

2. 二线入区货物视同出口，应征应税（出口关税）或退税（增值税）

综合保税区（保税港区）与区外之间进出的货物，区内企业或区外货物收发货人按照进出口货物的有关规定向综合保税区（保税港区）主管海关办理申报手续。需要征税的，区内企业或区外货物收发货人按照货物进出区时的实际状态缴纳税费；区外货物进入综合保税区（保税港区）的出口退税货物，海关签发用于出口退税的出口货物报关单证明联；对综合保税区（保税港区）的区内企业在境内区外采购用于生产出口产品的部分原材料，进区时不征收出口关税。

二线入区货物属于配额、许可证件管理的货物，区内企业或区外货物收发货人还应当向海关配额及许可证件。

3. 二线入区货物的监管方式

根据《海关特殊监管区域进出口货物报关单、进出境货物备案清单填制规范》，其监管方式如下。

（1）区内物流、加工企业从境内区外购进的料件，填报"料件进出区"（代码 5000）。

（2）区内企业加工后的成品（包括研发成品和物流企业简单加工的成品）进入境内区外，填报"成品进出区"（代码 5100）。

（3）区内企业从境内区外购进的自用设备、物资，填报"设备进出区"（代码 5300）。

（4）从境内区外进入特殊区域的检测、维修货物，区内企业填报"修理物品"（代码 1300）。

（5）区内企业产品、设备运往境内区外检测、检验或委托加工产品，复运回区内，填报"暂时进出货物"（代码2600）。

（6）区内企业产品运出境内区外进行展览完毕，运回区内，填报"展览品"（代码2700）。

（四）区内货物二线出区

1. 区内货物二线出区流程

区内货物收发货人或代理人申报出境备案清单，区外企业申报进口报关单—海关同时审核两单—通过放行—辅助平台订制报关数据—数据比对一致—货物出区。

（1）二线进区货物实行双向报关，即区内企业申报出境备案清单，区外国内企业申报进口报关单。

（2）二线货物应该在综合保税区（保税港区）主管海关办理进出区海关申报手续。

2. 二线出区货物视同进口，应征应税

综合保税区（保税港区）与区外之间进出的货物，区内企业或区外货物收发货人按照进出口货物的有关规定向综合保税区（保税港区）办理申报手续。需要征税的，区内企业或区外货物收发货人按货物进出区时的实际状态缴纳税费。

二线出区属于配额、许可证件管理的货物，区内企业或区外货物收发货人还应当向海关出具配额、许可证件。对于同一配额、许可证件项下的货物，海关在进境环节已经验核配额、许可证件的，在出区环节不再要求企业出具配额、许可证件原件。

区内企业的边角料、废品及加工生产、储存、运输等过程中产生的料件，按出区时的实际状态征税。属于进口配额、许可证件管理的货物，免于提交进口配额、许可证件；属于列入《禁止进口废物目录》的废物及其他危险废物需出区进行处置的，有关企业凭综合保税区（保税港区）行政管理机构及所在地市级环保部门的批件等材料，向海关办理出区手续。

3. 二线出区货物的监管方式

根据《海关特殊监管区域进出口货物报关单、进出境货物备案清单填制规范》，其监管方式如下。

（1）下列货物进出特殊区域，填报"料件进出区"（代码5000）：①区内物流企业、加工企业出往境内区外的料件（不包括经过区内企业实质性加工的成品）；②区内物流企业、加工企业从境内购买的料件因故退运、退换的。

（2）区内企业加工后在成品（包括研发成品和物流企业简单加工的成品）进入境内区外的，填报"成品进出区"（代码5100）。

（3）下列出入特殊区域的企业自用设备、物资，填报"设备进出区"（代码5300）：①区内企业将从境内区外采购入区的自用设备、物资从特殊区域销往境内区外、结转到同一特殊区域或另一特殊区域的企业，或在境内区外退运、退换；②区内企业从境外进口的自用设备、物资，申报进入境内区外。

（4）特殊区域出往境内区外的检测、维修货物，区内企业填报"修理物品"（代码1300）。

（5）区内企业将来料加工项下的边角料销往境内区外的，填报"来料边角料内销"（代码0844），将进料加工项下的边角料销往境内区外的，填报"进料边角料内销"（代码0845）。

（6）区内企业产品运往境内区外进行展览，填报展览品（代码2700）。

（7）区内企业、设备运往境内区外进行测试、检验或者委托加工产品，填报"暂时进出货物"（代码2600）。

（8）无原始报关单的后续补税，填报"后续补税"（代码9700）。

（五）区内企业之间的货物流转（货物区内流转）

综合保税区（保税港区）内企业的货物可以自由流转。货物区内流转，即货物从区内的一家企业转到另一家企业的业务。根据规定，区内货物的流转，双方企业均需进行申报作业，区内企业转让、转移货物的，双方应当及时向海关报送转让、转移货物的品名、数量、金额等电子数据信息。

转出企业发货（辅助平台发货记录）—转入企业收货（辅助平台收货记录）—转出企业或其代理人申报出境备案清单—同时转入企业申报进境备案清单—海关同时审核进出境备案清单—辅助平台比对一致—放行（分别核增、核减相应账册）。

（1）经海关核准，区内流转货物，允许区内企业先行收发货，再向海关进行集中申报。

（2）区内流转时，转出企业申报的监管方式同一线出境，转入企业的申报方式同一线进境。

保税区内企业从区外购进货物时必须向税务机关申请备案增值税专用发票的有关内容，将这部分货物出口或者加工后出口的，可按规定办理出口退（免）税。

（六）通过综合保税区（保税港区）直接进出口货物

通过综合保税区（保税港区）直接进出口货物是指企业依托综合保税区（保税港区）的口岸功能直接申报进出口，不在综合保税区（保税港区）进行仓储、加工、维修等操作的货物。直接进出口货物，海关按照进出口的有关规定进行监管；出口货物的收发货人或其代理人可以在货物运抵综合保税区（保税港区）前向海关申报；出口货物运抵综合保税区（保税港区），海关接受申报并放行结关后，按照有关规定签发出口货物报关单证明联。

流程：货物收发货人或其代理人申报进口报关单或出口报关单—海关审核报关单—放行—货物实际进出境。

（七）即进即出业务的通关

即进即出业务俗称一日游业务、出口复进口或"保税一日游"，是指企业把国内的零部件、原材料等物资或保税货物业务链条的上下游企业的保税货物，利用特殊监管区域的"境内关外"特点及入区退税政策，通过货物先出口、再进口（先进区再出区）的操作，在综合保税区做形式上的出入境报关手续，但不实际出入境，也不进入区内企业存储或加工的行为，完成深加工结转、享受出口退税的一种业务。区内外企业需同时向综合保税区海关申报备案清单、报关单，并根据备案清单内容录入货物核放单，完成物流的进出。该类货物具有批量多、周期短、速度快的特点，其在通关作业区等待完成报关手续后即回流到区外。系统会根据出入库的情况，核增减底账数据。

在一日游业务出现前，加工贸易货物和一般贸易货物等只能通过出口到香港等境外地区，再办理进口手续，完成加工贸易的核销或出口退税流程，相比特殊区域一日游业务，境外一日游业务周期长，手续复杂，运输成本高，而如果运用综合保税区"境内关外"的特殊功能，即货物出口到综合保税区即视同离境，可办理退税。企业只需再从综合保税区将货物进口即可完成进出口程序，这样一来可大大节省运输费用和时间。综合保税区的特殊功能和政策优势不但为企业节省了大量的运费成本，而且增强了企业产品的价格竞争力。

即进即出业务的优势有以下几点。

（1）货物进入综合保税区即视同出口，可及时收汇核销、退税、核销手册。

（2）货物进出综合保税区的报关、报检可以一批进、分批出。

（3）取代货物"境外游""香港游"，节省物流成本，缩短供货时间，堆场费用低。

（4）加工贸易企业的产品可以供国内其他的加工贸易企业作为出品的料件，或供国内可以享受该产品免税政策的企业使用。

（5）通关效率高，货物进区、出区的申报都在综合保税区主管海关办理相关手续，保证了通关时间，降低了通关差错率。

（6）对于原材料提供厂商，可以享受国家出口退税的优惠，以退税后的商品价格参与市场竞争。

（7）对于原材料接收厂商，可以将采购国内料件及中间品的退税时间提前，有效降低资金成本。

对一日游货物可采取先报关后出入区模式，企业在 H2010 系统办理相关申报手续。货物进出区物流作业在辅助系统进行，并根据报关单信息实行记账式账册管理。

六、保税核查及核销

（一）保税核查

保税核查是指海关依法对保税加工货物、保税物流货物进行验核查证，检查监管区域内企业及保税业务经营行为的真实性、合法性。针对保税物流企业，保税核查主要包括保税货物盘点核查、保税货物内销核查等。

1. 保税货物的盘点核查

保税货物的盘点核查，是指海关对保税企业的保税货物实际库存情况进行实物核对和数据检查。保税货物的盘点核查主要用于企业核销时的盘点。一般情况下，海关在进行盘点前会通知企业；特殊情况下，海关核查人员可以不经事先通知实施径行核查。区内企业接到海关核查通知后，应积极做好相关单证资料准备，提前掌握保税货物的存放地点和使用情况。

海关在盘点核查前，企业的预盘点至关重要，盘点前应尽量压缩报关和在途货物，如盘点时不能停止发货出库的，仓库应该根据发货计划预提发货量，制作盘点期间的发货清单备查。

保税货物盘点核查时，企业需要准备的资料：①料件、成品、报废品等仓库库位图；②盘点单据；③保税货物盘点清册（账面数据）；④其他核查需要的资料。

2. 保税货物的内销核查

保税货物的内销核查，是指海关对保税货物的内销情况及相关补税情况进行验核查证。

保税货物内销核查时，企业需要准备的资料：①年度财务报表、审计报告等资料；②保税货物内销相关的订单、合同、发票、业务函电等；③内销报关单及随附单证；④其他相关的业务收支、应收账款、银行存款、应交税金及费用等财务科目资料；⑤收货人的发票、付款凭证、订单等；⑥保税货物的状态、生产状况、数量、品名、规格型号、用途等；⑦其他核查需要的资料。

（二）电子账册的核销

1. 核销的分类

核销总体分为两种，即自动核销和海关核销。

1）自动核销

自动核销是指出口单位不需向外汇管理局报告，外汇管理局根据从"中国电子口岸出口收汇系统"采集的核销单信息和报关信息，以及从"国际收支统计申报系统"采集的收汇信息，进行总量核销的核销方式。

其适用于国际收支申报率高，以及符合外汇管理局规定的其他条件的出口收汇荣誉企业的一般贸易项下和其他出口贸易项下全额收汇的出口收汇数据。

自动核销管理方式是外汇管理局管理与服务相结合、改进服务、支持贸易便利化、扶优限劣、实行分类管理理念的重要体现。该管理方式不要求每笔出口与收汇一一对应，而是按照一定时间内出口与收汇的总量对应自动办理核销手续。实行自动核销管理有利于简化出口单位和外汇管理局的核销操作流程，提高出口收汇核销管理的工作效率。

2）海关核销

海关核销是指加工生产企业采用来料加工或进料加工方式，在主管海关办理生产加工合同备案后，依据合同规定进口物料进行生产加工，将加工的成品或半成品出口销售，并按合同规定的期限，向海关申报核算进出口记录的海关监管程序。企业向海关申报核销资料，必须与进出口报关资料和记录相符，同时对尚未出口的物料和成品进行严格的核查，对报关的物料进、销、存记录要衔接一致，进出记录平衡。

按照相关规定，加工装配合同必须在合同到期或最后一批加工成品出口后的一个月内，凭当地税务部门在海关《对外加工装配进出口货物登记手册》内签章的核销表，连同有关进出口货物报关单，以及有关单证向主管海关办理核销手续。核销时应递交下列单证。

（1）《对外加工装配进出口货物登记手册》。

（2）经海关签章的进出口货物报关单。

（3）对外加工装配补偿贸易合同核销申请（结案表）。

（4）对损耗率较高的产品，应提供详细的加工生产用料清单和加工工艺说明。

（5）海关需要的其他有关材料。

为简化手续，提高工作效率，体现促进与服务生产的方针，海关根据不同的企业和商品分别采取信任核销、一般核销和重点核销等方法进行核销。核销完毕，企业向海关领取加工装配"核销清表"，并按海关规定处理合同项下进口的机器设备。

2. 核销的流程

电子账册核销是海关保税货物监管中非常重要的环节，其目的是海关通过核销来验证区内企业对保税货物的管理是否符合海关要求，是否做到了准确、如实申报，核销中如发现实际库存与理论库存存在重大差异等异常情况，企业将会面临处罚、暂停保税业务、补税等严重后果。

按照海关对区内仓储物流企业的管理方式，海关每隔180天（一个核销周期）就要对企业的账册进行核算与核销，一方面是核对企业在核销周期内进出区申报的电子底账数据，另一方面也需要把海关的电子底账和企业的实货库存进行比对，发现差异，通过对账册的核算与核销，来全面了解及掌握企业的生产、管理及销售情况。

核销基本流程：在电子账册报核期内，海关按照企业预报核—海关预审反馈—企业正式报核—海关审核反馈的业务流程进行核算与核销。

3. 核销的步骤

电子账册核销需要经过的具体步骤如下。

1）盘点

根据海关关区的不同与企业的不同，会有不同的盘点计划。

企业通过盘点和海关的下厂实盘来发现问题，找出比对不一致的地方。因此，盘点对企业来说至关重要，一方面，向海关表明自身遵纪守法的情况，另一方面，通过盘点也能发现企业是否存在需要补税甚至被罚款的情形。

盘点方式通常有两种：一是定期盘点，即仓库的全面盘点，是指在一定时间内，一般是每季度、每半年或年终财务结算前进行一次全面的盘点，由货主派人会同仓库保管员、商品会计一起进行盘点对账；二是临时盘点，即当仓库发生货物损失事故，或保管员更换，或仓库与货主认为有必要盘点对账时，组织一次局部性或全面的盘点。

盘点主要从以下几个方面进行核实：①数量盘点；②重量盘点；③货与账核对；④账与账核对。

盘点基本流程如下。

（1）企业制订完成盘点计划。盘点前15日，企业主要负责人召集关务、生产、仓库各相关部门召开盘点工作会议，制订完成盘点计划。

（2）完成分送集报工作。盘点前5日，企业完成核销之前所有分批进出区货物的报关工作，之后如果盘点前仍有分批进出区货物的，应做好数量统计工作，在海关盘点时将数据统计表和相关单证递交海关抽盘人员。

（3）完成进出情况的自查工作。盘点前3日，企业完成对核销周期内料件及成品进出情况的自查工作，对于进出申报错误或涉及变更的及时向海关备案岗位申请变更或重新备案，在海关盘点时向海关抽盘人员提交调整申请与情况说明。

（4）正式盘点。盘点时，原则上要求企业停产（停止收发货）两天以保证数据准确，并且要求企业必须在海关抽盘完成后才能恢复生产。如果企业申请不停产盘点，企业必须要向海关提供相关资料，以保证海关能如实核实企业的实际结余情况。

a. 企业内部自盘。企业盘点又称盘库，是指企业定期或临时对库存商品的实际数量进行清查、清点的作业，即为了掌握货物的流动情况（入库、在库、出库的流动状况），对仓库现有物品的实际数量与保管账上记录的数量相核对，以便准确地掌握库存数量。

盘点第1日，先由库房管理人员对库存实物进行100%盘点，然后由管理人员（企业负责人）进行30%以上的抽盘。完成后，制作符合海关要求的《盘点清册》，由关务负责人递交海关，同时提交《区内企业电子账册（电子手册）核销申请报告》（表4-13）。

表4-13 区内企业电子账册（电子手册）核销申请报告

我 _____ 公司，电子账册（电子手册）编号为 _____，进口料件 _____ 等，出口成品 _____ 等。核销时段从 _____年_____月 _____日到_____年_____月_____日止。

电子账册（电子手册）为第_____次正式报核。

该核销时段内电子账册（电子手册）情况如下：

1. 进口总值：_____；出口总值：_____。

2. 涉及进口报关单_____份，出口报关单_____份。

3. 报核料件_____项；报核成品_____项。

4. 报核成品耗用_____等材料，产生边角料（明细详见"边角料申请内销报告"和"边角料征税申报表"）。

5. 进口料件包装物总重_____（明细详见"包装物征税申报表"）。

6. 实际生产单耗与申报单耗一致。

7. 其中，____月办理了边角废料及包装物料的征税手续。征税报关单_____份（报关单号为：_____），共缴纳税金人民币_____元。

现特此申请核销

企业负责人签名：
企业签章：
日期：

　　b. 海关下厂盘点。盘点第 2 日，海关收到相关资料后，视情况下厂进行全部盘点或抽查盘点，重点核查的货物一般是企业在本核销周期内的申报数据与海关电子底账数据差异较大、平衡关系失调、金额较大、进出频繁、经营重点敏感等商品。由于是在预报核环节，海关一般的核查依据是企业提供的盘点清册，抽盘时，企业关务、生产、库房各相关部门负责人必须到场，回答海关针对该次盘点提出的问题，对海关在盘点过程中出现的问题进行解释，并对盘盈、盘亏的情况当场签字确认。

　　关于料件，成品、半成品，不良品及废品的盘点清册表详见表 4-14~表 4-16。《放弃出口退税料件汇总表》详见表 4-17。

表 4-14　公司盘点清册——料件

年　月　日

海关序号	中文品名	计量单位	企业料号	平均单价	库存数量	库存位置	备注
							已进未报等特殊情况

表 4-15　公司盘点清册——成品、半成品

年　月　日

海关序号	中文品名	计量单位	企业料号	平均单价	库存数量	库存位置	备注

表 4-16　公司盘点清册——不良品及废品

年　月　日

海关序号	中文品名	计量单位	企业料号	平均单价	库存数量	库存位置	备注

表 4-17　放弃出口退税料件汇总表

放弃出口退税声明编号	海关序号	企业料号	中文品名	数量	计量单位	备注

　　2）预报核

　　（1）完成本期余料表。盘点完成后 3 日内，企业完成库存成品、半成品折料工作，填写《电子账册本期余料申报数量登记表》（表 4-18），由企业负责人确认后提交海关。

表 4-18　电子账册本期余料申报数量登记表

账册编号：　　　　　　　　　　　　　　　　　　　　　　　　　　　　　　　　　　报核次数：

海关备案序号	料件名称	海关备案计量单位	库存料件	成品折料	半成品折料	不良残次品折料	合计
	合计						

档案序号：

（2）完成预报核报关单录入。盘点完成后 10 日内，企业完成本核销周期进出口报关单（备案清单）统计，向海关申报预报核，并提交《电子账册预报核申请表》（表 4-19）。

表 4-19　电子账册预报核申请表

企业名称			
账册编码		报核次数	
报核开始日		报核截止日	
进口报关单总数		出口报关单总数	
申报日期		申报方式	
报核料件总数		报核成品总数	
联系人		联系方式	
初审意见			
复审意见			
备注			

（3）预报核数据审核。进入后期管理子系统，进行电子账册预报核审核，输入报核电子账册号，根据终端提示对预报核数据进行审核。

企业审核重点如下：①检查报核表头。审核报核次数、报核类型、报核起始日期、报核报关单量是否正确。审核要点为报核次数、报核报关单为系统自动产生，报核类型应为预报核，报核开始日期应为上次核销日期的后一天（新账册为账册备案日）。②浏览报核报关单。显示报关单号等项目，与预报核申请表核对是否相符。③显示报关单比对结果。审核报核报关单号并与海关系统核注库报关单核注信息进行比对，并提示正常、错报、漏报等信息。④与辅助管理系统数据进行比对。

（4）完成预报核。盘点后 30 日内，企业完成对系统比对不一致的异常报关单处理后，提交正确的《电子账册预报核登记表》，完成预报核。

3）正式报核

（1）完成料件核算表和成品核算表、单耗表。预报核通过后 5 日内，企业完成《报核电子账册料件核销核算表》(表 4-20)、《报核电子账册成品核销核算表》(表 4-21)、《单耗报备申请表》,进行正式报核录入,并与海关系统数量进行比对。

表 4-20 报核电子账册料件核销核算表

账册编号: 　　　　　　　　　　　　　　　　　　　　　　　　　　　　　报核次数:

海关序号	品名	海关备案计量单位	实际剩余总数量/PCS	实际剩余总价值/USD	实际剩余总重量/kg	消耗总数量/PCS	消耗总价值/USD	消耗总重量/kg	应剩余总数量/PCS	应剩余总价值/USD	应剩余总重量/kg	本期料件进口数量	上期结余/PCS
	合计												

档案序号:

表 4-21 报核电子账册成品核销核算表

账册编号: 　　　　　　　　　　　　　　　　　　　　　　　　　　　　　报核次数:

成品海关备案序号	品名	海关备案计量单位	实际剩余总数量/PCS	实际剩余总价值/USD	实际剩余总重量/kg	生产成品总数量/PCS	生产成品总价值/USD	生产成品总重量/kg	应剩余总数量/PCS	应剩余总价值/USD	应剩余总重量/kg	本期出口成品数量
	合计											

档案序号:

(2)完成正式报核调整项资料。

a. 上一步完成后 5 日内,企业完成本核销周期内销毁、内销的边角废料的报关单或申报单及折料数量的统计工作,提交废品出区汇总表,应随附相关征税资料。

b. 完成盘点时已出入库但未报关或已报关但未出入库货物的报关单、折料数量统计工作,提交余料数量调整情况说明。

c. 完成序号调整涉及的报关单、折料数量统计工作,提交单耗、序号调整申请。

(3)正式报核数据审核。在电子账册后期管理系统中进入正式报核审核,输入需要审核的电子账册号,根据系统提示对正式报核数据进行审核。

a. 报核表头审核同预报核。

b. 料件及成品情况审核。

根据系统提示,检查料件的实际进口数量和出口成品数量是否合理。主要审核流程如下:①核对料件初始数量是否与上期结余数量相等、本期进口数量是否与企业统计数据相等;②核对成品本期出口数是否与企业统计数据相等;③审核本期消耗料件数量及理论库存数量是否与企业申报数据相等;④重点审核"本期结余"项目的数据是否与盘点的实际库存相符。

4）海关核查

海关通过 H2010 系统可对企业进行电子账册的暂停、催核、风险分析与布控、下厂核查及核算、核销工作。区内企业依据《中华人民共和国会计法》及有关规定，设置符合海关监管要求的账簿、报表，记录本企业进出综合保税区的货物和物品库存、转让、转移、销售、加工、使用和损耗明细，并上报海关实际库存数据和库位信息，便于海关做核算、核销。

对数据有差异（企业实盘数据与海关底账数据不一致的），经海关核实，需要海关在结案前做人工调账处理的，海关可能会再次下厂核查。企业必须准备好能证明其向海关提交的调整项资料真实有效的证据，由企业主要负责人会同关务、生产、库房各相关部门负责人配合海关完成再次核查工作。

5）核销结案

（1）正式报核通过。海关通过审核，对理论库存与实际不符的情况做出处理后，重新进入计算机正式报核审核程序，按照企业实际库存数量修改料件的结余数量，完成正式报核审核。

（2）完成电子账册核销核算表。企业根据海关系统数量进行比对的结果，以及海关下厂核查后接受的调整资料，完成《电子账册核销结案审批表》（表 4-22）。

表 4-22 电子账册核销结案审批表

企业名称：　　　　　　　　电子账册号：　　　　　　　　核销时间：

联系人及联系方式：

本期应余（系统数量）D=A+B−C	上期结余（A）：					本期进口（B）：		本期耗料（C）：				
	应余调整项（K=K$_1$+K$_2$+K$_3$+K$_4$+K$_5$）					调整后应余 E=D−K	本期实余（盘库数量）F	实余调整项（J=J$_1$−J$_2$−J$_3$+J$_4$）				调整后实余 G=F+J
	单耗调整（K$_1$）	料件序号调整（K$_2$）	内销残次废品折料（K$_3$）	销毁货物折料（K$_4$）	放弃货物折料（K$_5$）			已报关未入库料件（J$_1$）	已入库未报关料件（J$_2$）	已报关未出库成品折料（J$_3$）	已出库未报关成品折料（J$_4$）	

盘盈数量（M）：　　　　　　　　　　　　　盘亏数量（N）：

经办关员意见：　　　　　　　　　　科长意见：　　　　　处长意见：

（3）解释盘盈盘亏理由，完成补税。企业对本核销周期料件的盘盈和盘亏情况做出书面解释，完成盘亏料件的补税资料，由企业负责人确认后提交海关，经海关审批同意后完成报关补税工作。

盘点差异是指账面记录的库存与实际盘点出来的库存数量的差异。无论盘盈（指企业的实货盘点数据比海关的底账数据多）或盘亏（指企业的实货盘点数据比海关的底账数据少）都是差异。因此，差异就是实际盘点结果相对于账面记录的差异，容易造成企业差异的行为包括错盘、漏盘、计算错误、偷窃、收货错误、发货错误、有退货或重复发货、有报废货物未及时进行库存更正、有在途货物、有未完结海关手续的货物等。

（4）核销结案。核销结案是指企业根据保税货物进、销、存、转等情况，将加工贸易手册有效期限内的料件进口、成品出口、生产加工、货物库存、深加工结转、内销征税和后续补税等情况向海关申报，海关予以审核、核销、结案的过程。企业的《核销数据汇总表》见表4-23。

表 4-23　核销数据汇总表

账册编号：

汇总项目	海关备案计量单位	数量	总价值/USD
上期库存	PCS		
	kg		
本期进口料件	PCS		
	kg		
消耗料件	PCS		
	kg		
理论库存料件	PCS		
	kg		
实际库存料件	PCS		
	kg		
生产成品	PCS		
	kg		
出口成品	PCS		
	kg		
本期出区废料	PCS		
	kg		

档案序号：

第五节　其他几种特殊的通关方式

一、分送集报

分送集报是"分批送货、集中报关"的简称，是指经海关批准，保税港区或综合保税区内企业与境内区外企业、不同海关特殊监管区域（海关保税场所）的两家企业，统一海关特殊区域内的两家企业之间由于多批次货物的频繁进出需求，经海关批准，在税收保全的情况下，可先向海关办理货物的实际进出区的收发货手续，实行分送集报的区内企业应当对一个自然月内的收发货数据进行归并，在次月月底前，再以报关单（备案清单）集中办理海关报关手续的特殊通关方式，也有一周集中申报一次的情况。

除法律、行政法规、规章规定不得开展集中申报的货物外，经综合保税区或保税港区海关批准可以办理分送集报申报手续的，适用于报关单申报之日实施的税率、汇率，分送集报不得跨年度办理。

二、不良品交换

不良品交换货物是指境内区外企业提供给区内企业生产所用，因质量问题等原因而难以再使用，需出区进行调换的货物。

不良品交换是指区内企业经海关审批同意，在税款担保的前提下，将已经进入区内的不良品送到区外，换取良品入区，该项业务要求良品先入区后不良品再出区。

（一）操作流程

1. 区内企业向海关提出不良品交换申请，并提交相关纸质资料供海关审查

（1）不良品交换申请表。
（2）保证金或保函。
（3）区外企业营业执照复印件。
（4）不良品交换货物清单。
（5）企业签章的遵守海关相关规定并承担相应法律责任的承诺书。
（6）区内与区外企业货物购销合同复印件。
（7）报关单复印件。
（8）海关按规定需要收取的其他单证和材料。

2. 保金保函备案审批

区内企业向海关申请办理以上业务时，按照规定，应向海关提交与货值相对应的保证金或银行保函，保证其在规定期限内履行其所承担的义务。

3. 货物入区

区内企业在海关辅助系统中提交非报关申请单并提交纸质单证，待海关审核通过后由报关人员在辅助系统中提交入区核放单，良品入区，同时辅助平台根据该货物对应的税款自动核扣。不良品交换一律采取良品先入区、不良品后出区的形式。

4. 货物出区

良品入区后，海关对照入区货物非报关申请单审核辅助系统中的出区不良品的非报关申请单，审核放行不良品出区，同时返还风险保证金或银行保函。

（二）变更申请

不良品交换备案出现变更时，区内企业在辅助系统中向海关提交变更申请表，并提交相关纸质资料供海关审查。

（三）结案申请

不良品交换完毕，企业核实良品与不良品进出区平衡之后，在辅助系统向海关提交结案申请。

三、卡口登记货物

卡口登记货物是指经海关批准，从区外入区供区内使用，企业不要求出口退税且不涉及征收出口关税和出口许可证件管理，采取卡口登记的方式进行管理，主要适用于进出区的基建物资、办公用品和生活消费品等。

海关对卡口登记货物采取记账式卡口登记账册（不同海关，账册名称可能不一致）进行管理，统计其库存信息。企业事先向海关申请备案并经海关批准同意后，建立卡口登记货物记账式项号级账册，通过卡口进出综合保税区或保税港区，海关视情况对进出区货物进行查验，并对企业一段时间内进出卡口登记货物情况进行风险分析和后续核查。

卡口登记货物的范围如下。

（1）区内企业从区外购买、区外企业不要求出口退税、不涉及出口关税和出口许可证管理的基建物资、办公用品、生活消费品、料件、消耗性材料、维修设备用零部件、维护维修工具。

（2）临时进入海关特殊监管区域，供区内企业用于设备、厂房、产品的测试、检验、维修、维护等所携带的仪器、仪表、设备、工具、模具、样品；区内企业临时运出区用于检验、检测、维修的机器设备、样品、工具、模具。对涉及企业设备、料件账册的货物，应交由海关备案部门审核后至通关部门实际验放。海关可根据企业资信状况和风险程度要求企业提供相应税费担保。

（3）经海关同意，可以采取非报关方式进出区的其他货物、物品。

【案例 4-2】

非报关货物管理改革促加工贸易转型[①]

2019 年 2 月，南京海关隶属昆山海关启动非报关货物管理改革试点满一年。一年来，改革试点带来三大利好，同时提高了通关时效，降低了通关成本，促进了加工贸易转型发展。2019 年，昆山海关根据企业需求进一步扩大试点企业范围。

2019 年 2 月 15 日，昆山飞力仓储服务有限公司工作人员通过循环使用的方式，为客户报关的包装器材办理非报关货物进出区手续。昆山海关保税监管二科某关员说："对该企业而言，改革试点前同类货物均采用后续补税方式出区，现在通过循环使用的方式，每月可节约包括关税、增值税等在内的税金约 6.3 万元。"

2018 年 2 月，昆山率先实施非报关货物管理改革试点，助推昆山加工贸易转型升级，

---

① 非报关货物管理改革促加工贸易转型. http://cn.chinadaily.com.cn/a/201902/26/WS5c74a8d2a31010568bdcbf6b.html, 2019-02-26.

以及昆山企业充分利用国内外两种资源、两个市场。试点期间，昆山海关积极向企业开展政策宣讲，多次组织试点企业培训、座谈调研，听取企业意见，2019年初辖区共有仁宝信息技术（昆山）有限公司、纬创资通（昆山）有限公司、世硕电子（昆山）有限公司等10家企业参与试点，非报关货物试点进出口总值19.7亿元。

试点一年来，企业普遍对非报关货物管理改革试点给予高度认可。昆山海关企管一科叶姓科长说："原来，非报关方式只适用于4类业务。改革试点后，适用货物范围拓宽到了企业生产所需要的13类。这有利于进一步简化国内货物进出区流程，推动区内外企业生产加工、物流和服务业深度融合。"这项改革试点与综合保税区一般纳税人资格试点政策形成互补，弥补了非一般纳税人试点企业国内货物入区的难题。非报关货物范围放宽后，还解决了企业涉证涉税商品无法办理二线入区、非保税废料出区和循环使用的包装材料进出区等难题。

一项改革举措往往带来叠加利好，非报关货物管理试点不仅解决了系列难题，还通过提高通关时效、降低通关成本，提升了国内货物流转效率，大大促进了综合保税区内外企业的深度融合。叶姓科长介绍，试点前原报关模式下，企业需提前一天准备好报关资料，且送货时间只能集中在海关正常上班时段内。非报关模式下，企业只需申请卡口备案，当天即可送货制单，货物进出区时间由1~2天缩短为2~3小时。另外，报关模式的转变，可为企业减少相关费用，以仁宝信息技术（昆山）有限公司为例，平均每票可节省200元，试点一年来该公司节省报关费用约10万元。同时，还可为企业节省关税和增值税。

在推进这项改革试点的同时，昆山海关对试点企业需求及整体试点情况进行了深入调研，发现试点相关环节设计仍待明确和优化。"下一步，我们将结合扩大试点企业范围，完善备案环节、进出区环节、核放单制单环节，进一步细化非报关货物的管理范围和要求，推广智能卡口简化流程及手续，参照分送集报业务放开区外厂商出区制单功能，让更多特殊监管区域内企业享受政策红利，同时加大改革试点贴合企业需求的力度，为昆山外贸高质量发展注入新动能。"昆山海关保税监管二科曹姓科长说。

■ 第六节　跨境电子商务

跨境电商是电子商务应用过程中一种较为高级的形式，是指不同国家或地区的交易双方通过互联网以邮件或快递等形式通关，将传统贸易中的展示、洽谈和成交环节数字化，实现产品进出口的新型贸易方式。跨境电子商务是信息技术革命和经济全球化的产物，是互联网飞速发展带来的一种新型贸易方式。近年来，跨境电子商务在我国对外贸易中的地位日趋重要，在有力促进对外开放、推动经济转型升级的同时，已经成为全球经济一体化生产和组织方式的重要工具，在掌握资源配置主动权、提升国家竞争力过程中日益发挥重要作用。

当前主流的跨境电商模式主要有B2B（business to business，企业对企业）、B2C和C2C（customer to customer，顾客对顾客）三种，主要区别如下：B2B模式下，企业通常是线上发送广告和信息，线下成交和通关，本质上还属于传统贸易，目前已经纳入海关一般贸易统计；B2C 模式下，企业直接面向广大消费者，主要销售个人消费品，主要通过航空小包、邮寄和快递等物流方式；C2C 模式就是个人与个人之间的电子商务。我们通常所说的小额跨境电商主要包括 B2C 和 C2C 两种模式。

一、跨境电商概述

（一）定义

广义的跨境电商：泛指通过互联网等信息网络销售商品或提供服务的跨境商务活动。其几乎覆盖所有外贸领域，难以称之为新兴业态，且难以准确聚焦界定。

狭义的跨境电商：在《世界海关组织跨境电子商务标准框架》中界定如下。

（1）在线下单、在线销售、在线沟通，以及网上支付（如果可行）。

（2）跨境交易和交付。

（3）有实际物品。

（4）实际物品被交付运往消费者或购买者（商业目的或非商业目的均可）。

以该框架制定的标准主要适用于 B2C 和 C2C 交易。不过，该框架仍然鼓励各世界海关组织成员把这个框架的原则和标准也应用于 B2B 交易。

在新业态发展与实践中，从海关视角可以做以下定义：跨境电商是指分属不同关境的交易主体，通过跨境电商平台达成交易，并通过跨境物流送达商品、完成交易的跨境贸易商业活动。

（二）跨境电商商品特点

相较于一般贸易进口的货物和特殊监管区域内的保税货物，跨境电商商品呈现以下特点。

1. 商品属性为个人自用物品

对跨境电商零售进口商品按个人自用进境物品监管，不执行有关商品首次进口许可批件、注册或备案要求。进口商品仅限个人自用，不得再次销售。

2. 多主体参与

跨境电商零售进口主要包括以下参与主体。

（1）跨境电商零售进口经营者（简称跨境电商企业）：自境外向境内消费者销售跨境电商零售进口商品的境外注册企业，为商品的货权所有人。

（2）跨境电商第三方平台经营者（简称跨境电商平台）：在境内办理工商登记，为交易双方（消费者和跨境电商企业）提供网页空间、虚拟经营场所、交易规则、交易撮合、信息发布等服务，设立供交易双方独立开展交易活动的信息网络系统的经营者。

（3）境内服务商：在境内办理工商登记，接受跨境电商企业委托为其提供申报、支付、物流、仓储等服务，具有相应运营资质，直接向海关提供有关支付、物流和仓储信息，接受海关、市场监管等部门后续监管，承担相应责任的主体。

（4）消费者：跨境电商零售进口商品的境内购买人。

3. 税收优惠

2018 年 11 月 29 日，财政部、海关总署、国家税务总局联合发布的《关于完善跨境电子商务零售进口税收政策的通知》（财关税〔2018〕49 号），明确规定在限值以内进口的跨境电商零售进口商品，关税税率暂设为 0，进口环节增值税、消费税取消免征税额，暂按法定应纳税额的 70% 征收。

4. 额度限制

根据《关于完善跨境电子商务零售进口税收政策的通知》（财关税〔2018〕49 号），自 2019 年 1 月 1 日起，将跨境电商零售进口商品的单次交易限值由 2 000 元提高至 5 000 元，年度交易限值由 20 000 元提高至 26 000 元。完税价格超过 5 000 元单次交易限值但低于 26 000 元年度交易限值，且订单下仅一件商品时，可以自跨境电商零售渠道进口，按照货物税率全额征收关税和进口环节增值税、消费税，交易额计入年度交易总额，但年度交易总额超过年度交易限值的，应按一般贸易管理。

5. 清单管理

正面清单是指对跨境电商零售进口实施正面清单管理，非清单内商品不得以跨境电商零售进口方式入境销售。根据财政部等八部门发布的 2022 年第 7 号公告《关于调整跨境电子商务零售进口商品清单的公告》，自 2022 年 3 月 1 日起，优化调整《跨境电子商务零售进口商品清单（2019 年版）》。此次调整，在《跨境电子商务零售进口商品清单（2019 年版）》的基础上，增加了滑雪用具、家用洗碟机、番茄汁等 29 项近年来消费需求旺盛的商品。同时，根据近年我国税则税目变化情况调整了部分商品的税则号列，根据监管要求调整优化了部分清单商品备注。

（三）跨境电商网购保税进口模式（代码 1210）监管流程

1. 跨境电商商品一线进境入区

以网购保税模式进口的跨境电商商品，由区内电商仓储企业以报关方式申报电商商品一线进境入区，适用网购保税进口政策的商品按照自用进境物品监管，不执行有关商品首次进口许可证件、注册或备案要求。电商商品通过卡口入区后，在区内电商仓库以保税状态存储。一线进境通关环节应按照《跨境电子商务零售进口商品清单》要求对监管方式为 1210 的报关单（备案清单）进行校验，强化安全准入风险的监控分析、风险布控，规范执行单证审核、实货验估、实货查验等各种风险处置要求，有效防控口岸物流环节的风险，具体操作流程如下。

（1）电商仓储企业在金关二期系统申报一线进境核注清单，监管方式填报"保税电商"（代码1210）。

（2）电商仓储企业根据核注清单内容生成进境备案清单，并在H2010系统完成对应报关申报。

（3）一线备案清单如在口岸被系统布控命中（分为查验及检疫），由口岸海关实施检疫及查验，对查验/检疫正常的，予以口岸放行，对异常情况予以相应后续处置。

（4）对口岸已放行电商商品，由区内电商仓储企业申报入区核放单，在入区环节现场由海关实施重量比对，对重量比对异常情况实施必要的检查处置，如无异常情况，卡口系统抬杆放行。

2. 二线电商商品零售出区

在电商商品二线出区环节，跨境电商平台或跨境电商企业境内代理人、支付企业、物流企业分别传送"三单数据"，由海关对出区清单进行审核，必要时实施人工查验，对无异常单证及查验商品予以放行，具体操作流程如下。

（1）跨境电商零售出口商品申报前，跨境电商企业或其代理人、物流企业应当分别通过国际贸易"单一窗口"或跨境电商通关服务平台向海关传输交易、支付、物流等"三单"电子信息，并对数据真实性承担相应法律责任，跨境电商进口统一版信息化系统（简称进口统一版系统）比对通过后，由跨境电商企业或其代理人申报《跨境电子商务零售进口商品申报清单》。

（2）根据进口统一版系统布控情况，由海关在进口统一版系统"清单人工审核"模块进行审核操作，并进行单证人工放行、退运、转查验等后续处置；如清单命中风险参数转人工查验，由查验岗位关员双人作业进行实货查验，根据查验结果，无异常情况予以通过放行，异常情况进行挂起、退运、移交等后续处置。

（3）清单审核通过后，由电商仓储企业在金关二期系统中申报出区核注清单、核放单，电商商品实际出区，海关在出区环节实施必要的风险布控、重量比对等监管措施。

3. 跨境电商商品区内流转

网购保税进口商品可以在同一区域（中心）内的企业间进行流转，网购保税进口商品和进境保税货物在满足监管条件下可以进行互转，并按现行规定办理相关手续，具体操作流程如下。

（1）转入电商仓储企业申报进口保税核注清单。

（2）转出电商仓储企业申报出口保税核注清单，清单类型填报"区内流转"。

（3）单证系统对碰一致后自动审核通过，转出方将电商商品实际转出，转入方实际接收入库。

4. 跨境电商商品区域（中心）间流转

网购保税进口商品可在海关特殊监管区域和保税物流中心（B型）[简称区域（中心）]间流转，应按现行规定办理流转手续，具体操作流程如下。

（1）转入电商仓储企业申报进口保税核注清单。

（2）转出电商仓储企业申报出口保税核注清单，清单类型填报"普通清单"，关联清单编号由转出企业填报对应转入企业的进口保税核注清单编号，关联备案编号填写对方手（账）册备案号。

（3）转入、转出保税核注清单均已审核通过的，企业进行实际收发货，并按相关要求办理卡口核放手续。流转双方企业可不再办理报关申报手续。对报关申报有特殊要求的从其规定。

5. 跨境电商商品退货

针对消费者退回商品，允许跨境电商企业境内代理人或其委托的报关公司申请退货。对于自设退货中心仓的企业，企业可自主选择先理货后报关或先报关后理货退货模式，具体操作流程如下。

（1）区内退货中心仓模式：灵活运用企业分类管理原则，在满足业务备案和仓库硬件设施要求的前提下，允许企业区内自设跨境电商退货中心仓。消费者退回的包裹从海关特殊贸易监管区外进入退货中心仓后，按照退货商品流程监控体系管理要求在退货中心仓开展理货、质检和分拣等操作，对同意消费者退货、符合二次销售要求的，退货企业向进口统一版系统传输退货商品申报清单，业务现场对退货包裹进行抽检，并按实际情况进行处置。

（2）区外仓库退货模式：企业针对同意消费者退货、符合二次销售要求的退货商品，在区外仓库完成理货分拣后向海关申报退货商品入区。

（3）海关审核通过退货申报单后，金关二期系统根据核注清单自动核增账册底账数据。相应退货商品方可从待处置区域或分拣线查验区域运入仓储企业统一仓储区域上架。

（4）以下情况按规定复运出区：企业不同意消费者退货的；不符合二次销售的；超过海关放行之日起 30 日或超过海关放行之日起 45 日内退回区内的；海关抽检发现不符合退货条件的。

二、中国跨境电商发展状况

传统外贸出口，一般包括中国工厂—中国出口商—外国进口商—外国批发商—外国零售商—外国消费者 6 个环节。这种模式下，外贸中最大份额的利润被流通中介获得。例如，一个在中国义乌市场售价为 1 元的钥匙扣，出口到澳大利亚后的售价将达 1 澳元（约合 5元），其中的 4 元除去物流费用后都被中间商获得。引入跨境电商后，出口环节可以简化为中国工厂—外国零售商—外国消费者，或进一步简化为中国工厂—外国消费者，绕开很多外贸中间商，出口商品的价格可以进一步下降，有利于提高中国商品在国外市场的竞争力。2020 年中国跨境电商交易规模占外贸进出口规模的比例达 38.86%，跨境电商已成为中国外贸的重要支柱。中国跨境电商市场规模持续、稳定增长，其中跨境出口电商行业依靠的是国内日趋完善的供应链及国内电商行业积累的领先优势。其特征如下。

1. 交易规模不断扩大，中国跨境电商成为国际贸易新动能

受政策利好及行业发展，跨境电商在中国进出口贸易领域展现出巨大的发展潜力，成为推动中国外贸发展的重要力量。2020 年，中国跨境出口电商交易规模约为 9.7 万亿元，同比增长 20.79%，2021 年达到 11.5 万亿元。在当前国内外经济整体下行的情况下，跨境电商通过形成更加虚拟数字化的销售网络，大大降低了生产者与全球消费者的交易成本，使得更多企业享受到全球化红利。从战略层面而言，跨境电商的发展不仅有利于中国制造业的升级，也与国家稳定外贸的重要战略紧密相关，是中国外贸增长的有力支撑点。2022 年中国跨境电商交易规模将达 12.1 万亿元。

2. B2C 交易模式占比呈扩大态势

目前，跨境电商 B2B 业务凭借单笔金额大、长期订单稳定等优势，在中国跨境电商结构发展中仍占据主导地位。与跨境电商 B2B 模式相比，中国跨境电商 B2C 模式在资金运转、企业运营效率及财务表现等方面具有明显优势，跨境电商 B2C 业务依托的互联网、物流、支付等电商各环节的不断完善，促使多批次、小批量的外贸订单需求不断增长，给国内跨境电商企业带来更多的发展机遇。2020 年，中国跨境电商的交易模式中 B2B 交易占比达 77.3%，B2C 交易占比为 22.7%。从跨境电商交易模式结构趋势上来看，B2C 交易模式呈现继续扩大的态势。未来，受消费者线上购物习惯的养成，以及国内政策对跨境电商的扶持等因素叠加影响，中国跨境出口电商 B2C 市场将持续向好发展。

三、各个城市发展跨境电商的特色

（一）上海

上海跨境电商服务试点模式为网上直购进口、网购保税进口和一般出口。上海跨境贸易电子商务服务平台（简称跨境通）已形成直邮中国和自贸赚取模式，跨境通销售的主要是母婴产品、保健食品、箱包、服装服饰、化妆品五大类产品，集中在快速消费品领域，商品价格与实体店相比可优惠 30%左右。

（二）重庆

在首批服务试点的 5 个城市中，重庆是唯一具有跨境贸易电商服务 4 种模式业务的试点城市，分别是一般进口、保税进口、一般出口和保税出口。与各大沿海港口相比，重庆在地理位置和外贸体量方面都不占优势，主要利用"渝新欧"国际铁路大通道功能及海关特殊监管区域优势，跨境电商进口网购备货模式发展迅猛。

（三）杭州

杭州跨境电商产业园为浙江省唯一集保税进口与直购进口模式于一体的跨境贸易电

子商务产业园，并设有跨境"一步达"。未来，杭州将在原有试点成果基础上，向国家申报中国（杭州）网上自由贸易试验区。

（四）宁波

宁波保税区主要从事跨境进口电商贸易，依托保税区的优势，开展保税备货模式，即跨境电商企业在国外批量采购商品，通过海运备货至保税区指定的跨境仓内，消费者通过网络下订单，跨境电商企业办理海关通关手续，商品以个人物品形式申报出区，并缴纳行邮税，海关审核通过后，商品包裹通过快递公司派送到消费者手中。

（五）郑州

郑州试点利用保税物流中心的政策功能和物理封闭监管优势，创新通关监管模式，形成以郑州为中心的跨境物品集散中心，电商产业集聚效应逐步显现。郑州开通了"E贸易"试点平台，主要模式为B2C营销模式，所售商品直接与海外生产商联系合作，中间不经过任何代购、代销环节，直接到达消费者手中。

（六）广州

广州跨境电商主要利用B2B、B2C两种渠道，货品来自欧美和日韩地区，主要品类涉及母婴、轻奢、化妆品和鞋服等。广州正式开通了"21世纪海上丝绸之路"跨境电商平台，并与中国东盟商务理事会签署了《21世纪海上丝绸之路产业合作行动计划书》，以此支持广州跨境电商的发展。

（七）深圳

深圳是中国首个电商示范城市，毗邻香港地区，背靠珠江三角洲，拥有全方位的口岸基础设施，物流基础雄厚，在全国率先建立起涵盖进出口的跨境贸易电子商务新型海关监管模式。为适应跨境电商进口商业运作需求，深圳海关建立跨境贸易电子商务专用账册，实行提前备案、保税监管、分类审核、清单验放、汇总核销的通关监管模式。

（八）青岛

青岛跨境贸易电商产业园于2015年7月通过海关验收，该园区位于青岛国际陆港核心区内，由保税仓库、跨境电商监管仓库、集装箱监管场站、关检验货平台等功能区构成，集聚海运跨境电商直购进口、保税仓储、集装箱拆装及堆存、定期集中申报等功能。青岛国际陆港依托青岛跨境贸易电商产业园项目，利用"一带一路"倡议机遇，着力形成日韩电商货物集散中心，全力打造经济发展新引擎，推动半岛地区外向型经济快速发展。

四、中国海关对跨境电商行邮物品的管理

（一）海关对进出口实物按照货物和物品两大类进行监管

如何区分是货物还是物品，主要是按照其贸易属性进行判断，不同的贸易属性适用不同的海关监管模式。

（1）货物。海关监管严格，海关根据货物品种的不同征收关税、增值税、消费税，商品需经过商品检验、动植物检疫、卫生检疫，适用于B2B。由于进出境货物种类繁多，且各种贸易协定的规则不同，对货物征收的关税除了普通税率外，还有协定税率、最惠国税率、暂定税率等，偶尔还会有惩罚性差别关税。

（2）物品。监管宽松，按行李及邮件（行邮）方式监管，根据携带物品价值限额缴纳行邮税，强调自用和合理数量，超过规定则按货物处理。行邮税相对简单些，主要依据商品不同而异。

（二）行邮物品的征税标准

我国对进出境商品区分为货物和物品执行不同的税制。其中，对进境货物征收进口关税和进口环节增值税、消费税；对非贸易属性的进境行李、邮递物品等，将关税和进口环节增值税、消费税三税合一，合并征收进境物品进口税，俗称行邮税。以往，我国一直对个人自用、合理数量的跨境电商零售进口商品在实际操作中按行邮税征税，大部分商品税率为10%，总体上低于国内销售的同类一般贸易进口货物和国产货物的税负。

2016年3月24日，财政部会同海关总署、国家税务总局发布我国跨境电商零售进口税收新政策，自2016年4月8日起，跨境电商零售进口商品将不再按邮递物品征收行邮税，而是按货物征收关税和进口环节增值税、消费税，以推动跨境电商健康发展。我国开始实施B2C进口税收政策，并同步调整行邮税政策。此次改革明确了跨境电商零售进口商品的贸易属性。财政部会同海关总署、国家税务总局三部门明确规定，跨境电商零售进口商品的单次交易限值为人民币2 000元，个人年度交易限值为人民币20 000元。在限值以内进口的跨境电商零售进口商品，关税税率暂设为0；进口环节增值税、消费税取消免征税额，暂按法定应纳税额的70%征收。超过单次限值、累加后超过个人年度限值的单次交易，以及完税价格超过2 000元限值的单个不可分割商品，均按照一般贸易方式全额征税。国务院关税税则委员会同时调整了行邮税政策，这次调整后，行邮税税率分别为15%、30%和60%[①]。其中，15%主要为最惠国税率为0的商品，60%主要为征收消费税的高档消费品，其他商品归入30%。例如，图书之类的商品适用税率是10%，一些电子商品适用税率原来是20%，现在如何归并、具体什么商品适用多少税率还需要进一步明确。此外，根据海关规定，个人入境商品总值在5 000元以下的，可以免税放行。在限值以内进口的跨境电商零售进口商品，关税税率暂设为0。进口环节增值税、

---

① 我国行邮税由四档税目调整为三档 最高税率 60%. https://finance.china.com.cn/news/gnjj/20160325/3646660.shtml, 2016-03-25.

消费税取消免征税额，暂按法定应纳税额的 70% 征收。总体来说，该次行邮税调整在方便旅客和消费者申报、纳税、提高通关效率的同时，主要也是提高税率，将税率水平与贸易属性的货物进口综合税率水平保持大体一致。

自 2019 年起，中国海关对行邮物品的征税标准分为三个档次，即根据商品的不同分别按照 13%、20% 和 50% 的税率征税[1]（表 4-24）。

表 4-24　中华人民共和国进境物品进口税税率

税目序号	物品名称	税率
1	书报、刊物、教育用影视资料；计算机、视频摄录一体机、数字照相机等信息技术产品；食品、饮料；金银；家具；玩具，游戏品、节日或其他娱乐用品；药品[1)]	13%
2	运动用品（不含高尔夫球及球具）；钓鱼用品；纺织品及其制成品；电视摄像机及其他电器用具；自行车；税目 1、3 中未包含的其他商品	20%
3[2)]	烟、酒、贵重首饰及珠宝玉石；高尔夫球及球具；高档手表；高档化妆品	50%

1）对国家规定减按 3% 征收进口环节增值税的进口药品，按照货物税率征收；2）税目 3 所列商品的具体范围与消费税征收范围一致

（三）国内投资不予免税的进口商品目录[2]

1. 通用设备

柴油机，泵（核级泵除外），风机，压缩机，制冷装置，气体分离装置及关键设备，分离设备，起重机械，钻采设备，草坪、公园、运动场机动割草机，机床及锻压、铸造设备（包括非数控机床、数控机床、压力成形机械、木工机械、铸造机械、量具量仪），其他交通设备（包括轨道机车、车辆、飞机及地面专用车辆、设备，船舶装备），仪器仪表（包括计量设备、光学仪器、气象仪器、实验仪器、试验机、自动化仪表及系统、分析仪器、电工仪器仪表、电子仪器仪表），文化办公设备、电器，包装机械，工程机械，模具，二手机电设备，其他通用设备，其他。

2. 专用设备

船用设备（包括船用柴油机及配套件、辅机），农业机械，轻工机械（包括真空制盐部分设备，脂肪醇聚氧乙烯醚成套技术装备，烷基苯磺酸及盐、醇醚硫酸盐成套设备，合成脂肪醇成套技术设备，人造板设备，其他），建材设备（包括水泥、玻璃、其他），化工设备，石油天然气设备，印刷设备（包括单张纸胶印机、卷筒纸胶印机、其他印刷设备），食品机械，药品生产、包装机械，塑料加工设备〔包括塑料制品液

① 国务院关税税则委员会关于调整进境物品进口税有关问题的通知. http://www.gov.cn/xinwen/2019-04-09/content_5380667.htm，2019-04-09.

② 关于调整《国内投资项目不予免税的进口商品目录》的公告. http://www.Chinatax.gov.cn/n810341/n810765/n812151/n812381/c1082225/content.html，2013-03-01.

压机、注塑（射）机、塑料挤出机、塑料中空吹塑成型机、其他塑料加工机械］，仓储及停车场设备，环保设备（包括大气污染防治设备、污废水处理设备、资源综合利用设备），矿冶、港口机械（包括露天矿设备、洗煤设备、选矿设备、装卸机械、开采设备、索道及输送机、破磨设备），纺织机械，电子、通信设备，冶金设备［包括炼铁设备、轧钢设备（含有色轧机）、焊接机械等］，发电设备及输变电设备[包括核电设备，火力发电设备，燃气轮机及其发电机组，电动机及发电机（不包括发电机组），新能源、可再生能源设备，晶硅太阳能电池片生产设备等]，安全消防设备，医疗设备，煤化工设备。

五、中国跨境电商的制约因素及应对策略

（一）跨境物流发展滞后

跨境电商主要以零售为主，金额小、体积小、频率高是其普遍特点，一般不大可能采用传统集装箱海运的方式运输，主要的物流模式包括国际小包和国际快递、B2C 外贸企业联盟集货、B2C 外贸企业自身集货、第三方物流模式和海外仓储模式。其中，国际小包和国际快递是最简单直接的物流方式，国际小包的特点是资费便宜，但是运送时间长，国际快递比国际小包运送时间短，但是运费较高；B2C 外贸企业联盟集货和 B2C 外贸企业自身集货两种模式都可以产生规模效益，可以有效降低运输成本，由于联盟内部的管理难度问题，多以自身集货为主；使用第三方物流，跨境电商企业可将有限的精力放在主营业务上；海外仓储模式由于需要在海外存货，可以有效提高发货速度，但是如果货物滞销则成本会显著增加。跨境外贸的发展速度如此之快，而国际物流发展还没有跟上节奏，势必会带来诸多隐患。物流不仅直接关系到跨境电商的交易成本，还关系买家对卖家的满意度、购物体验和忠诚度。

（二）通关手续不够简化

尽管基于互联网的信息流动畅通无阻，但是跨境货物流动并不自由。通关是跨境电商面临的一个共同难题。额度小、频率高是跨境电商的优势，额度小决定跨境交易难以走集装箱；频率高意味着复杂漫长的传统外贸出口程序不适合跨境电商，再加上部分跨境电商的法律意识不强，为了逃避关税，其往往以样品、礼品方式通过香港邮政小包、UPS 等国际物流公司直接发给国外的买家，通关快，手续比较简便，同时可以避免缴税。

针对该现象，海关总署出台了更为严格的政策：个人进口税额的临界点由 500 元降低为 50 元，超出 50 元的，要办理退运手续或按照货物规定办理通关手续。相比之下，个人邮寄物品的免税额度缩减了 90%，这就意味着越来越多的跨境交易需要进行申报，一系列烦琐的手续及费用的支出往往成为消费者和网上卖家严重的经济负担。此外，因申报不合格而使商品滞留在海关从而使消费者无法收到商品的现象时有发生。

（三）结汇不易

根据我国现行政策，国外买家支付的款项只能通过个人储蓄账号结汇，但是我国限制个人结汇每年最高为 5 万美元，导致一些出口企业借用亲属账户进行结汇或通过地下钱庄将外汇兑换成人民币，又或者是通过第三方服务商、外贸企业在香港等离岸地区注册一个离岸账户把外汇转汇给服务商的离岸账户，然后服务商在国内按当日汇率把外汇转化为人民币给外贸企业。以上超出额度的结汇方式，都不算是正规的渠道，存在极大的风险。

（四）支付安全问题明显

跨境电子支付服务涉及企业、个人、银行及第三方支付平台等多个个体，典型的跨境电子支付服务方式主要包括网上银行支付服务系统和第三方支付平台参与的电子支付服务。网上银行支付服务系统主要用于 B2B 这种大额的交易方式，由于款项和收货有先后，会出现给交易一方带来货款两失的可能性，通过第三方支付平台，款项先支付到第三方，对买卖双方都比较公平。但是，由于交易周期性，第三方平台很有可能会存在大量资金沉淀，如果资金管理出现问题，或是系统出现故障导致信息丢失都会给交易各方带来重大损失。此外，无论哪种支付方式都存在一个共同的风险，即网络支付信息被非法盗取。

（五）退缴税制度匮乏

目前，跨境电商主要以快件的方式进行，无法提供报关单，因而大部分卖家没有办法缴税，同时也享受不到出口退税的好处。跨境电商是通过网络等信息交流平台来进行的，这就使得税务机关难以掌握交易双方的具体交易情况，不仅使管控手段失灵，而且客观上增加了纳税人不遵从税法的可能性，加之税收领域现代化征管技术的滞后性，都会使依法征税变得苍白无力。

（六）部分跨境电商企业信用不足

跨境电商是基于网络的虚拟模式，由此产生的参与者信用不确定性已经成为电子商务发展中的桎梏。再加上我国某些电商企业缺乏法律意识，假冒伪劣商品时有发生，因为侵犯知识产权而被海关扣留的仿牌产品事件屡见不鲜，较之国内电商，信用问题对于跨境电商尤为重要，因为交易双方来自不同国家，有着不同的文化背景和地区差异，信用往往是吸引客户驻足的决定性因素。

（七）专业人才欠缺

跨境电商人才是复合型人才，应具备英文网店管理、在线英语交流、海外网络营销策划及执行、搜索引擎优化，海外客户需求分析等应用能力，同时应了解国际支付方式、国际物流工具、国际贸易常识、跨文化交流等知识，并应熟悉相关法律法规。然而，跨境电商属于新兴产业，本身人才存量不多，有经验的跨境电商人才更是少之又少，同时，高校与社会培训机构来不及对电商人才的培养与培训进行调整，故产生巨大的人才缺口。

六、海关对跨境电商的监管模式

在跨境电商模式中，跨境电商直购进口和跨境电商进口网购备货（集货）模式的发展最为迅速。

跨境电商直购进口，是指电商平台收到国内客户订单及付款信息后，及时向海关进行申报，在取得海关条码并通过后，把收件人的相关信息发到国外的海外仓库进行打包贴单，然后发货到电商所在地海关，在海关进行清关提货，再发送到收货人受理。

跨境电商进口网购备货（集货），是指电商先行把国外的货物发送到国内的综合保税区或保税港区，在区内进行货物的储备，国内的客户在电商平台下订单付款后，由综合保税区内的仓储企业发货，办理相关清关手续后配送货物到客户手中。

目前，我国跨境电商允许进口的商品范围为个人生活消费品，包括奶粉、纸尿裤、小家电、厨房用品、服装鞋帽等。直购进口与进口网购备货的对比详见表 4-25。

表 4-25　直购进口与进口网购备货的对比

对比	直购进口	进口网购备货
模式	B2C 模式	B2B2C 保税备货模式
海关监管方式	电子订单，支付信息、物流信息实时传输，正常通关	货物批量存储于海关特殊监管区域，按订单通关出区
适用对象	代购、长尾品类、电商平台、海外电商	主营爆款商品、备货量大的电商企业
发货地点	海外	国内海关特殊区域
时效性	较长，2 周以上	3 天内
商品种类	非常丰富	局限于爆款商品

根据海关总署关于规范对进出境个人邮递物品监管规定，个人物品每人每次限值为 1 000 元（港澳台地区限值 800 元），对于进口税税额在 50 元（含 50 元）以下的，海关予以免征；超出规定限值的，应按照货物规定办理通关手续或办理退运手续。但单个订单内仅有一件物品且不可分割的，虽超出规定限值，经海关审核确属个人自用的，可以按照个人物品行邮税规定办理通关手续。

由于各海关管理模式不尽相同，这里主要介绍 HW 账册管理模式与 X 账册管理模式。

（一）HW 账册管理模式

在 HW 账册管理模式下，跨境电商企业需要与特殊监管区域内企业签订电商商品代存代销协议,同一仓储企业可以存放多家跨境电商企业的货物,由区内仓储企业在H2010系统开设跨境电商的专用账册,同时在海关特殊监区域辅助管理系统开设对应的电子账册。在这种模式下,存在三个问题:一是仓储企业需要同时建立两本账册,但H2010系统报关单删改时无法实现与辅助管理系统账册自动同步;二是账册采用流水式记账,同一商品由于批次不同,存在多个项号,企业出区操作时,易出现账册倒挂,且出现异常情况需要修改账册时,限制条件较多,手续烦琐;三是入区和出区均需要在H2010系统报关,降低了企业的通关效率,增加了企业的通关成本。

(二)X账册管理模式

在X账册管理模式(指跨境电商进口网购备案模式)下,海关按照企业备案、卡口登记、现场管理、底账核销的方式进行监管。商品由跨境电商企业通过指定的海关特殊监管区域内的仓储企业依托电商平台及卡口系统,通过集约化运输开展入区存储及出区分拨配送,且在出区时以个人物品方式向海关进行申报。跨境电商企业与区内仓储企业签订代存代销协议后,以跨境电商企业为主体在辅助系统建立X账册,商品备案通过后,X账册自动订制商品备案信息形成账册底账料号级数据。与HW账册不同,跨境电商企业只需要建立一本账册,且只需要入区时在H2010系统报关,先入区后报关的模式也降低了企业申报差错率,提高了通关效率,节约了企业成本。

X账册管理模式操作流程大致包括企业备案、商品备案、归并关系、入区管理、出库管控、账册管理、特殊处理等几个模块。

(1)从企业资质而言,跨境电商企业及跨境电商相关企业必须具备健全的信息化管理机制,具备上载商品原始交易数据与支付数据能力,并具备与公共服务平台对接能力。跨境电商企业须具备完善的工商税务资质,企业形象良好,无不良信用记录和重大违法记录,销售的商品或服务不存在知识产权和重大质量问题。跨境电商相关企业中的平台类跨境电商服务企业须对其服务的跨境电商经营商家具备完善的管理制度。跨境电商企业及跨境电商相关企业通过公共服务平台提交备案信息时,需要按照海关规定,上传进出口货物收发货人报关注册登记证书、工商营业执照、组织机构代码证等相关资质证明。海关对企业资质进行审核。如果企业有违反海关规定等情形,海关可以中止或者注销其备案。

(2)商品备案应备大类,主要内容包括跨境电商企业名称及代码、商品货号(SKU①号)、商品名称、规格型号、行邮税号、申报单位、产销国、对应关系类型等,商品备案时应排除禁限商品或另有文件规定禁止以个人物品方式进境的商品。

(3)归并关系是为便于企业报关将网购备货模式下商品的行邮税号转换为货物HS编码的行为。其中,归并后的规格型号应按照货物的申报规范目录进行申报。

(4)在出入区管理方面,电商商品运抵海关特殊监管区域之前,跨境电商企业在X

① SKU:stock keeping unit,库存量单位。

账册系统社会服务端制作入区卡口放行单向海关进行申报。放行单应包含提运单号、车辆信息。海关端进行逻辑检控后向社会服务端及卡口系统同时反馈接受申报信息。电商商品运抵一线口岸时，跨境电商企业凭提运单和特殊监管区域主管海关签章的入区卡口放行单向口岸海关申请提货，通过区港联动方式将电商商品运输至特殊监管区域卡口。车辆至卡口刷卡时，卡口验核正常后人工抬杆并对卡口放行单做"已过卡口"操作。车辆抵达电商商品待查区后方可解除关锁。跨境电商企业在待查区进行自主理货或委托仓储企业理货后，在 X 账册系统社会服务端向海关申报入库清单。海关对入库清单审核放行后，企业方可将待查区的商品移至仓储区。入库清单放行后 72 小时内，跨境电商企业按商品归并原则，以进境备案清单的形式向海关 H2010 系统进行入区申报，同时核增 X 账册。

（5）国内客户通过跨境电商平台，在线上选购商品，此时的商品价格由商品成交价和该商品行邮税两部分组成，客户提交订单并网上付款后，该跨境电商平台的订单数据会自动推送到综合保税区内仓储企业的系统，仓储企业根据订单信息进行备货。进口货物出区时，海关根据一定比例随机抽查，并对出库清单做放行确认后，由具备从事邮件、快件国际物流资质的运输企业及代理报关的物流企业制作出区卡口放行单并对包裹进行扫描装车，同时核减 X 账册。

（6）X 账册原则上 180 天核销一次，对企业能提供正当理由并经海关认可的账册盘盈部分及已做补税处理的盘亏部分，海关核实后对 B 账册[①]做调账处理，数据自动同步到跨境电商平台社会服务端。

■ 第七节　保税创新业务

一、一般纳税人

（一）概念

增值税一般纳税人是指年应征增值税销售额超过财政部规定的小规模纳税人标准的企业和企业性单位，其特点是增值税进项税额可以抵扣销项税额。

综合保税区增值税一般纳税人资格试点是指赋予综合保税区内企业增值税一般纳税人资格。

（二）企业开展一般纳税人资格试点的条件

（1）企业信用等级为一般信用企业及以上。

（2）根据《中华人民共和国会计法》及海关有关规定，设置符合海关监管要求的账

---

① B 账册为重庆海关创新推出的跨境电商备货模式下的账册化管理新方案。

簿、报表及其他有关单证，记录与本企业生产经营有关的采购、存储、转让、转移、销售、加工、使用、损耗和进出口等情况，凭合法、有效凭证记账并进行核算。

（3）对保税货物与非保税货物实施分开管理。

（三）试点企业需满足的条件

（1）进出保税货物，应设立一般纳税人企业专用电子账册；非保税货物不实施账册管理。

（2）暂免进口税收的自用设备，按照设备账册管理，自用设备年度暂免进口税收，在海关监管年限内以上一年试点企业产品内外销的实际比例征收税款。

（3）企业自行管理非保税货物，如实记录非保税货物进、出、转、存情况，并留存三年。

（四）申请流程

（1）企业先向主管税务机关申请试点。

（2）税务机关审核通过后，企业向主管海关提出申请。

（3）主管海关完成审核，并反馈企业。

（五）一般纳税人试点企业适用的税收政策

（1）试点企业进口自用设备（包括机器设备、基建物资和办公用品）时，暂免征收进口关税和进口环节增值税、消费税（简称进口税收）。

上述暂免进口税收按照该进口自用设备海关监管年限平均分摊到各个年度，每年年终对本年暂免的进口税收按照当年内外销比例进行划分，对外销比例部分执行试点企业所在海关特殊监管区域的税收政策，对内销比例部分比照执行海关特殊监管区域外（简称区外）税收政策补征税款。

（2）除进口自用设备外，购买的下列货物适用保税政策。

第一，从境外购买并进入试点区域的货物。

第二，从海关特殊监管区域（试点区域除外）或海关保税监管场所购买并进入试点区域的保税货物。

第三，从试点区域内非试点企业购买的保税货物。

第四，从试点区域内其他试点企业购买的未经加工的保税货物。

（3）销售的下列货物，向主管税务机关申报缴纳增值税、消费税。

第一，向境内区外销售的货物。

第二，向保税区、不具备退税功能的保税监管场所销售的货物（未经加工的保税货物除外）。

第三，向试点区域内其他试点企业销售的货物（未经加工的保税货物除外）。

试点企业销售上述货物中含有保税货物的，按照保税货物进入海关特殊监管区域时的状态向海关申报缴纳进口税收，并按照规定补缴缓税利息。

（4）向海关特殊监管区域或者海关保税监管场所销售的未经加工的保税货物，继续适用保税政策。

（5）销售的下列货物（未经加工的保税货物除外），适用出口退（免）税政策，主管税务机关凭海关提供的与之对应的出口货物报关单电子数据审核办理试点企业申报的出口退（免）税。

第一，离境出口的货物。

第二，向海关特殊监管区域（试点区域、保税区除外）或海关保税监管场所（不具备退税功能的保税监管场所除外）销售的货物。

第三，向试点区域内非试点企业销售的货物。

（6）未经加工的保税货物离境出口实行增值税、消费税免税政策。

（7）除财政部、海关总署、国家税务总局另有规定外，试点企业适用区外关税、增值税、消费税的法律、法规等现行规定。

二、保税展示交易

（一）制度解读

保税展示交易是指经海关注册登记的特殊监管区域内企业在区内或者区外开展保税展示、交易的经营活动。

（二）业务规则

（1）开展保税展示交易的区内企业应当与海关实行计算机信息联网。

（2）区内企业在特殊监管区域规划面积以内、围网以外的综合办公区专用的展示场所或区外其他场所开展出区保税展示交易的，应当提供税款担保。

（3）货物在出区展示期间发生内销的，区内企业应当在规定日期内向主管海关集中办理进口征税手续，集中申报不得跨年度办理，主管海关征税放行后，辅助系统自动退还区内企业的担保额度。

（4）货物出区展示完毕，区内企业应当通过辅助系统办理货物回区手续，最长不得超过货物出区之日起 6 个月。因特殊情况需要延长期限的，区内企业应当向主管海关办理延期手续，延期最多不超过3次，每次延长期限不超过6个月。

（5）企业需定期向海关申报出区展示货物情况。

三、选择性征收关税

（一）制度解读

内销选择性征收关税政策是指对海关特殊监管区域内企业生产、加工并经二线内销的货物，根据企业申请，按其对应进口料件或按实际报验状态征收关税，进口环节增值税、消费税照章征收。企业选择按进口料件征收关税时，应一并补征关税税款缓税利息。

（二）内销选择性征收关税征收原则

货物内销时，如企业选择按成品征收关税，按货物出区时的实际报验状态办理内销征税手续；对成品涉及反倾销、反补贴或贸易保障措施（简称"两反一保"）的，应征收贸易救济税或保证金，并征收相应的增值税、消费税或保证金。

货物内销时，如企业选择按料件征收关税，关税按对应进口料件征收，增值税、消费税及废弃基金按成品征收；对料件涉及"两反一保"的，应按料件征收贸易救济税或保证金，并征收相应的增值税、消费税或保证金。

（三）按料件征收关税的公式

1. 关税计征

从价计征关税的计算公式：
$$应纳税额=料件完税价格×料件关税税率$$
从量计征关税的计算公式：
$$应纳税额=料件数量×单位关税税额$$

2. 消费税计征

从价计征进口环节消费税的计算公式：
$$应纳税额=〔（成品完税价格+实征料件关税税额）/（1-消费税税率）〕×消费税税率$$
从量计征进口环节消费税的计算公式：
$$应纳税额=成品数量×单位消费税税额$$

3. 增值税计征

计征进口环节增值税的计算公式：
$$应纳税额=（成品完税价格+实征料件关税税额+实征消费税税额）×增值税税率$$

四、委托加工

（一）制度解读

综合保税区内的"委托加工"，是指区内企业利用监管期限内的免税设备接受区外企业委托，对区外企业提供的入区货物进行加工，加工后的产品全部运往境内（区外），收取加工费，并向海关缴纳税款的行为。

委托加工货物包括委托加工的料件（包括来自境内区外的非保税料件和区内企业保税料件）、成品、残次品、废品、副产品和边角料。

除法律、行政法规、国务院的规定或国务院有关部门依据法律、行政法规授权做出的规定准许外，区内企业不得开展国家禁止进出口货物的委托加工业务。

（二）区内企业开展委托加工业务，应当具备的条件及遵守的规定

（1）海关认定的企业信用状况为一般信用及以上。

（2）具备开展该项业务所需的场所和设备，对委托加工货物与其他保税货物分开管理、分别存放。

（3）区内企业开展委托加工业务，应当设立专用的委托加工电子账册。委托加工电子账册核销周期最长不超过 1 年，区内企业应当按照海关监管要求，如实申报企业库存、加工耗用等数据，并根据实际加工情况办理报核手续。

（4）委托加工用料件原则上由区外企业提供，对需使用区内企业保税料件的，区内企业应当事先如实向海关报备。

（5）境内（区外）入区的委托加工用料件属于征收出口关税商品的，区外企业应当按照海关规定办理税款担保事宜。

（6）委托加工产生的边角料、残次品、废品、副产品等应当运回境内（区外）。保税料件产生的边角料、残次品、废品、副产品属于固体废物的，应当按照《固体废物进口管理办法》（生态环境部、商务部、国家发展和改革委员会、海关总署、国家质量监督检验检疫总局部令第 12 号）办理出区手续。

（三）申报监管方式

（1）委托加工用非保税料件由境内（区外）入区时，区外企业申报监管方式为"出料加工"（代码 1427），运输方式为"综合保税区"（代码 Y）；区内企业申报监管方式为"料件进出区"（代码 5000），运输方式为"其他"（代码 9）。

（2）委托加工成品运往境内（区外）时，区外企业申报监管方式为"出料加工"（代码 1427），运输方式为"综合保税区"（代码 Y）。委托加工成品和加工增值费用分列商品项，并按照以下要求填报。

第一，商品名称与商品编号栏目均按照委托加工成品的实际名称与编码填报。

第二，委托加工成品商品项数量为实际出区数量，征减免税方式为"全免"。

第三，加工增值费用商品项商品名称包含"加工增值费用"，法定数量为 0.1，征减免税方式为"照章征税"。

区内企业申报监管方式为"成品进出区"（代码 5100），运输方式为"其他"（代码 9），商品名称按照委托加工成品的实际名称填报。

第四，加工增值费用完税价格应当以区内发生的加工费和保税料件费为基础确定。其中，保税料件费是指委托加工过程中所耗用全部保税料件的金额，包括成品、残次品、废品、副产品、边角料等。

（3）由境内（区外）入区的委托加工剩余料件运回境内（区外）时，区外企业申报

监管方式为"出料加工"（代码 1427），运输方式为"综合保税区"（代码 Y），区内企业申报监管方式为"料件进出区"（代码 5000），运输方式为"其他"（代码 9）。

五、保税维修

（一）基本概念

综合保税区保税维修模式下，企业以保税方式将存在部件损坏、功能失效、质量缺陷等问题的货物（以下统称待维修货物）从境外或境内区外运入综合保税区进行维修，再根据其来源复运至境外或境内区外。

（二）开展保税维修业务的条件

（1）综合保税区内企业可开展航空航天、船舶、轨道交通、工程机械、数控机床、通信设备、精密电子等产品的维修业务。除法律、行政法规、国务院的规定或国务院有关部门依据法律、行政法规的授权做出的规定准许外，区内企业不得开展国家禁止进出口货物的维修业务。

（2）区内企业可开展来自境外或境内海关特殊监管区域外（简称境内区外）的全球维修业务。维修后的货物，应根据其来源复运至境外或境内区外。区内企业不得通过维修方式开展拆解、报废等业务。

（3）区内企业申请开展维修业务，由所在综合保税区管委会（或地方政府派驻行政管理机构）会同当地商务、海关等部门共同研究确定，并制订监管方案。相关方案和企业名单应报省级商务、直属海关等部门备案。

（4）区内企业开展维修业务，应制定切实可行的维修操作规范、安全规程和污染防治方案。维修业务应符合相关行业管理规范和技术标准，依法履行质量保障、安全生产、达标排放、土壤和地下水污染防治等义务。

（5）进境维修过程中产生或替换的边角料、旧件、坏件等，原则上应全部复运出境；确实无法复运出境的，一律不得内销，应当按照有关规定进行销毁处置。其中属于固体废物的，企业应当按照固体废物环境管理有关规定进行处置。对未能在监管方案中规定的期限内对维修过程中产生或替换的边角料、旧件、坏件等按照规定进行处置的，应终止开展保税维修业务。

（6）区内企业应当按照国家有关规定，建立固体废物管理台账，依法依规申报所产生固体废物的种类、数量、流向、贮存、利用和处置等信息，并通过全国固体废物管理信息系统进行申报。

（7）综合保税区管委会（或地方政府派驻行政管理机构）应切实履行主体责任，定期组织对区内企业维修业务开展情况进行评估，督促企业及时处置维修过程中产生或替换的边角料、旧件、坏件等，并按照规定对违规企业进行处理。各综合保税区维修业务开展情况每年由省级商务主管部门汇总上报商务部、生态环境部和海关总署。

第五章

保税物流的运输管理

■ 第一节　保税运输概述

运输是实现人和物空间位置变化的活动，与人类的生产、生活息息相关。可以说运输的历史和人类的历史同样悠久。物流中的运输则专指的载运和输送，是在不同地域范围内，如两个城市、两个国家或工厂之间，以改变物的空间位置为目的的活动。物流中的运输主要是为了解决产品或商品在时空上的需求矛盾，以创造更高的市场价值。运输包括集货、搬运、分配、中转、装入、卸下、分散等一系列操作。保税物流的运输相较于普通物流运输的不同之处在于，保税物流的运输对运输工具的选择、运输方式的选择及运输信息的备案更为系统完善。此外，保税货物的运输在进出关境时需先报关。

一、保税运输的概念

保税运输（bonded transport）是指经海关认可的外国货物可以在对外开放港口、有海关的机场、保税地区、海关机场等场所间（仅限于这些场所间）原封不动地运输，即在海关监管下保税货物的运送活动，也称为监管运输。

保税货物是指经海关批准未办理纳税手续进境，在境内储存、加工、装配后复运出境的货物。这里需将保税货物与海关监管货物区分开。海关监管货物是指《海关法》中第二十三条所列的进出口货物，过境、转运、通运货物，特定减免税货物，以及暂时进出口货物、保税货物和其他尚未办结海关手续的进出境货物。

二、保税运输的功能

保税运输的主要功能是为了扩大保税仓库的利用和保税货物的移动。保税货物的移动是指保税货物在甲保税仓库到乙保税仓库或到保税工厂；在一国的甲港口到乙港口之间，在没有缴纳关税的情况下移动，通常需经海关批准后加上关封或用其他简易可行的方法实行监管。

【案例 5-1】

票货差异纠偏

A 公司是重庆一家保税物流公司，主营货物承运、报关、保税仓储等一系列业务。B 公司委托 A 公司将一批货物从重庆两路机场运到西永保税区，核放申请的是 8 票报关单，实际提货（货运代理公司）只装了 6 票货，空港刷卡出区，加电子关锁时没有发现异常。由于车辆原因，该批货物当晚 21 时前（海关规定，一般报关货物的重车当日 21 时至次日 9 时不能进出区）未能刷卡入区，压夜（指本该当天进入保税区但由于各种原因未能进入保税区，需等到第二个工作日才能进入保税区），次日 9 时刷卡时发现地磅采集的重量与实际申报重量相差约 300 千克，导致重量异常查验。经对货物掏箱查证，发现核放申请的是 8 票报关单，实际提货（货运代理公司）只装了 6 票货。在将所有情况报给海关后，A 公司按照海关要求将该车辆的核放单，对应的箱单、报关单及情况说明交至海关查验场。经数据比对，漏装（短装）的 2 票货物总价值超过 22 万美元，因货物价值过大，需要上报海关关长处理，等海关过完流程后的通知。在将所有情况报给海关后，先对货物进行掏箱，然后 A 公司打印出货物的核放单交到海关，将箱单、报关单交给海关查验处，A 公司递交情况说明到海关查验处，然后等待海关的处理意见。

后经各方协商，西永海关与空港海关同意解除原已绑定核放（一车 8 票），再重新申请核放（一车 6 票），并同意将未装车的 2 票货物另行安排监管车辆通过正常流程运送至西永查验场，同其他 6 票一起再次查验。若经再次查验，货物的数量、毛净重、品名、货值等信息无误（实货与单据信息一致），即可放行。在将所有的信息经过比对之后，若信息不一致，则该批货物将被移交缉私局再次处理。

■ 第二节　保税物流的运输

一、保税物流的运输方式

由于借助一定的运输工具，并经由一定的交通线路与港站来完成，故而运输方式取决于所使用的运输工具、交通线路与港站的类别和性质，并受天气、基本设施与技术装备特点及主要技术经济指标的影响。

在普通物流中，有公路、铁路、内河、海运、航空及管道六种运输方式。保税物流主要是服务于国际贸易的，在保税物流中，由于贸易方式的关系，常见的运输方式为水路、公路、航空、铁路，此外还有保税港区、保税区、物流园区、非保税区、监管仓库、物流中心和其他等运输方式，运输方式代码表及说明见表 5-1。保税物流的运输方式在填写报关单时较为重要。

表 5-1　运输方式代码表[①]及说明

运输方式代码	运输方式名称	运输方式代码	运输方式名称
0	非保税区	8	保税仓库
1	监管仓库	9	其他
2	水路	A	全部运输方式
3	铁路	H	边境特殊海关作业区
4	公路	W	物流中心
5	航空	X	物流园区
6	邮件	Y	保税港区
7	保税区	Z	出口加工区

（一）运输方式的分类及说明

（1）水路运输是指利用船舶在国内外港口之间，通过固定的航区和航线进行货物运输的一种方式。

（2）铁路运输是指利用铁路承担进出口货物的一种方式。

（3）公路运输是指利用汽车承担进出口货物的一种方式。

（4）航空运输是指利用航空器（如货运飞机等）承担进出口货物的一种方式。

（5）邮件运输是指通过邮局寄运进出口货物的一种方式。

（6）其他运输是指除上述几种运输方式之外的进出口货物的运输方式。不能辨别运输工具的性质时，如利用人工搬运、液压叉车、驮畜、输油管道、输水管道、输电网等进出口货物的运输方式就称为其他运输。

（7）用于标志境内进出和退回保税区或保税仓库等区域的运输方式如下：①非保税区运输是指用于境内非保税区运入保税区或保税区退区（退运境内）货物的运输；②监管仓库运输是指用于境内存入出口监管仓和出口监管仓退仓货物的运输；③保税区运输是指用于保税区运往境内非保税区货物的运输；④保税仓库运输是指用于保税仓库转内销货物的运输；⑤边境特殊海关作业区运输是指用于境内运入深港西部通道港方口岸区，以及境内进口中哈霍尔果斯边境合作中心中方区域货物的运输；⑥物流中心运输是指用于从境内运入保税物流中心或从保税物流中心运往境内非保税物流中心货物的运输；⑦物流园区运输是指用于从境内运入保税物流园区或从保税物流园区运往境外货物的运输；⑧保税港区运输是指用于从保税港区（不包括直通港区）运往区外或区外运入保税港区货物的运输；⑨出口加工区运输是指用于出口加工区运往出口加工区外和区外运入出口加工区货物的运输。

---

① 表 5-1 中的运输方式是用于保税物流中填写报关单时可能用到的运输方式，这与普通的水路、铁路、航空等运输方式有一定区别，保税物流报关单填写涉及的运输方式包含水路、铁路等基本运输方式。

（二）保税货物的运输

1. 保税货物运输分类

1）按运输方式进行运输分类

（1）航空运输。航空运输从以下三种方式来讲，分别是一线直航、一线转关和二线转关，区分一线和二线的主要依据是看货物是否进出境：①一线直航，货物从国内保税区直飞国外，不停留，无须转关单，保税区到机场需监管车运输；②一线转关，货物从国内到国外，需到其他地方转机，需用结关后报关单打出转关单，关封与运单（签章）作为随附资料，一起带走，到中转地核销；③二线转关，两个特殊监管区之间飞机运输，需先预录入，凭预录单打出转关单，关封随货物一起走。

（2）陆运。陆运从以下四种方式来讲，分别是陆运提前转关、陆空联运、陆海联运和陆运二次转关：①陆运提前转关，汽车运输至另一保税区，先做预录入，凭预录单打出转关单，填写白卡（汽车载货簿），加关锁，白卡及关封交给司机随货物一起走；②陆空联运，汽车运输到指定机场，飞机运到其他地方，凭结关后报关单打出转关单，填写白卡，加关锁，白卡及关封交给司机随货物一起走；③陆海联运，汽车运输到指定港口，港口装船运到其他地方，需做预录入，凭预录单打出转关单，填写白卡，加关锁，白卡及关封交给司机随货物一起走；④陆运二次转关，汽车运输到中转保税区，再转到目的地，打出转关单时需备注二次转关，并写明中转口岸。

（3）海运、江海联运。在途监管车运至保税区或保税港区，江船运输至另一保税区或保税港区，换海船运输至目的地，先用江船信息报关，到该保税区或保税港区后，由海船信息做转关单，并在海关数据系统录入，关封邮寄至该保税区或保税港区。

（4）铁路运输。铁路运输货物经出口口岸运输至国外。例如，中欧班列"渝新欧"段，铁路经阿拉山口运输至欧洲，凭报关单打出转关单，结关后，由监管车携带关封运输至团结村上火车，至阿拉山口核销。

铁路运输往往与航空运输等其他运输方式组合起来进行多式联运，如重庆联合中欧班列"渝新欧"、重庆机场及新加坡樟宜机场构建了一个全新的物流运输体系，通过铁路和航空联运，解决新加坡国内奢侈品消费的运输时间问题。此外，在铁空中转和铁铁连接方面，重庆的"渝新欧"在所有中欧班列中占明显优势。其中，铁空中转主要是利用重庆江北机场的航线优势，与"渝新欧"相结合。"渝新欧"也升级为"亚新欧"，欧洲的货物都可以由此运到重庆，再通过空运中转到曼谷、香港、东京、首尔等位于重庆四小时航空半径的亚洲城市，形成"四小时航空经济圈"。

2）保税运输中海关相关科室介绍

（1）备案科。备案科是海关对通关数据进行备案的部门，主要备案的数据包括报关单位注册登记、加工贸易合同备案、征减免税审批、进口货物原产地预确定、进出口商品预审价、海关保税监管场所备案、运输工具备案等。

备案科在保税货物的运输中主要进行如下操作：账册货物信息备案—在海关合作的辅助平台上进行审批（新增、变更）—手册办理—退报关申请单。

账册货物信息备案：海关数据系统录入数据—核实无误后提交—报税核实—H2010系统—在海关合作的辅助平台上提交。

在海关合作的辅助平台上审批（新增、变更）：系统录入—登记—海关审批。

手册办理：包括手册备案、手册变更、内销征税审价、手册核销，海关风险保证金及料件付款通知书的开出，保函的备案及退出。

退报关申请单：包括盖有企业公章的申请表（提交给海关的说明事情原委的表格），盖有企业公章的申请单（报关单或非报关单），情况说明及其他相关单证。

（2）稽核科。稽核科是海关负责处理以下工作的部门：一般贸易货物的税后稽查、加工贸易货物的核销后稽查、减免税货物的审批后稽查，海关的风险管理、贸易和市场调查工作；企业、报关员注册及分类管理等。

在保税货物的运输中，稽核科需进行车辆备案修改，报关员注册及注销，在途监管车挂靠和企业管理类别调整。

车辆备案修改：车辆首次备案的需有驾驶证及行驶证的复印件各一份，现场领取临时备案表一份，到海关相关业务办理窗口办理备案（车辆重量填写行驶证上的整备质量，一般是指空车净重，如果实际重量与行驶证不一致的，须到海关领取盖章修改重量表[①]，去副卡口过磅，领取海关签字盖章的过磅单，以过磅单重量为准备案办卡）；在进行车辆修改备案时，要到海关领取盖章的修改重量表，去副卡口过磅，领取海关签字盖章的过磅单后，由稽核科相关人员验车，确认无误后，经海关报关员及科长签字后去海关对应业务窗口更改重量。

报关员注册及注销：报关员注册时要提交申请表、报关员身份证及复印件；注销时要提供申请表、报关员身份证复印件、报关员证复印件。

在途监管车挂靠：需准备的证件与表单包括在途监管审批表、申请书、挂靠协议、税务登记证书、营业执照、组织机构代码证、道路运输许可证副本（加盖公章）、车辆保单、驾驶证、行驶证、身份证复印件、司机上岗证、白卡、准载证、从业资格证。

企业管理类别调整：包括类别调整和注册延续。进行类别调整时需要提供申请书、评估报告、注册登记证书复印件、管理类别证明；进行注册延续时需要提供注册登记证书原件及复印件、报关单位情况登记表、组织机构代码复印件、营业执照复印件、委托书、延续申请书、场地租赁合同复印件。

（3）监控科。监控科要关注货物运输车辆进出卡口的刷卡显示状态，看货物进出卡口是否正常，监控运输车辆实际状态，即车辆的种类、车型、是否有集装箱，集装箱箱号，集装箱核放与实际是否相符，核放单与实际货物信息是否相符等。

3）查验形式

（1）布控查验。布控是海关对出入境货物实施查验的一种方式。布控查验是指由通关科对企业报关单进行单证布控，货物入区后或出区前的查验。其基本流程如下：①通关科单证布控；②单证移交查验科；③入区后/出区前货物到查验场；④找出相关单证，打出查验记录单；⑤查验。

---

① 海关一般会将修改重量表的电子版给企业，企业在需要填写修改重量表时，可自行打印修改重量表，拿到海关对应业务部门盖章。

（2）重量异常查验。重量异常查验是指通关科对该票报关单已进行放行处理，车辆过卡口时地磅采集重量与申报重量不符造成的查验。其基本流程如下：①卡口刷卡；②卡口协管告知查验状况；③车辆、货物到达查验场；④查验。

（3）随机布控查验。随机布控查验是指海关保税科及物流监控科对于运输分送集报货物车辆进行随机抽查，被抽中车辆在过卡口时进行的查验。其基本流程如下：①出/入区刷卡；②卡口协管告知查验状况；③车辆、货物到达查验场；④查验。

（4）报关超时查验。报关超时查验是指通关科对该票货物报关单放行后，该货物在72小时内未能入区，则入区刷卡时显示的查验。其流程如下：①卡口刷卡；②卡口协管告知查验状况；③车辆、货物到达查验场；④提交资料到通关科（《报关超时审批表》、情况说明、报关单原件）；⑤查验。

2. 正常情况下保税区之间的运输

《海关总署关于修改〈中华人民共和国海关保税港区管理暂行办法〉的决定》（海关总署令第191号）第三十八条第三款规定：承运保税港区与其他海关特殊监管区域或保税监管场所之间往来货物的运输工具，应当符合海关监管要求。保税港区和保税区内的货物都属于海关监管货物，保税港区内的货物发到保税区内需要使用海关监管的运输工具，如海关监管车辆或海关监管船舶，即保税区与保税区或与保税港区之间的货物运输需使用海关监管车辆运输，且需在规定的时间内按海关规定的线路到达指定目的运输地。

通常保税区（或与保税港区）之间的保税运输会进行区区联动查验，主要包括超时查验、重量异常查验和偏航查验三种。

1）超时查验

区区联动超时查验是指运输空运货物的在途监管车辆在出区后（如空港或重庆西永综合保税区）未能在规定时间（90分钟）内将货物运输到另一监管区，在入区时的查验。其流程如下：①入区刷卡；②卡口协管告知查验状况；③车辆、货物到达查验场；④情况说明（说明货物情况及未能在规定时间内入区的原因）。

2）重量异常查验

区区联动重量异常查验是指运输空运货物的在途监管车辆在正常出区后，入另一监管区时地磅未能正常采集数据导致的查验。其流程如下：①入区刷卡；②卡口协管告知查验状况；③车辆、货物到达查验场；④情况说明（说明货物出区正常的情况）。

3）偏航查验

区区联动偏航查验是指运输空运货物的在途监管车辆在出区后，未能按照规定路线将货物运输到另一监管区，车辆在入区时的查验。其流程如下：①入区刷卡；②卡口协管告知查验状况；③车辆、货物到达查验场；④情况说明（说明是何原因未能按照规定路线行驶）。

3. 保税区之间的自行运输

一般情况下，保税区之间的货物运输必须用海关监管车辆运输，且要办理转关手续，加封关锁。若两个保税区申请了保税区间货物自行运输，则该保税区之间的保税货物不一定必须用海关监管车辆进行运输，也可以不加关锁。这给货物装车提供了较大的自由度，在货物不足一车时可以进行拼车，最大化运输工具的利用，节省运输成本。但需要注意的是，即使两个保税区之间可以进行货物自行运输，但依旧需要办理转关手续。

例如，重庆实行区域通关一体化，在重庆西永综合保税区、重庆两路寸滩保税港区、重庆两路空港保税区之间，实行区域通关一体化，即这三个保税区之间的货物可不进行转关。以后重庆的保税区之间可实现区域通关一体化。

【案例 5-2 】

南京保税区介绍

南京海关作为全国首个直属海关，2015 年通过了海关总署对特殊区域间保税货物流转管理系统区域端的验收。这就意味着，2015 年，像南京保税区这类区域，江苏省共有 19 个，这类区域之间货物可以自行运输和自由流转，从而能为企业省时省钱。

举例来说，以往货物在不同保税区之间进出，需要办理转关手续，而且必须使用具有海关监管资质的车辆来运输，对于企业来说就需要付出额外的转关成本。该系统启用后，在保税区等特殊区域之间，企业可以自行运输保税货物，不仅降低了企业的成本，还大幅提高了通关效率。

实现保税区等特殊区域之间货物自行运输和自由流转，正是南京海关复制上海自贸区创新制度其中的一项举措。2015 年，智能化卡口验放、境内外维修、区内自行运输等 11 项改革已经在南京海关全面启动，取得了良好效果。

二、保税物流的报关管理

保税物流区别于普通物流最大的不同之处在于，保税物流是服务于国际贸易和跨境电商的，所有进出保税（港）区的货物均需先报关。报关是指进出口货物收发货人，进出境运输负责人等向海关办理货物、物品、运输工具进出境手续及相关海关事务的过程，包括向海关申报、交验单据证件，并接受海关的监管、检查和检验检疫部门的核检。在报关时，需向海关提交以下单证：①出口货物报关单（表 5-2），一般情况下，出口货物应填写一式两份，需交由海关核销的货物，如加工贸易货物等，应填写专用报关单一式三份；②货物商业发票，对于发票的要求份数比报关单少一份；③陆运单、空运单、海运进口的提货单及海运出口的装货单，海关在审单和验货后，在正本货运单上签章放行退还报关单，凭此退货或装运货物；④货物装箱单，其份数同发票；⑤出口收汇核销单，一切出口货物报关时，应交验外汇管理部门加盖监督收汇章的出口收汇核销单；⑥其他有关单证，如减免税证明等。

现在的报关实行通关无纸化两单一审制，两单是指报关单和备案清单，一审是指现在只需海关审核一次。以前的报关，若 A 企业出口一批料件给 B 企业，则 A 企业需要打印一张报关单，B 企业需要打印一张备案清单，A 企业报出口，B 企业报进口，海关需要审核两次，在实行两单一审制后，海关只需审核一次，加快了通关速度。

需要注意的是，虽然已经普遍开始实行通关无纸化，但在某些情况下报关还是需要提交纸质材料的，主要有以下几种情况：①电商业务，在跨境电商业务中，电商货物是先进入保税区保税仓库的货架上，然后再进行报关，这时除了需要提交报关单和备案清单之外，还需要提交运单；②退运业务；③设备账册里的设备维修业务；④货样广告品 A 和货样广告品 B，货样广告品 B 在报关时还需提交赠送协议。

表 5-2 中华人民共和国海关出口货物报关单

预录入编号：									海关编号：
出口口岸			备案号			出口日期		申报日期	
经营单位 ××有限公司			运输方式 保税港区	运输工具名称			提运单号		
发货单位 ××有限公司			贸易方式 一般贸易		征免性质			结汇方式	
许可证号		运抵国（地区）			指运港			境内货源地	
批准文号		成交方式	运费			保费		杂费	
合同协议号		件数		包装种类 纸箱		毛重/千克		净重/千克	
集装箱号		随附单据					用途		
标记唛码及备注									

项号	商品编号	商品名称、规格型号	数量及单位	最终目的国	单价	总价	币制	征免

税费征收情况

录入员	录入单位	兹声明以上申报无讹并承担法律责任	海关审单批注及放行日期（签章）	
报关员			审单	审价
单位地址		申报单位（盖章）	征税	统计
邮编	电话	填制日期	查验	放行

（一）转关

1. 转关的概念

转关可分为预录入转关、直接转关和二次转关。其中，预录入转关是指在指运地或起运地海关提前以电子数据录入的方式申报进出口，待计算机系统自动生成转关货物清单，并传输至进境地海关或货物抵运地海关监管现场后，办理进口和出口转关手续。

转关应符合以下条件：①转关的指运地和启运地必须设有海关；②转关的指运地和

启运地应当设有经海关批准的监管场所;③转关承运人应当在海关注册登记,承运车辆符合海关监管要求,并承诺按海关对转关路线范围和途中运输时间所做的限定将货物运往指定的场所。

与之对应的转关货物也有三种,转关货物是指从一个海关运至另一个海关办理海关手续的进出口货物,包括进口转关货物、出口转关货物和境内转关货物。

2. 转关方式

1)提前报关转关

提前报关转关分两种,一种是进口提前报关转关,即货物先在指运地申报再到进境地办理转关手续;另一种是出口提前报关转关,即货物未运抵启运地监管场所前先申报,货物运抵监管场所后再办理转关手续。

2)直转方式

直转方式分两种,一种是进口直转,即货物先在进境地办理转关手续,到指运地后办理进口报关手续;另一种是出口直转,即出境货物在运抵启运地海关监管场所报关后,再向出境地海关办理转关手续。

3)中转方式

中转方式包括进口中转和出口中转。进口中转是指具有全程提运单,需换装境内运输工具的进口中转货物由收货人或其代理人先向指运地海关办理进口申报手续,再由境内承运人或其代理人批量向进境地海关办理转关手续。出口中转是指具有全程提运单,需换装境内运输工具的出口中转货物由发货人或其代理人先向起运地海关办理出口申报手续,再由境内承运人或其代理人按出境运输工具分列舱单向起运地海关批量办理转关手续,并到出境地海关办理出境手续的转关。

需要注意的是,以下货物不能申请转关:①进口的固体废物(废纸除外);②进口易制毒化学品、监控化学品、消耗臭氧层物质;③进口汽车整车,包括成套散件和二类底盘;④国家检验检疫部门规定必须在口岸检验检疫的商品。

(二)转运货物

1. 转运货物的概念

转运货物是由境外启运,通过我国境内设立的海关地点换装另一运输工具后,不经过我国境内陆路继续运往其他国家的货物。转运货物由于各国之间贸易或货物的原因所产生的国际货物转运,又称为转船(国际货物转运大多为一艘船换装到另一艘船,但不仅限于船舶换装)。在海关合作理事会主持签订的《京都公约附约》①中,将这类转船业

---

① 《京都公约》是海关合作理事会在简化和协调各国海关手续方面较为系统和全面的一个国际文件,由主要约和附约两部组成。附约有30个,称为《京都公约附约》,供各国分别签署参加实施。每个附约涉及一项海关业务,附约中提出的"标准条款"为简化和协调该项海关业务制度必须普遍实施的条款;"建议条款"为促进各国简化和协调海关该项海关业务制度可能广泛实施的条款,签署加入《京都公约》必须至少接受一个附约,并把该公约附约中的原则规定转换成本国立法加以实施。这些原则规定为各国海关业务制度的简化和统一做出规范,已经成为各国海关制度的通常做法。

务定义为"在海关监督下，货物从进口运输工具换装到出口运输工具，其进口和出口均在一个海关范围内办理"。《京都公约》规定海关对转船货物只征进口关税，并提供进出口手续的便利。

进境运输工具载运的货物必须具备下列条件之一，方可办理转运手续：①持有通运或联运提货单的；②进口载货清单上注明是转运货物的；③持有普通提货单，但在起卸前向海关声明转运的；④误卸的进口货物，经运输工具经理人提供证件的；⑤因特殊原因申请转运，经海关批准的。

2. 转运货物的监管规定

对于转运货物，有以下监管规定。

（1）运输工具负责人或其代理人在向海关申报转运货物时，必须持有通运或联运提货单，并在运输工具载货清单或运单上已注明为转运货物。

（2）运输工具负责人或其代理人在出境地（中间转运地）海关同时办理货物进出境报关手续，即先出口申报并在报关单注明为转运货物，出口申报后再办理进口报关手续，在进口报关单中注明集装箱号、封志号、出口报关号，最终将进口报关单号填写在出口报关单中。

（3）转运货物自进境起到出境止，属于海关监管货物，海关一般不予实施查验或仅做外形核对，但海关保留查验权。具体监管责任划分：进境地海关负责将货物监管到货物离开进境地海关监管码头（即到离开进境地港区为止）；出境地海关负责货物从离开进境地海关监管码头到最终出境止。

（4）货物由进境地海关到出境地海关之间运输必须由在海关备案登记的转关运输车辆承运。

（5）对于所申报的转运货物，如属于国家严禁进口或重点敏感商品或散杂货，必须由进境地海关负责押运到出境地海关。

（6）进境地、出境地海关对转运货物应设专人管理，实行台账登记制，定期进行核对。对已办完出口报关手续的，不允许办理退关，因某种原因未赶上船期，可改装下一个船期。

（7）转运货物必须在运输工具申报进境之日起三个月内办理海关手续并转运出境。逾期未办的，海关按照海关法规定提取变卖。

（8）运输工具负责人或其代理人必须严格按照海关的上述规定办理海关手续，并承担相关的法律责任。

（三）"保税一日游"

1. "保税一日游"的概念

"保税一日游"业务是出口复进口业务的俗称，又称物流园区"一日游"，其利用保税物流园区的入区退税政策，以先出口、再进口的方式，解决加工贸易深加工结转手续复杂、深加工增值部分不予退税等问题。

　　"保税一日游"实质上是"香港一日游"在内地的替代品，主要是指加工贸易企业将其采购的国内生产的中间投入品先出口至境外某地，再办理进口手续的过程，但境外一日游周期长，手续复杂，运输成本高。境外一日游，是指加工贸易企业将其采购的国内生产的中间投入品先出口至境外再办理进口手续，这个过程周期长，手续复杂，运输成本高。当内地的保税园区设立之后，"保税一日游"业务也随之产生。由于保税物流中心等同于"境内关外"，企业不必进行境外一日游，只需将货物入保税物流中心进行一日游，即可办理退税，企业只需再从保税区将货物进口即可完成进出口程序，这样一来可节省运输费用和时间，从而降低运输成本和相关费用。相对境外一日游，"保税一日游"周期更短，成本更低。对于上游企业，货物进保税物流中心就视同出口，可以立即退税；对于下游企业，其只需从保税物流中心进口货物，向海关以加工贸易手册方式申报进口，就能享受进口料件免缴关税、增值税的待遇，缩短了退税周期，加快了资金流转。这种方式彻底解决了加工贸易深加工结转手续复杂、深加工增值部分不予退税等问题。保税区的特殊功能和政策优势不但为企业节省了大量的运费成本，而且增强了企业产品的价格竞争力。

　　2. "保税一日游"的业务优势

　　"保税一日游"模式具有以下业务优势：①进保税区视同出口，可收汇核销、退税、核销手册；②报关、报检可以一批进，分批出；③取代货物境外游、香港游，节省物流成本，缩短供货时间；④加工贸易企业的产品可以供国内的其他加工贸易企业作为出口的料件，或者供国内可以享受该产品免税政策的企业使用；⑤通关速度快，如进口、出口货物都是手册报关，则只需海关编码前四位相同即可，若是一般贸易方式报关则须海关编码十位都相同；⑥对于原材料提供厂商，可以享受到国家出口退税的优惠，以退税后的商品价格参与市场竞争；⑦对于原材料接收厂商，可以将采购国内料件及中间品的退税时间提前，有效降低资金成本。

　　"保税一日游"的最大优点是可以帮助加工贸易企业将退税提前至其采购国内原料或中间品的过程之前，从而减少退税时间；此外还可转嫁税收成本、降低税收、节约成本。

　　3. 适用情况

　　1）手册间的结转催生而成
　　直接的深加工结转是不享受退税的，但是将一般料件进口到保税区，形成保税料件，保税料件进入加工贸易手册就能享受退税，但进出口退税的差价不会太大，不高于5%。
　　2）加工贸易（手册）成品中含国产料件
　　如某企业A出口一船只，需要几千个进口料件，B只是其中一个进口料件的供应商，如果B直接将货供给企业A，则B无法得到退税，但如果B先将料件出口至保税物流中心，再由企业A进口此料件，则B可顺利得到退税。
　　3）退税税率有差别：半成品退税率>成品退税率
　　例如，宽卷钢要加工成窄带钢出口，由于宽卷钢的退税率大于窄带钢的退税率，故可将宽卷钢进行保税物流中心一日游来完成宽卷钢的退税,下游企业以原材料形式进口。

4)进口税率有差别:进口元器件税率>成品税率

成品是不能进行一日游的,只有料件和半成品可以进行一日游,半成品也以料件的形式由一般料件转化为保税料件,进入加工贸易手册,从而享受退税。

5)退税率和关税率有差别

如内贸交易无退税,此时可出口至保税物流中心进行一日游,获得退税。这里需要注意的是,国外直接进口的零关税设备不享受一日游,零关税设备直接进口到保税区,进行清关,即使再进行一日游,也不退税。

(四)多式联运

1. 多式联运的概念

多式联运是由两种及两种以上的交通工具相互衔接、转运而共同完成的运输过程,统称为复合运输,我国习惯上称之为多式联运。《联合国国际货物多式联运公约》对国际多式联运的定义如下:按照国际多式联运合同,以至少两种不同的运输方式,由多式联运经营人把货物从一国境内接管地点运至另一国境内指定交付地点的货物运输。《中华人民共和国海商法》对于国内多式联运的规定是必须有海运。

多式联运的构成要素:①多式联运经营人;②发货人;③契约承运人和实际承运人;④收货人;⑤多式联运合同;⑥多式联运单据(票据)。

2. 保税物流中的多式联运

保税物流园区(或保税区)内的多式联运应用得并不多,区间运输有所应用。区间运输的保税物流也多指货物在某个保税(港)区结转运至目的国/地区的情况。例如,重庆西永综合保税区要出口一批货物至国外,需从上海洋山港结关出境,货物即通过水运运至上海洋山港(或通过空运运至上海洋山港),结关后再由海运运至目的地。

【案例5-3】

山东自贸区青岛片区:多式联运打通内陆出海"最后一公里"

2020年3月8日,山东省港口集团青岛港前湾港区一趟班列由淄博内陆港发出,共45个车皮,载有90个标准集装箱。与以往不同的是,这批货物在淄博完成通关手续,将直接装船出海。

这趟列车装载的是淄博当地外贸企业药品、服装、电子产品、纸张等货物,从淄博保税物流园区通过"淄博—黄岛"五定班列,到达青岛港国际物流有限公司海铁联运中心,卸箱后直接装船发往美国、欧洲、东南亚等地。

内陆港海关放行的出口货物,在内陆就进入码头作业流程,码头会提前预留仓位,保证货物能够及时配载上船,有效规避了甩船风险和应急操作费用。内陆港作为港口码头的延伸,真正把山东的出海口搬到了淄博等内陆地区的家门口,让内陆企业感受到实实在在的便利。

　　长期以来，物流通关模式不便一直是淄博、枣庄等当地企业出口贸易的痛点、难点。山东自贸区青岛片区获批以来，积极开展"大力发展过境贸易""发挥港口功能优势，建立以'一单制'为核心的多式联运服务体系"等试点任务。2019年10月起，青岛港国际物流有限公司联合黄岛海关，积极布局内陆港通关模式，以枣庄内陆港海关监管场所为试点，持续推进属地运抵、查验、放行功能。

　　2020年1月15日，山东首票"陆海联动海铁直运"货物在枣庄内陆港通关放行，实现内陆货物通关新模式，为内陆企业完美解决了铁路入海"最后一公里"难题。2020年3月2日，山东港口淄博内陆港正式启动，成为山东第二个实现"陆海联动海铁直运"监管模式放行的内陆港。

　　淄博内陆港启动，对企业来说是具有里程碑意义的重大事件。2020年3月4日，某瓷砖公司的26.2吨瓷砖通过海铁联运发往海外，过去该公司出货大部分都是汽运，从工厂直接拉货到青岛港，然后报关出海，但因为汽运受天气影响比较大，加上验货时间紧，经常会出现甩船现象，给客户交货的时间就有可能延误。

　　与传统模式相比，"陆海联动海铁直运"模式具有"港口延伸、便捷通关、关港互动"的特点。内陆港与码头作业系统实现数据互通，海关放行对接码头配载作业，船运企业对接场站备箱，避免内陆企业出口货物集港困难和甩船风险，实现出口货物的"内陆申报、园区查验、属地放行，提前集港"，进一步放大铁路运输便捷安全的优势。

　　此外，通过班列入港到达海铁联运中心的货物无须再堆存、验封，可直接运抵码头前沿，过闸口后自动发送运抵报告、核销转关信息，物流通关操作更为便捷。

　　海关物流监管模式创新后，完美解决了铁路入海"最后一公里"难题，不仅提高了通关效率，更为企业大幅降低了物流成本。山东港口也加快推进在途监管、查验、运抵发送等多式联运陆港功能落地，以打造"东西双向互济、陆海内外联动"的开放新格局。

【案例5-4】

发力多式联运畅通物流通道 果园港助力重庆内陆开放高地建设

　　果园港加速汇聚开放要素、拓展物流通道、充分发挥开放平台优势，为重庆内陆开放高地建设注入澎湃动力，重庆对外开放稳步前行。

1. 建设"大枢纽"，助力内陆开放高地建设

　　2019年，重庆果园港获批国家首批国家物流枢纽，纵览2 000万平方米土地，环拥15千米长江岸线，不仅拥有长江上游最大的集装箱港口果园港、国家级铁路枢纽站鱼嘴站、果园保税物流中心（B型）及中新合作示范项目中新（重庆）多式联运示范基地，还有中欧班列（重庆）、陆海新通道和长江黄金水道在这里汇聚。

　　重庆果园港国家物流枢纽是我国内河最大的水铁公多式联运枢纽港，是国家建设"一带一路""长江经济带"的重要节点。2021年1~9月，果园港国家物流枢纽区货物总吞吐量1 588.73万吨，同比增长57.94%。集装箱量达32.91万标箱，同比增长36.51%，其中果园港水水中转8.74万标箱，铁水联运6.79万标箱。商品滚装车发运60.63万辆，同比增长40.3%。中欧班列到发240班，西部陆海新通道班列到发177班。果园港国家物流枢纽片区企业物流经营收入 11.44 亿元, 果园保税物流中心 (B 型) 进出口额 6.54 亿元。

2. 做强"中转站", 拓展四通八达开放格局

果园港国家物流枢纽四通八达通畅的背后, 是"水、铁、公"多式联运的持续发力, "东南西北"四向物流大通道一条条成熟起来、一天天愈发通畅。向东, 通过长江黄金水道连接太平洋, 可达世界上百个国家和地区; 向西, 通过中欧班列可达中亚、欧洲; 向南, 通过陆海新通道可达东盟、南亚; 向北, 通过"渝满俄"国际铁路可达俄罗斯。不同类型的货物, 可以实现不同运输方式的"自由组合"。此外, 果园港国家物流枢纽依托通道优势, 大力构建对外开放通道体系建设, 积极拓展国际通道在果园港融会贯通。持续深化与国内"有水港""无水港"多领域合作, 加大与成都青白江铁路枢纽、上海港、钦州港、如皋港、太仓港等国家级物流枢纽合作, 促进通道资源联动共享, 促进形成优势互补、高质量发展的开放通道。

要通过大通道、大平台、大流通, 增功能、强集聚、优服务、提效率, 进一步促进大开放, 以将果园港国家物流枢纽打造成国际知名、国内一流的重要多式联运枢纽。

三、保税物流的运输环境

在货物流通过程中, 产品的包装要经受各种不同的有害因素, 其中, 冲击、振动、不适合的湿度和温度是最常见的有害因素。保税物流的运输主要是负责进出口货物的流通, 货物通常具有较高的价值, 有的甚至涉及商业机密, 一旦在运输途中遭到损坏, 无疑会造成巨大的损失, 因此, 在保税物流的运输过程中, 对产品的包装有严格的要求, 货物装车为了避免磕碰撞损都需按照一定的要求装车。在整个运输过程中, 有全程的车辆 GPS (global positioning system, 全球定位系统) 和车厢环境检测系统进行监控, 需要在一定温度或湿度下运输的商品, 车厢内都有相应的温控设施或湿度控制措施, 以保障货物在运输途中处于安全无损的运输环境。下面就运输过程中可能出现的有害因素展开介绍。

(一) 冲击

冲击可能会发生在各种过程中, 但主要来自不规范的搬运和装车、吊装及拖动、船只靠岸、飞机着陆、机车连接等, 因此在选择货物的包装时要充分考虑货物在装卸、跌落、移动等过程中能承受的抗损程度。

(二) 振动

振动可以导致多种系统的失效和损坏, 如局部破损等。公路运输振动主要是路面的起伏和不平度引起的, 有时候还会导致共振, 产生更为严重的损坏; 铁路运输振动是由于路基与铁轨接头等的作用而产生的周期性强迫振动; 空运振动主要是飞机发动机引起的高频振动、飞行气流引起的上下波动、起飞降落滑行引起的振动; 海运振动主要是发动机和螺旋桨的低频振动、海浪的上下波动造成的。为了尽可能避免货物因各种运输方式中不可避免的振动而受到损坏，可在货厢内放置抗共振气垫。

（三）温度

在运输过程中，温度的变化可能会产生极端的影响，骤冷或骤热。对于特别高精密的电子产品和进出口生鲜类产品，温度的控制对其运输极为重要。目前，在部分"渝新欧"班列中，货运车厢的温度由欧洲相关国家进行全程温控，以保证货物的完好无损。

（四）湿度

不适宜的湿度可以导致腐蚀、污染，甚至会产生微生物感染。对于湿度的控制，在高精密电子产品和生鲜产品中要严格把控。

第三节　运输安全

物流运输安全是物流运输活动的前提和基础，是提高物流运输可靠性、降低物流运输成本和提升物流运输绩效的重要保证。

一、运输安全的定义及涵盖的方面

（一）运输安全的定义

物流运输安全是指为了有效避免意外交通事故及由此引起的人和物的损失，使物流运输活动在符合安全要求的物质条件和技术保障下有序开展所进行的一切活动。它是运用管理部门拟定的相关法律、法规和规范性文件，在管辖范围内对物流运输企业的货物运输、运输工具维修及各种相关运输服务项目的各类安全技术标准、安全操作规程和从业人员的技术熟练程度进行审核、指导、协调、监督和培训，以防止在运输作业时发生货物损坏、报失的过程。在实际操作中，人们往往会借助现代科学技术，如 GPS 追踪来降低运输风险。

（二）运输安全涵盖的方面

1. 载货卡车的安全

运输企业、车主、驾驶人要加强车辆的日常维护保养，对汽车零部件特别是影响汽车安全行驶的关键部件要定期检查维修；驾驶人出车前要认真检查车辆，确保车辆处于良好安全技术状况。考察载货卡车的安全主要从以下几个方面着手：首先，在选择了合格的运输车辆后，建立双向通信信息系统，收发货人双方都可以查询载运货物卡车及司机的信息；其次，制订突发情况应急计划，尽管保税物流运输中的大多数货物购买了保险，但为了使意外发生时能尽快解决问题，应事先制订好突发情况应急计划；最后，应检查运输车辆的点火钥匙安全，以避免打火时意外发生火灾。

2. 运输线路的风险评估

运输线路的风险评估包含以下几点：一是对顾客制定路线。一般对于保税物流企业来说，在配送货物时，除了选择安全的载货车辆，还应为顾客制定最适宜顾客的运输路线，要充分考虑运输路线的安全性、便捷性及经济性。二是设定 GPS 导航。目前的 GPS 导航只是对车辆的在途位置进行追踪，并不能实际考察货物在途中的运输情况，不过在制定了运输路线的前提下，GPS 导航主要是为了监督载运车辆在非意外情况发生时是否按照制定路线行驶，以防止盗货情况的发生。三是预计到货情况确认机制。这主要是为了交付过程的顺利进行，有时货物运到指定地点时由收货人当面交接、提取货物，有时是将货物交接到指定仓库或物流网店，由客户自提。

3. 装卸货安全

装卸货安全包括对装载和卸载过程的监督及相关凭证和记录的留存。在货物的装卸过程中，应监督装卸货人员采用专业的装卸货工具，采用科学的装卸货方式，以保证货物在装卸货过程中的安全。此外，保税物流企业应定期对员工进行安全意识培训。

二、运输工具介绍

（一）保税物流中常见的运输工具

《海关法》中的进出境运输工具包括用以载运人员、货物、物品进出境的各种船舶、车辆、航空器和驮畜，其中在保税物流的运输中，常见的运输工具有 20/40 尺拖车、飞翼车、平板车、4.2 米厢式货车、9.6 米厢式货车。

1. 20/40 尺拖车

20 尺拖车（图 5-1）用于拖载 20 尺普通干货柜（20 英尺[①]集装箱，简称 20 尺干货柜），20 尺普通干货柜的外部尺寸是长 6.058 米、宽 2.438 米、高 2.591 米，内部尺寸是长 5.898 米、宽 2.352 米、高 2.385 米，柜门内径宽 2.343 米、高 2.280 米，内容积 33.1 立方米。40 尺拖车主要用于拖载 40 尺普通干货柜（40 英尺集装箱，简称 40 尺干货柜，也称为 40GP 标准集装箱），40 尺普通干货柜的外部尺寸是长 12.192 米、宽 2.438 米、高 2.591 米，内部尺寸是长 12.032 米、宽 2.352 米、高 2.385 米，柜门内径宽 2.343 米、高 2.280 米，内容积 67.5 立方米。数据内容详见表 5-3。

---

① 1 英尺=0.304 8 米。

图 5-1　20 尺拖车

表 5-3　20 尺/40 尺普通干货柜规格

规格	外部尺寸/米 （长×宽×高）	内部尺寸/米 （长×宽×高）	柜门内径/米 （宽×高）	内容积/立方米
20 尺普通干货柜	6.058×2.438×2.591	5.898×2.352×2.385	2.343×2.280	33.1
40 尺普通干货柜	12.192×2.438×2.591	12.032×2.352×2.385	2.343×2.280	67.5

2. 飞翼车

飞翼车（图 5-2）是通过手动装置或液压装置，能开启车厢两侧翼板的专用车辆，是普通厢式货车的改进。飞翼车两侧翼板可升降、开启 90°，使两侧部位完全敞开，方便装卸货物，双后门也可开启 270°。飞翼车有防雨、防尘、防晒、防盗、耐腐蚀的特点。飞翼车的尺寸见表 5-4。

图 5-2　飞翼车

表 5-4　飞翼车的尺寸　　　　　　　　　　　　　　　　单位：毫米

类型		车辆外径尺寸	车厢内径尺寸	翼展后高度
7.5 米飞翼车		9 990×2 540×3 990	7 500×2 350×2 550	5 260
12.5 米飞翼车	牵引车	5 957×2 495×2 896		
	挂车	12 900×2 540×3 990	12 500×2 420×2 450	5 260

注：12.5 米飞翼车总长度为 16 米左右，挂车与牵引车之间有连接部分

3. 平板车

平板车（图 5-3），也称为平板拖车、平板运输车。平板车的规格较多，有 3 吨、4 吨、5 吨，直至 30 吨、40 吨，平板车载运货物时对货物的包装要求极为严格。在启动平板车前，要进行基本情况检查，查看平板车周围是否有障碍物，平板车停放的位置是否有水渍、油渍，平板车底盘轮胎气压是否充足。

图 5-3　平板车

4. 厢式货车

厢式货车（图 5-4）是一类具有独立封闭结构的车厢，或与驾驶室连成一体的整体式封闭结构车厢，主要用于载运货物的商用车。厢式货车种类较多，有后开门的、左右开门的、全封闭的、半封闭的、仓栅的，具有机动灵活、操作方便、可靠性和安全性高的特点。常见的厢式货车车型有单排厢式微型车，软篷厢式、侧开厢式中型车，集装箱式大型车等。在保税物流运输中的厢式货车，常见的是 9.6 米厢式货车和 4.2 米厢式货车。

（a）9.6 米厢式货车　　　　　　　　　（b）4.2 米厢式货车

图 5-4　厢式货车

（二）运输工具选择

运输工具的选择主要取决于货物的毛重、体积、货物性质及运送距离的长短。在保税物流的运输中，货物通常以托盘计数（还有别的计数单位）装运，在选择运输工具时，企业的运输部门根据托单、业务编号、客户单位、货物的毛重及件数进行运输工具的选择。车型及其托盘核载数量、载重如表 5-5 所示。

表 5-5　车型及其托盘核载数量、载重

车型	托盘数量/托	核定载重/吨	长/米	宽/米	高/米
2 吨	3	1.99	3.8	1.8	1.8
5 吨	10	4.99	6.2	2.4	2.4
8 吨	14	7.95	7.6	2.4	2.4
10 吨	16	9.95	9.6	2.4	2.4

如果不同票次的货物起始地和目的地相同，且客户对货物的运输工具没有特别要求，就可进行拼车运输，拼车运输有一票多车或多票一车的情况。在"保税一日游"中，保税货物从外仓到内仓进行一日游且能在同一平台做核放的就可进行集拼[1]，此处的同一平台是指在同一账册上进行且在同一家报关行报关。非报关货物和报关货物是不能一起进行集拼的，丹马士环球物流[2]可以进行集拼。当货物需进行跨国境运输且运量较大时，必须采用集装箱运输。

（三）集装箱运输

1. 集装箱

1）集装箱的定义及标准

国际标准化组织（International Organization for Standardization，ISO）将集装箱定义为，集装箱是一种运输设备，这种运输设备应当满足以下要求：①具有耐久性，其坚固强度足以反复使用；②便于商品运送而专门设计的在一种或多种运输方式运输时无须中途换装；③设有便于装卸和搬运的装置，特别是便于从一种运输方式转移到另外一种运输方式；④设计时应注意到便于货物装满或卸空。

国际标准集装箱是根据国际标准化组织第 104 技术委员会制定的国际标准来建造和使用的国际通用标准集装箱。现行的国际标准第 1 系列共 13 种，其宽度均为 2.44 米，长度有 4 种，分别是 12.20 米、9.12 米、6.05 米、2.99 米；高度有 4 种，分别是 2.90 米、2.59 米、2.44 米、小于 2.44 米，见表 5-6。

表 5-6　国际集装箱标准

规格	箱型	长度	宽度	高度	最大总质量/千克
3 米 （10 英尺）箱	ID	2.99 米 （9 英尺　9.75 英寸 [1]）	2.44 米 （8 英尺）	2.44 米（8 英尺）	10 160
	IDX			<2.44 米（8 英尺）	

---

① 集拼是指承运人（或代理人）接受货主托运的数量不足整箱的小票货运后，根据货类性质和目的地进行分类整理，把去往同一目的地的货物，集中到一定数量拼装入箱。因为一个箱内有不同货主的货物被拼装在一起，所以也叫拼箱。

② 丹马士环球物流是一家专门做集拼业务的物流公司。

续表

规格	箱型	长度	宽度	高度	最大总质量/千克
6.1米（20英尺）箱	ICC	6.05米（19英尺　10.25英寸）	2.44米（8英尺）	2.59米（8英尺　6英寸）	24 000
	IC			2.44米（8英尺）	
	ICX			<2.44米（8英尺）	
9.1米（30英尺）箱	IBBB	9.12米（29英尺　11.25英寸）	2.44米（8英尺）	2.90米（9英尺　6英寸）	28 400
	IBB			2.59米（8英尺　6英寸）	
	IB			2.44米（8英尺）	
	IBX			<2.44米（8英尺）	
12.2米（40英尺）箱	IAAA	12.20米（40英尺）	2.44米（8英尺）	2.90米（9英尺　6英寸）	30 480
	IAA			2.59米（8英尺　6英寸）	
	IA			2.44米（8英尺）	
	IAX			<2.44米（8英尺）	

1）1英寸=0.025 4米

　　国家标准集装箱是指各国政府参照国际标准并考虑本国的具体情况而制定的集装箱标准。我国现行的国家标准《系列1集装箱　分类、尺寸和额定质量》［GB/T 1413—2008］中集装箱各种型号的外部尺寸、极限偏差及额定质量见表5-7。

表 5-7　我国现行集装箱标准

型号	高度		宽度		长度		额定质量（最大总质量）/千克
	尺寸/毫米	极限偏差/毫米	尺寸/毫米	极限偏差/毫米	尺寸/毫米	极限偏差/毫米	
IAA	2 591	0 −5	2 438	0 −5	12 192	0 −10	30 480
IA	2 438	0 −5	2 438	0 −5	12 192	0 −10	30 480
IAX	<2 438	0 −5	2 438	0 −5	12 192	0 −10	30 480
ICC	2 591	0 −5	2 438	0 −5	6 058	0 −10	20 320
IC	2 438	0 −5	2 438	0 −5	6 058	0 −10	20 320
ICX	<2 438	0 −5	2 438	0 −5	6 058	0 −10	20 320
10D	2 438	0 −5	2 438	0 −5	4 012	0 −10	10 000
5D	2 438	0 −5	2 438	0 −5	1 968	0 −10	5 000

2）集装箱分类

　　按用途，集装箱可分为干货集装箱、开顶集装箱、台架式及平台式集装箱、通风集装箱、冷藏集装箱、散货集装箱、动物集装箱、罐式集装箱、汽车集装箱和服装集装箱；按集装箱的主体材料，可分为钢制集装箱、铝制集装箱、不锈钢制集装箱和玻璃钢制集装箱；按规格尺寸，可分为20尺货柜、40尺货柜、40尺高柜、45尺高柜、20尺开顶柜、40尺开顶柜、20尺平底货柜和40尺平底货柜。

3）集装箱计算单位

集装箱计算单位又称为 20 英尺换算单位（twenty-feet equivalent units，TEU），是计算集装箱箱数的换算单位。目前，各国大部分集装箱运输都采用 20 英尺和 40 英尺长两种集装箱，通常把 20 英尺集装箱作为 1 个计算单位，40 英尺集装箱作为 2 个计算单位。

2. 集装箱运输简介

在保税物流的运输中，入区货物从区外仓到区内仓的运输采用海关监管车辆进行保税货物的运输，出区货物如有直接出口至国外的，则采用集装箱运输。

1）集装箱运输的概念

集装箱运输是指把货物装入具有一定容积、坚固耐久性和功能的特制容器（集装箱）内，再用车、船、飞机载运的一种运输方式。其是以集装箱这种大型容器为载体，将货物集合组装成集装单元，以便在现代流通领域内运用大型装卸机械和大型载运车辆进行装卸、搬运作业和完成运输任务，从而更好地实现货物"门到门"运输的一种新型、高效率和高效益的运输方式。

集装箱运输具有以下特点：①集装箱运输是一种高效益的运输方式，集装箱运输简化了包装，大量节约了包装费用；减少了货损货差，提高了货运质量；减少了营运费用，降低了运输成本。②集装箱运输是一种高效率的运输方式，具有装卸环节少、劳动强度小、装卸效率高、船舶周转快等优点。③集装箱运输是一种高投资的运输方式，也是一种高效率的运输方式，同时又是一种资本高度密集的行业。④集装箱运输是一种高协作的运输方式，集装箱运输涉及面广、环节多、影响大，是一个复杂的运输系统工程。如果互相配合不当，就会影响整个运输系统功能的发挥。⑤集装箱运输适用于组织多式联运，在换装转运时，海关及有关监管单位只需加封或验封转关放行，从而提高了运输效率。

我国经济结构调整和经济新常态的出现，给集装箱行业带来前所未有的挑战。集装箱制造企业一方面应做好技术突破研发，另一方面应加强服务推动，实现盈利模式多元化。随着市场竞争，集装箱行业资源将更进一步向优势企业集中，集装箱制造企业应由传统物流设备供应商向提供综合物流服务转变，与下游用户合作研发新箱型，以配合国家发展多式联运的战略需求。在服务延伸的同时，围绕新驱动、智能转型、强化基础、绿色发展等关键环节，加快基于集装箱制造本身的产业升级。

2）集装箱投运条件

集装箱投入运营时，应当安装海关批准牌照。集装箱外部标识的序列号应当与安装的海关批准牌照所标记的序列号一致。境内生产的集装箱及我国营运人购买进口的集装箱在投入国际运输前，营运人应当向其所在地海关填报登记手续。境内生产的集装箱已经办理出口及国内环节税出口退税手续的，不在海关登记；已经登记的，予以注销。

为防止集装箱超重或船舶积载不当导致船舶发生破损、断裂和沉没事故，2016 年 7月 1 日起，载货集装箱在交付船舶运输前将强制称重，以供准备船舶积载计划时使用；对于未按要求提供重量验证信息的载货集装箱，不得安排装船。

载货集装箱重量验证可采用两种方法，即整体称重法和累加计算法。使用整体称重法的，托运人应当在完成集装箱装箱和封条后，自行或通过第三方使用经过计量技术机构认证和检定的衡器对载货集装箱进行整体称重；使用累加计算法的，托运人应当按照相关程序，对集装箱内所有包装和货物的重量进行称重，与集装箱内的底盘、衬垫、其他系固材料和集装箱本身重量进行累加计算出载货集装箱的整体重量。

托运人提供的验证重量与海事管理机构、承运船舶、承运人或码头经营人获得的该集装箱验证重量间的误差范围不得超过 5% 或 1 吨（两者取其小者），且重量不超过集装箱最大核准载重量。若超过，托运人应重新验证载货集装箱重量，满足要求后方能交付船舶运输。各级海事管理机构应当对船舶承运的载货集装箱重量验证情况进行抽查，对未取得重量验证信息的载货集装箱，海事管理机构应当要求承运船舶进行纠正，合格后方可开航。海事管理机构接到举报或有理由怀疑载货集装箱重量验证信息与实际情况不符的，可以要求载货集装箱的托运人重新验证。

我国集装箱的吞吐量连续多年居世界首位，已发展成为全球集装箱航运中心和集装箱制造中心。集装箱仍然是一个朝阳行业，随着世界经济的复苏，国际贸易量的逐步增加，集装箱持续增长的趋势不会变，集装箱领域"中国制造"的地位不会变。

3. 整箱货与拼箱货

整箱货（full container load，FCL）是指由发货人负责装箱、计数、填写装箱单，并由海关加封的货物，整箱货通常只有一个发货人和收货人。整箱货的拆箱一般由收货人办理，也可以委托承运人在货运站拆箱，但承运人不负责箱内的货损和货差。承运人对整箱货以箱为交接单位，只要集装箱与收箱时相似且关封完好无损，承运人就完成了承运责任。

拼箱货（less than container load，LCL）是指不满一整箱的小票货物，这种货物通常是由承运人分别揽货并在集装箱货运站或内陆站集中，然后将两票或两票以上的货物拼装在一个集装箱内，同样要在目的地的集装箱货运站或内陆站拆箱分别交货。对于这种货物，承运人一般要负责装箱与拆箱作业，装拆箱费用向收货方收取。

三、运输安全计划制订及管理

（一）运输安全计划

在制订运输安全计划时，要充分考虑整个运输过程及运输前后相关环节。运输安全计划一般由运输部门制订，包含运输前的报关通知、提货通知、发车计划、跟踪管理、完成情况统计与考核、紧急情况解决方案，具体的运输安全计划如下。

1. 客服部编制日执行计划

在接到顾客订单评审后（必要时组织仓储部门评审），结合运输前置期要求在数日前编制日执行计划，日执行计划要明确指出客户名称、产品名称、数量、运达时间等，发放到仓储部门，前置期要求考虑客户名称、产品名称、提货时间和地点、提货方式、交付时间、总时间等因素。表 5-8 是企业中客服部门告知运输部门运输安排的邮件交接，从该邮件内容中可以看出运输货物在 ZT 港口，设备为 CQ2A，零件代码是 DFDS15FR421，数量为 1 500，该货物的供应商是 OQC-KXE，需要在 2015 年 7 月 16 日送达。

表 5-8　客服部门告知运输部门运输安排的邮件交换

以下材料请帮忙安排做单送货，如有任何异常，请及时告知，感谢！								
港口名称	设备	零件代码	数量	供应商	到期时间	状态	商标	负责人
ZT	CQ2A	DFDS15FR421	1 500	OQC-KXE	2015-07-16			Luobo Hu

2. 仓储部门接到日执行计划后及时准备编制物流计划

仓储部门在接到客服部门制定的日执行计划后，应及时编制物流计划，根据日执行计划中的配送货要求在发货日期前将货物从对应储位转至备货区，检查货物是否有损坏，然后根据客户要求决定是否需要包装、贴条形码等增值加工服务，最后清点仓库中该货物的剩余在储数量。

3. 运输部门编制发车计划

企业运输部门在编制发车计划（表 5-9）时要考虑是自己运输还是选择代理运输，若是自己运输，就需电话通知当值司机并告知运输安排，当值司机做好相应的行车记录，并在月底上缴当月的行车记录；若是代理运输，通过电话或即时网络通信，与代理运输公司沟通订车，告知需要的相应车型及送货起始地和目的地。运输完成后的第二天补发前一天运输安排所用的车辆委托书；若遇发车计划不能完成，应立即向客服部门经理汇报或该分管副总通报，并给出处理方案，同时，应通知运输部门及相关代理商取消该次运输安排。

表 5-9　企业运输部门根据订车单安排发车计划

订车单	
系统编号：16E04××××	
制单日期：2016-04-15	车辆要求：
客户单位：A 企业	
发货联系人：马××，1792057××××	
收货联系人：杨××，1430306××××	采购人：侯××，1590302××××
要求出车时间（上午、下午）：2016-04-18	
要求完成时间：2016-04-18	
接货地址：××外仓	
送货地址：重庆市江津区××街道办事处××大道 18 号	
直通本票货物操作：陆×　1436820××××	

报关行：B 企业	查验员：刘××，1956168××××
请驾驶员注意，若未得到通知，进卡口前必须先和（谭×）联系，不能自己直接刷卡进区	

注意事项：

　　承运者应仔细核对所承运货物的数量，检查货物包装是否完好，有无变形；破损；受潮等外观品质不良。一经发现异常第一时间与委托方联系，等待处理结果。不得擅自处理，否则一切责任自负

毛重：28 千克	体积：
外包装种类：箱	件数：7 箱
包装尺寸：	
其他：	

4. 计划跟踪管理

在计划跟踪管理环节中，发车前要检查核对相关资料，如箱单、发票、报关单/非报关单、货物明细清单；提货时要检查货物是否有破损或者变形、受潮等，需及时向当值调度汇报，调度及时与对应客服沟通解决，等待处理通知并拍摄好相应照片；在货物进出保税区时如遇货物查验，需配合现场查验人员与海关人员查验货物（核对货物品名、料号、规格、数量）；如在查验中发现问题，需及时反馈给对应当值调度告知查验异常，调度告知对应客服异常信息，等待处理通知。对于自有车辆要通过 GPS 实时跟踪车辆状态，对于代理车辆，根据送货距离规划送货时间，如在正常的送货时间没能按时到达，要询问具体原因。在货物未到达前，以 15 分钟为间隔，确认车辆状态。在运输过程完成后，需进行完成情况统计与考核，确定汇总分析的形式，并对每日的运输情况做好台账登记，分析自有车辆的使用率及运输代理的分配比例。

5. 紧急情况应对方案

在运输安全计划中，必不可少且至关重要的就是要做好紧急情况应对方案，一般有在运输途中因人为或不可抗力因素发生货损等异常情况，如收货时发现包装、封号破损、货物丢失等情况。如果在运输途中因人为或不可抗力因素发生货损等异常情况，则应进行拍照，以留证包装的完好破损情况，并检查货物数量是否正确，电子锁是否完好无损；如果在收货时发现包装、封号破损等异常情况，则送货司机应及时通知客服部门相关情况，且收货人及代理方要到现场开箱收货，货物破损额度大的应联系保险公司人员。

（二）运输安全相关技术

在运输安全系统管理中，最常用的是电子封条技术。电子封条技术是指能够记录车厢或其他硬包装是否曾经被打开，并且能够在被非法开启的时候自动报警的一种验证货物完整性的鉴别技术。电子封条能够实现对货柜的自动识别，将货物运输中的货柜开关

状态信息记录到电子标签中，成为货物运输信息的载体，在点对点运输过程中实现从始发站到目标站之间货柜未被开启的验证目标。一旦电子封条遭到破坏，计算机监控系统将会收到电子封条遭到破坏的消息。

一般电子封条采取的是物理封条与 RFID（radio frequency identification，射频识别）组件的混合形式，大多数电子封条采用的是被动式和主动式 RFID 技术。主动式封条结合 GPS 技术后，能在集装箱状态发生变化时实时将状态变化发生的时间、地点及周围的环境信息反馈给货主或管理人员，还有一些主动式电子封条能够在损害行为发生时提供即时求救信号。从长远来看，主动式电子封条提高了集装箱运输的安全程度和透明度，使综合运输成本大幅降低。被动式电子封条则具有使用距离短、成本低、一次性的特点。因为被动式封条不能提供持续的电力以检测封条的状态，所以不能检测和记录损害行为发生的时间，只能通过装有阅读装备的供应链节点提供它们完整与否的信息。

电子封条锁通过电脑管理系统可对注册、发行、查验、启封、复用、注销等环节实施严密的监管，解决了传统防伪器材，如铅封、塑胶封、金属封、锁扣封、粘贴封等易被仿制、非法替换、真伪鉴别困难、难管理等问题。电子封条锁安装在货柜车厢开关处，使用方法与传统锁具差别不大，只是在发运前需要一个远距离阅读器对其进行施封，即远程读取电子封条上锁的状态并录入监控系统。电子封条锁具有反暴力拆解报警功能，一旦遭遇外来暴力拆解将主动发出报警信息至监控中心。

电子封条的具体运用流程如下：在始发地，发货方在装完运输货物后，用 RFID 标签锁上货柜门，并用固定式或手持式阅读器发送一串经过加密的指令对其施封。施封成功后，没有专业工具很难人为破坏电子封条锁的锁体，可以抵御在货物运输过程中的非故意擦碰事件。在整个运输过程中，除非破坏锁体结构或破坏集装箱体（肉眼可以轻松鉴别），恶意第三方不可能打开货柜箱体偷运或盗窃货物。当货物到达目的地以后，收货方根据接收到的开锁指令开锁（阅读器联机使用时，开锁指令由监控中心统一发送，如果采用手持阅读器也可以根据一个公用密钥体系在各个终端生成使用）。

（三）短驳运输和长驳运输

1. 短驳运输及其计划流程图

运输部门在制订运输计划时，要根据客服部提供的资料与发送货紧急程度，在仓储部门确认货物数量后，根据货物数量订车（也可用公司已有的车队），考察车辆的安全情况和驾驶员的驾驶资格。司机提货时，运输部门要通知账册部门负责运输车辆在海关卡口的放行情况，正常提货出发后要及时通知收货方货物发货信息和发货时间，直至收货人正常收货。在整个过程中，都有 GPS 全程追踪车辆，以保证货物的安全性。在制订运输计划时，要考虑意外情况的发生，并制订突发意外情况应急计划，以最大限度地降低损失。图 5-5 是短驳运输计划流程示意图。客服部门发送的运输预报通常是指客户的货物运输要求、货物基本信息和客户基本信息。

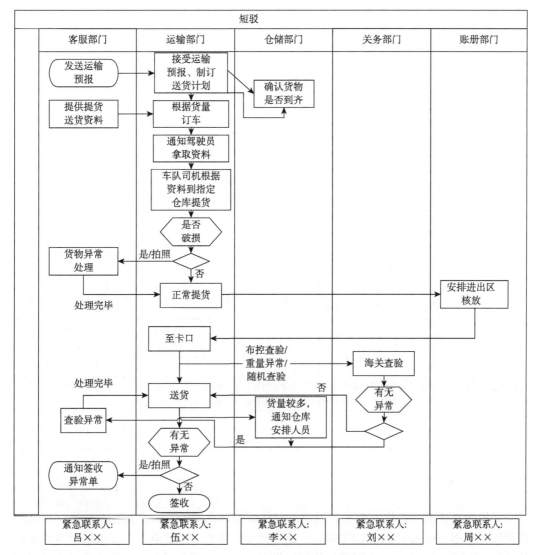

图 5-5　短驳运输计划流程示意图

2. 长驳运输及其计划流程图

运输部门根据客服部门发送的长途运输预报制订用车计划和运输计划，安排干线运输，选择运输路线，同时，通知仓储部门检查货物，检查是否有货物需要重新加工（简称重工）或重新返工。检查完毕（若需重工则为重工完成合格）后，由仓储部门将货物交接给已订好的干线车队，干线车队即时反馈货物运输信息和状态。在货物到达集散点之前，运输部门要根据干线车队反馈的信息提前通知集散点专员做好货物异常检查的准备。

在集散点专员收到并检查完货物，货物合格后，要通知发货方货物检查结果，干线车队要安排短途运输，将货物送至客户端。若客户无送货要求，在集散点专员签收完货物后，则长途运输过程完成，货物由客户到集散点自提。表 5-10 为长途运输货物托运书示例，图 5-6 为长驳运输计划流程示意图。这里需要说明的是，部分特定货物是不允许中途转运和分批的。

表 5-10 长途运输货物托运书示例

长途运输货物托运书					
始发站	重庆		目的地	昆山	
业务编号	16E01××××		发货日期	2016-07-05	
托运人信息	企业名称 （必须全称）	A 物流有限公司			
	联系地址	B 市×综合保税区主卡口海关监管仓库			
	联系人	朱××	手机（非常重要）	1356982××××	
收货人信息	企业名称 （必须全称）	C 精密组件有限公司			
	联系地址	江苏省 D 市××路 198 号			
	联系人	谭××	手机	1859456××××	
货物信息	件数	实际 重量	体积/立方米	计费 重量	品名	包装
	3 托（58 箱）	毛重 642.65 千克			离心 风扇	无
	（此栏必须由计量员填写，数字涂改无效）				破损：	
增值服务	送货上门	卸货网络 自提	时效		原件签收 单退回	1._*_*_CM*_件
			快	慢		2._*_*_CM*_件
	Y	Y				3._*_*_CM*_件
注意事项：承运者应仔细核对承运货物的数量，检查货物包装是否完好无损，有无变形、破损、受潮等外观品质不良， 一经发现异常第一时间与委托方联系，等待处理结果，不得擅自处理，否则一切责任自负						
仓库地址：B 市×综合保税区主卡口海关监管仓库						
备注	送货至工厂					

四、在途监督

保税物流中的货物价值较高，因而要对在运输过程中的货物进行在途监督。狭义的在途监督单指对运输车辆的 GPS 追踪。从广义角度来看，在途监督不仅包括对运输车辆的 GPS 实时跟踪，还包括在交接货物时的箱单、报关单或非报关单、货物托运委托书等单据资料的核对相符。

保税物流企业在发货时，对运输车辆的选择也有严格要求，运输车辆必须是经海关核实检查过的企业自有车队或海关监管车辆。运输司机根据手中的货物箱单、报关单或非报关单到保税仓库提取货物，在单据信息与发货方数据一致时方能提取货物。货物安全装车后，运输部门将订车单、发货时间、车辆信息等及时反馈给收货人，同时对运输货物车辆进行 GPS 实时跟踪，运货车辆到达指定地点后，收货人核对其单据与货物信息，以及其单据与司机手中单据信息一致时才签收货物，且送货司机需在单据上签署个人姓名。整个过程中，单据信息一致、单据与货物信息一致及 GPS 追踪是在途监督系统的关键节点。

需要注意的是，海关的在途监督系统中，GPS 追踪只能跟踪运输车辆的地理位置，并不能监督到货物的具体情况。为了保证货物的安全，发货方、承运方会在装货车厢锁头处装上塑胶海关锁（关锁），海关锁是指海关对转关货物及运输海关监管货物进行安全性检测，保证

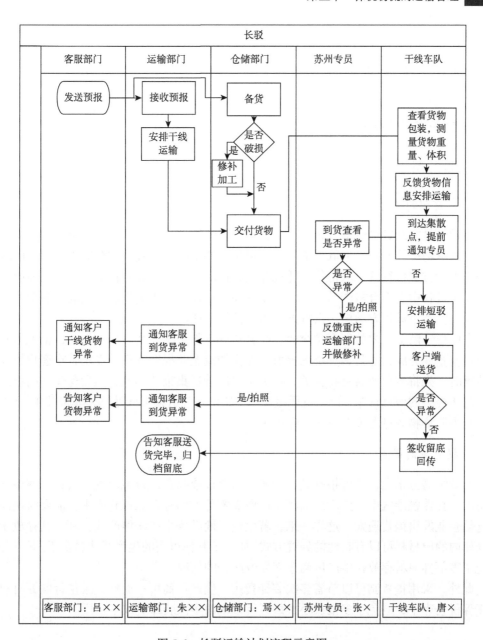

图 5-6　长驳运输计划流程示意图

货物在运输过程中的安全性而采用的国际海关全球通用的万能专用钥匙。一旦收货人发现货物在到达指定地点时塑胶海关锁已被破坏就可拒收货物。此处的关锁不同于电子封条锁，电子封条锁结合了 RFID 技术，可智能反馈电子封条锁的状况，而塑胶海关锁不能智能反馈信息，收货人只能根据关锁是否被打开过（因为关锁是一次性的）来确认货物是否被开过箱。

　　对于保税港区、保税港区与保税区之间的海关监管货物运输，一般还会限定运输时间，即限定运输车辆从出发地到指定目的地的在途运输时间不得超过限定时间，以此进一步加强对运输货物的在途监管。

第四节　提货与交付管理

一、提货制与交付制

（一）提货制

1. 提货制的概念

提货制是指发货单位将货物运送到客户指定集散点，由客户自行到指定地点提取货物的一种货物交接方式。采取提货制时，提货方要根据双方签订的合同中所规定的时间期限向供货方支付货款，取得信用凭证并以此提取货物。提货方在提取货物之前应先验货，以防货物中有不合格产品，造成后期的往返运输。提取货物后发生的运杂费和货物损耗损失，都由提货方承担，供货方不承担任何责任。

在保税（港）区内的生产型企业，原材料等货物进出保税区需先报关，报关通常由保税物流企业完成，并负责货物的提取。保税物流企业根据客户的需求，在客户发出订货需求时，先将客户所需货物报关，报关可采取分送集报的形式，然后运输部门根据客服部门所提供的信息订车，让司机凭报关单（如果是分送集报此处则为非报关单①）到保税外仓提取货物通过海关卡口进入保税区。

2. 提货制的优点

对货物需方来说，其可根据其自身实际需要提取物资，避免出现物资积压或不适用的情况。在保税港区中，生产厂商将生产所需零部件储存在保税仓库中，需要时便向保税仓储企业发出提货通知。这样一来，若生产厂商某条生产线停产或更新，其存放于保税仓库内的原材料可以有其他的处置方式，如用于其他可用的生产线或转卖于别的厂商，避免了零部件原料存放在生产厂商仓库导致滞仓的情况。

此外，采用提货制可以节省多次装卸费用。生产厂商可一次性大批量订购原材料存放于保税仓库中，避免了多批次小批量订货带来的多次装卸货成本费用。

（二）交付制

交付制是指卖方根据买卖双方合同规定的时间、地点和方式将合同规定的货物交付给买方。从法律角度来讲，交付货物是指卖方自愿地将其对货物的所有权转移给买方。若卖方将货物委托给具体的承运人，与之相对应的运输途中货物缺失或损毁的风险也相应地由承运人承担。

---

① 非报关单不是报关单，它是指没有走完程序，只是在海关备案、录入了数据的货物数据表单。非报关单到了一定周期后可以进行集中报关，即分批送货、集中报关。

在保税物流中，保税物流企业扮演的角色之一就是承运人。当卖方将货物运输到买方所指定的保税仓库处时，保税物流企业要负责查验货物的数量、质量、件数等是否与买方所提供的信息一致，是否与卖方提供的信息一致。若均一致，则签收存储货物。保税物流企业存储该货物期间，相应的货物损毁、丢失的风险也就由卖方转移至承运人。

（三）提货制与交付制的区别与联系

1. 货物交接地点不同

提货制中，承运方或卖方只需将货物运到指定仓库或集散点，集散点专员签收后，即卖方履行完双方买卖合同上卖方的义务，由买方或买方的委托方到集散点提取货物。在交付制中，卖方需将货物运送到买方处或买方指定地点。

2. 运费承担人不同

一般情况下，交付制的运费由卖方承担，运费包含在买卖双方合同下。提货制的运费由买方承担，在保税物流中，这一费用和报关相关费用由买方支付给保税物流企业，然后保税物流企业为买方进行报关、提取货物。

3. 运输风险承担人不同

在货物运输过程中，存在着货物损坏和丢失的风险。在提货制中，该运输过程中的风险由买方承担。在交付制中，该风险由卖方或卖方的委托方承担，货物到达买方指定的第三方仓库时，风险转移到第三方。

4. 检斤地点不同

检斤计量通常是指在大量购买某种货物后进行的一种计量方式。先在地磅上称出载货物整车重量，然后计量空车的重量，重量差即货物重量。

提货制中，检斤地点在购入方所在地或指定货物集散点；交付制中，检斤地点在卖方所在地，或在卖方的委托方所在地。在实际情况下，不管是交付制还是提货制，买卖双方或承运人都会进行货物检斤，以尽可能降低货物缺失或损坏的风险。通常情况下，依据货物性质的不同，允许货物过磅的重量在不同检斤地点存在一定范围的误差。

二、提货与交付流程

保税（港）区内的生产型企业（保税物流企业的客户）向保税物流企业发出订单需求，物流企业的客服部门在接到客户的订单后，向运输部门转达客户订单需求及相关客户信息，运输部门根据该信息制订运输计划，确定车型和司机，同时转达仓储部门，通知仓储部门检查货物的数量及货物是否完好无损，然后通知司机到运输部门领取报关单（若是分送集报则为非报关单）、运输货物箱单/出货单明细表到保税外仓提取货物，保税外仓对应负责人员在核对双方单据信息一致后方准许司机提货。

提货时需要注意的是，一旦司机在提货时发现货物包装破损，应拍下破损包装货物的照片，并及时反馈给运输部门，寻求解决方法。

司机提货完成后，应及时反馈给运输部门，由运输部门通知账册部门负责运输车辆在进入保税（港）区卡口时的核放。司机将货物运送至保税区卡口时，应减速停下，若前方有车辆等候，则应依次排队等候进入卡口。到达卡口车辆过地磅时，司机（车上人员）应下车，并在卡口旁边的读卡器上刷卡读取报关信息，同时地磅会对车辆进行称重，读卡完成后，进入保税区内，将货物运送至客户指定地点，这些地点通常是客户工厂所在地的仓库。司机可提前也可在到达客户仓库后通知客户方的相关负责人查验签收货物；若客户仓库的月台前均有送货车辆，则需排队等候。客户验货时，司机应主动打开车厢，协助客户进行货物查验，查验完成后，客户方的负责人需在运输货物箱单上签字。至此，交付过程完成。

送货司机成功交付货物后，应从进入保税区的同一卡口出保税区，司机车辆达到卡口时，司机（车上人员）需下车刷卡，同时车辆过地磅，信息核对一致后卡口将自动放行。海关监管系统会将该信息反馈给相应的保税物流企业，司机将行车记录返送至运输部门，至此整个提货与交付过程完成。

【案例 5-5】

运输合同纠纷

2021 年 7 月，中国 A 贸易有限公司与美国 B 贸易有限公司签订了一箱出口货物合同，合同中双方约定货物的装船日期为 2021 年 11 月×日，以信用证方式结算货款。合同签订后，A 贸易有限公司委托 C 海上运输公司运送货物到目的地美国纽约港。但是，由于 A 贸易有限公司没能很好地组织货源，直到 2022 年 2 月才将货物全部备妥，于 2022 年 2 月 15 日装船。A 贸易有限公司为了能够如期结汇取得货款，要求 C 海上运输公司按 2021 年 11 月的日期签发提单，并凭借提单和其他单据向银行办理协议手续，收清全部货款。

但是，当货物运抵纽约港时，美国收货人 B 贸易有限公司对装船日期产生了怀疑，遂要求查阅航海日志，C 海上运输公司船方被迫交出航海日志。B 贸易有限公司在审查航海日志后发现该批货物的真正装船日期是 2022 年 2 月 15 日，比合同约定的装船日期要晚 3 个多月，于是 B 贸易有限公司向当地法院起诉，控告 A 贸易有限公司和 C 海上运输公司伪造提单，要求法院扣留 C 海上运输公司的运货船只。

第五节　中国进出口情况

一、进口及其流程

1. 进口的概念

进口是指向非居民购买生产或消费所需的原材料、产品和服务。进口的目的是获得更低成本的生产投入，或是谋求本国没有的产品和服务的垄断利润。

2. 进口的流程

进口的流程如图 5-7 所示。

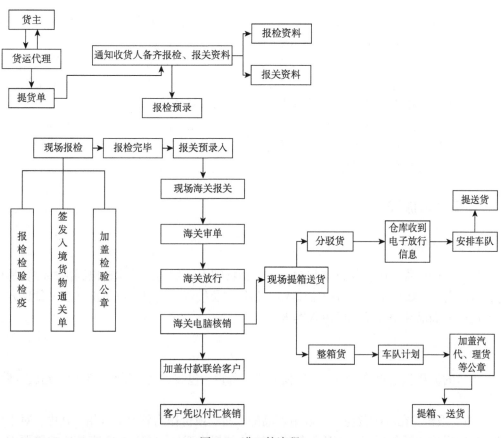

图 5-7 进口的流程

（1）进口货物的收货人或其代理人应自运输工具申报进境之日起 14 日内，向进境地海关申报转关运输。

（2）申报货物转关运输时，进口货物的收货人或其代理人应填制《中华人民共和国海关进口转关运输货物申报单》（简称《申报单》），并交数据录入中心录入海关计算机报关自动化系统，打印成正式的《申报单》一式三份。

（3）进口货物收货人或其代理人应如实向海关申报，并递交《申报单》、指运地海关签发的进口转关运输货物联系单、随附有关批准证件和货运、商业单证（如货物的提单或运单、发票、装箱单等）。

（4）进口货物收货人或其代理人申请办理属于申领进口许可证的转关运输货物，应事先向指运地海关交验进口许可证，经审核后由指运地海关核发进口转关运输货物联系单，并交申请人带交进境地海关。

（5）进境地海关在接受进口货物收货人或其代理人申报递交的有关单证后，要进行核对。核对后，要将上述有关单证制作关封，交进口货物的收货人或其代理人。

（6）进口货物的收货人或其代理人要按海关指定的路线负责将进口货物在规定的时限内运到指运地海关，向指运地海关交验进境地海关签发的关封，并应在货物运至指运地海关之日起 14 日内向指运地海关办理报关、纳税手续。

（7）指运地海关在办理了转关运输货物的进口手续后，按规定向进境地海关退寄回执，以示进口转关运输货物监管工作的完结。

（8）来往港澳进境车辆装载的转关运输货物，由车辆驾驶人员向进境地海关交验载货清单一式三份，并随附有关货运、商业单证，进境地海关审核后制作关封交申请人带交出境地海关，由出境地海关负责办理该车辆及所载货物的监管手续。

（9）保税仓库之间的货物转关手续，除应按办理正常的货物进出保税仓库的手续外，也按上述（1）、（7）的程序办理手续。但在填报《申报单》时，在"指运地"一栏应填写货物将要存入的保税仓库名称。

二、出口及其流程

1. 出口的概念

出口，即运货出国，与进口相对应，是指将国内的货物或技术输出到国外的贸易行为，包括商品（如汽车）、服务（如运输）和贷款及投资的利息。进口正好是一种反方向的流动——商品和服务从别国流入本国。

2. 出口的流程

出口的流程包括报价、签约、付款方式、备货、包装、通关手续、装船、运输保险、提单、结汇。

（1）报价。在国际贸易中一般由产品的询价、报价作为贸易的开始。其中，对于出口产品的报价主要包括产品的质量等级、产品的规格型号、产品是否有特殊包装要求、所购产品量的多少、交货期的要求、产品的运输方式、产品的材质等内容。比较常用的报价有 FOB（free on board，离岸价）、CNF（cost and freight，成本加运费）、CIF（cost insurance and freight，成本、保险费加运费）等形式。

（2）签约。贸易双方就报价达成意向后，买方正式订货并就一些相关事项与卖方进行协商，双方协商认可后，需要签订购货合同。在签订购货合同过程中，双方主要对商品名称、规格型号、数量、价格、包装、产地、装运期、付款条件、结算方式、索赔、仲裁等内容进行商谈，并将商谈后达成的协议写入购货合同。这标志着出口业务的正式开始。通常情况下，签订购货合同一式两份并由双方加盖本公司公章生效，双方各保存一份。

（3）付款方式。比较常用的国际付款方式有三种，即信用证付款方式、电汇（telegraphic transfer，TT）付款方式和直接付款方式：①信用证付款方式。信用证分为光票信用证与跟单信用证两类。跟单信用证是指附有指定单据的信用证，不附任何单据的信用证称为光票信用证。简单地说，信用证是保证出口商收回货款的保证文件。需要注意的是，出口货物的装运期限应在信用证的有效期限内，信用证交单必须在不迟于信用证的有效日期内提交。国际贸易中信用证付款方式居多，信用证的开证日期应当明确、清楚、完整。中国的国有商业银行，如中国银行、中国建设银行、中国农业银行、中国工商银行等，都能够对外开立信用证（这几家主要银行的开证手续费都是开证金额的1.5‰）。②电汇付款方式。电汇付款方式是以外汇现金方式结算，由客户将款项汇至企业指定的外汇银行账号内，可以要求货到后一定期限内汇款。③直接付款方式。其是指买卖双方直接交货付款。

（4）备货。备货在整个贸易流程中，处于举足轻重的重要地位，须按照合同逐一落实。备货的主要核对内容如下：①货物品质、规格，应按合同的要求核实；②货物数量，应保证满足合同或信用证对数量的要求；③备货时间，应根据信用证规定，结合船期安排，以利于船货衔接。

（5）包装。根据货物的不同来选择包装形式（如纸箱、木箱、编织袋等）。不同的包装形式，其包装要求也有所不同。包装有两种标准：①一般出口包装标准，根据贸易出口通用的标准进行包装；②特殊出口包装标准，根据客户的特殊要求进行出口货物的包装。在进行货物的包装时，应对货物的包装和唛头（运输标志）进行认真检查核实，使之符合信用证的规定。

（6）通关手续。通关手续极为烦琐又极其重要，如不能顺利通关则无法完成交易。办理通关手续时，属于法定检验的出口商品须办理出口商品检验证书。我国进出口商品检验工作主要有四个环节：①接受报验。报验是指对外贸易关系人向商检机构报请检验。②抽样。商检机构接受报验之后，及时派员赴货物堆存地点进行现场检验、鉴定。③检验。商检机构接受报验之后，认真研究申报的检验项目，确定检验内容，并仔细审核合同（信用证）对品质、规格、包装的规定，弄清检验的依据，确定检验标准、方法（检验方法有抽样检验、仪器分析检验、物理检验、感官检验、微生物检验等）。④签发证书。在出口方面，凡列入《商检机构实施检验的进出口商品种类表》的出口商品，经商检机构检验合格后，签发放行单（或在出口货物报关单上加盖放行章，以代替放行单）。

此外，办理通关手续必须由持有报关员资格证书的专业人员，持箱单、发票、报关委托书、出口结汇核销单、出口货物合同副本、出口商品检验证书等文本去海关办理通关手续。其中，箱单是由出口商提供的出口产品装箱明细；发票是由出口商提供的出口产品证明；报关委托书是没有报关能力的单位或个人委托报关代理行来报关的证明书；出口核销单由出口单位到外汇管理局申领，是有出口能力的单位取得出口退税的一种单据；商检证书经过出入境检验检疫部门或其指定的检验机构检验合格后得到，是各种进出口商品检验证书、鉴定证书和其他证明书的统称，是对外贸易有关各方履行契约义务、处理索赔争议和仲裁、诉讼举证、具有法律依据的有效证件，同时也是海关验放、征收关税和优惠减免关税的必要证明。

（7）装船。在货物装船过程中，托运人可以根据货物的多少来决定装船方式，并根据购货合同所定的险种进行投保。其有以下方式可选择：①整装集装箱；②拼装集装箱，拼装集装箱一般按出口货物的体积或重量计算运费。

（8）运输保险。通常双方在签订购货合同中会事先约定运输保险的相关事项。常见的运输保险有海洋货物运输保险、陆空邮货物运输保险等。其中，海洋货物运输保险条款所承保的险别，分为基本险别和附加险别两类。

（9）提单。提单是出口商办理完出口通关手续、海关放行后，由外运公司签出、供进口商提货、结汇所用单据。所签提单根据信用证所提要求份数签发，一般为三份。出口商留两份，一份用以办理退税等业务，一份寄给进口商用以办理提货等手续。进行海运时，进口商必须持正本提单、箱单、发票来提取货物（须由出口商将正本提单、箱单、发票寄给进口商）。若是空运货物，则可直接用提单、箱单、发票的传真件来提取货物。

（10）结汇。出口货物装运之后，进出口公司即应按照信用证的规定，正确缮制箱单、发票、提单、出口产地证明、出口结汇等单据。在信用证规定的交单有效期内，递交银行办理议付结汇手续。除采用信用证结汇外，其他付款的汇款方式一般有电汇、票汇（demand draft，DD）、信汇（mail transfer，MT）等方式，由于电子化的高速发展，现在主要采用电汇方式。

第六章

保税物流的仓储管理

保税仓库必须具备海关监管条件，保税仓库的负责人要严格遵守海关规定，对海关负责。保税物流的仓储管理是对保税仓库中的保税货物进行入库、在库和出库管理，并且在传统的仓库管理内容之外，还需建立仓库货物的详细列表（称为账册）传送至海关，以方便海关对保税区内保税仓储企业的货物进出库进行监管和控制。

■ 第一节　保税仓库介绍

保税仓库是为适应国际贸易中的时间和空间差异的需要而设置的特殊库区，货物进出该库区可免交关税。保税仓库还提供其他的优惠政策和便利的仓储、运输条件，以吸引外商的货物储存和包装等业务。保税仓库的功能多样，主要是货物的保税储存，一般不进行加工制造和其他贸易服务。除此之外，保税仓库还具有转口贸易、简单仓储加工和增值服务等功能。

其中，转口贸易是指国际贸易中进出口货物不是在生产国与消费国之间直接进行，而是通过第三国进行的买卖。例如，美国与中国进行一宗交易，但是货物不直接从美国运往中国，而是先运往新加坡，再从新加坡运往中国。对于新加坡来说，这笔交易就是转口贸易，一般在保税区内进行。

简单仓储加工是指在保税仓库内进行分拣、包装、装卸等物流活动，针对货物的物流属性（如把货物放至相应货架、单元化货物等）的改变进行简单加工。相应地，该类物流操作也可以相应地提高货物的价值，达到增值的效果。

一、保税仓储的政策优惠

保税仓储企业的优惠政策包括以下几点。

（1）在保税区内，允许中外企业开设外汇账户，实行现汇管理。企业经营所得的外汇扣除应纳的税金后，剩余部分在企业成立五年内全部归企业所有。

（2）在保税区内进行国际货物进出口贸易，可免除进出口许可证。

（3）保税区内企业可从事国际转口贸易和代理国际贸易业务。

（4）保税区内各保税仓库和工厂内的货物可以买卖，也可通过保税生产资料市场与区外企业进行交易。

二、保税仓储的税收优惠

投资保税区的中外企业具体可享受以下优惠政策。

（1）从境外进入保税区的货物，可免征关税和增值税。

（2）从非保税区进入保税区的货物，凡符合出口条件的[①]，免征生产环节的增值税，或退还已征的产品税。

（3）对于保税区内的企业生产的产品，当运往境外及在区内销售时，免征关税和生产环节的增值税。

（4）允许与中国有贸易往来的外国商船在保税区内指定的泊位上停靠，装卸货物或进行中途补给等。

三、保税仓储的积极效应

1. 带动区域经济的发展

保税区已经形成营利的规模效应，经营业绩节节攀升。同时，政府综合服务环境的改善和财政扶持力度的加大，使企业的生产经营成本不断降低，从而推动投资企业的经济效益持续增长，促使保税区综合经济持续、健康地发展，形成双赢的局面，为地区经济稳定发展起到了重要的推动作用，也实现了保税区当初的设区目的。

2. 促进物流业的发展

随着保税区产业功能布局的调整，全国各保税区都把发展物流业作为推动保税区经济发展的重要工作。尤其是在众多贸易企业的支持下，保税区现代物流业得到了显著的发展。

3. 吸引跨国公司的入驻

保税仓储的良好运作环境、高质量的服务水平及丰厚的经济效益，吸引了世界著名跨国公司的入驻。截至 2020 年 4 月底，全国共有海关特殊监管区域 151 个。其中，保税港区 11 个，综合保税区 119 个，特殊综合保税区 1 个（上海洋山特殊综合保税区），保税物流园区 4 个，保税区 9 个，出口加工区 5 个，珠澳跨境工业区（珠海园区）1 个，中哈霍尔果斯国际边境合作中心（中方配套区）1 个。

综上所述，一方面，保税区的发展推动了我国的经济建设；另一方面，保税区也为区内企业提供了创造效益的经济平台。因此，保税区的成功既反映在其区域和宏观经济

---

① 只要是合法企业都可以自由办理进出口权，没有注册资金和年对外贸易额的限制。

绩效上，也体现在保税区企业的实际运作效率上。

第二节 仓储环境

一、仓储安全

（一）周界安全

周界是指管理对象与外界连接的边界，如图 6-1 所示。

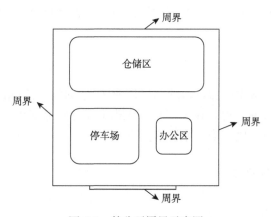

图 6-1 某公司周界示意图

在保税仓储管理中，管理对象是指保税仓储企业的库房及其周边附属区域，如停车场、户外储存区等，为了防止其他企业或个人有意或者无意窥探和盗窃保税仓储企业的核心商业机密，保税仓储企业需对库房及其周边附属区域利用人员或电子设备进行监管，以保证保税仓储企业的物理和商业安全。

1. 周界物理性安全防护

周界物理性安全是指利用围栏或其他物流手段将库房及其周边附属区域与外界相隔离，如仓库四周和库房顶部的所有窗户及开口有防盗窗等物理安全设施。仓库一楼窗户装有栅栏等抗撞击设施保护措施；装卸货区大门结实，能够阻碍或缓解外部力量的撞击，如手工工具或车辆撞击等；出口大门有采用加固手段的卷帘门和门框；进入办公区域的楼梯设有栏杆；等等。

2. 周界电子性安全防护

周界电子性安全是指采用电子监控等现代化手段对办公区域、仓库作业区域、仓储货物检测区域进行电子监控，以保证仓储货物、工作人员安全。所有设施的对外通道都安装报警装置并且连接到主报警系统。设施的报警系统须有两种通信方式，如座机、手机或卫星电话等，以保证其中一种通信方式出现故障，另一种通信方式能够将信号连接到主监控室或替换监控室。

（二）办公区域安全

1. 办公区入口

访客进出办公室由指定的员工、门卫、接待员进行引导，从事该类工作的员工需经过相关培训，并在进行引导工作时佩戴胸卡，辅助来访人员进行访客登记、说明安全须知等；访客进出办公室通过闭路电视（closed circuit television，CCTV）监控系统进行监控；访客进出办公室通道通过门禁卡进行安全控制；如果有非授权人员进入，保税仓储企业工作人员有权利和义务制止访客窥探和盗窃保税仓储企业商业机密和威胁工作人员安全的行为。

2. 办公区进出

保税仓储企业员工进出办公区域或仓储作业区域都必须进行指纹识别操作且 CCTV 监控系统全面覆盖办公室通道。在工作时段或非工作时段都有相应的进出制度，以确保只有被允许的工作人员、供应商及来访客人进出。

（三）存储及收发货区安全

1. 收发货区物理性安全防护

仓库作业区围栏覆盖货物搬运区域，收货和发货区域，围栏高度不低于 2.4 米且安装电子报警系统；围栏完整和破损状况由专人检查，以确保围栏保持良好状态；进出仓库作业区域的电子门由电子操作和控制；仓库作业区有围栏保护，且有专人进行出入控制。

2. 收发货区电子性安全防护

CCTV 监控系统能覆盖整个收货和发货区域、外部区域及外围设施的周界，以监视货物、车辆及人员的进出和移动。收货和发货区域由库房外部的 CCTV 监控系统覆盖，可以监视货物、车辆和人员的移动，确保所有的车辆和人员可以辨认。CCTV 监控系统须至少三个月进行一次全面维护和保养，并且形成书面报告。

3. 安全防护辅助设施

在夜晚进行收发货作业时，有泛光探照灯照亮装卸货区，探照灯强度能够满足夜晚装卸、搬运工作，避免出现人员伤亡事故，以及光线不足导致的货物在搬运和装卸过程中出现破损等意外情况。此外，外部与内部的照明等级支持高质量的 CCTV 影像与记录。

4. 存储区员工进出安全防护

确保各进出口均有安保人员或设施控制；办公区域与仓库质检区域的进出由门禁控

制；有进入员工名单且根据需要经常更新且确保只有授权的员工才能进入。

5. 存储区访客进出安全防护

只有工作需要，经授权和员工陪同的访客才能通过或进入仓库且进入仓库工作区域。

6. 外部收发货区和仓库大门安保设施

仓库和收发货区的对外大门除正常进出外一律关闭；当大门长开或被强制打开时有相应的报警机制并连接到监控室。

（四）贵重物品存储区安全

保税仓库设有贵重物品存储区且区域四周及顶部有围栏防护。有 CCTV 监控系统 24 小时监控所有外部及内部存储区域；贵重物品存储区门上有报警装置。贵重物品存储区进出有门禁制度管控，管控名单定期检查和更新。

（五）电子信息安全

电脑可以设置开启和关闭密码权限，防止非企业员工或其他无权知晓内部信息的人员窥视和盗窃公司内部绝密信息。电脑设置锁屏功能，超过 1 分钟自动锁屏或工作人员离开时手工进行锁屏操作。个人拥有邮箱和系统等账号、密码并且至少每月更新一次，以防止他人剽窃信息。电脑统一安装公司指定的信息防护系统，防止外来病毒盗取保税仓储企业的核心机密及信息。

（六）CCTV 区域覆盖

CCTV 监控系统的储存方式为 MP4 或 AVI 格式的视频，在监控过程中执行实时录像且录像系统以每秒 5 帧连续录像模式进行录像；CCTV 监控装置放置在特定区域以防止恶意逃避监控。CCTV 监控系统实行人员 24 小时轮流值班，并且值班地点隐秘，保证录像视频及值班人员安全。进入报警系统由程序文件管控。CCTV 监控系统会 24 小时实时报警，监控人员在报警 3 分钟内做出响应。内部装卸货区由彩色 CCTV 监控系统进行监控，能清楚监控库门开启和装卸货的画面。对顾客指定的货物做到从装卸货区到贵重仓进行 100%清晰的 CCTV 监控。确保安全报警系统有 90 天的记录且报警记录备份妥善存放。特殊办公区域有实时 CCTV 监控，以防止特殊事故发生。

（七）其他安全程序

1. 收发货异常处理办法

收发货时，当发现货物有安全问题时，应第一时间与司机共同确认破损情况，签订货物破损报告，备注货物包装情况，司机随货单据、破损报告与入库任务清单的备注描述应一致，采集现场图片并将图片传递至客服人员。当存在溢短装或遗失时，保税仓库保证在 12 个小时内将短缺货物信息报告给客服人员。

2. 人员安全管理

保税仓储企业拥有顾客及内部管理人员安全紧急联络名单，且联络名单定期及时更新，安全紧急联络名单包含执法部门的电话。所有员工接受过安全意识（包括反抢劫响应和质询身份不明人员等技能）培训且培训过程和结果有记录可查询。企业员工在审核后都必须佩戴有照片的身份牌。有规范化的程序限制供应商的员工、访客和服务外包商接近客户货物，且书面程序保持有效贯彻执行。有访客需佩戴访客证的规定且有员工陪同制度；所有访客登记记录表每日更新一次且登记记录至少保存 60 天。有完善的员工、合同工的终止聘用的规定，要确认员工的工牌、出入证、钥匙及其他敏感资料全部归还，并及时改变警报密码及取消相关权限。

3. 货物安全管理

对运输单据等信息进行控制，确保仅限于必须知道客户财产信息的员工且有权限接近客户财产的运输单据/信息的员工知晓该类信息，并对该类员工进行信息安全意识培训。对产品货物运输及存放区域的钥匙进行严格管理控制，叉车及货车钥匙必须存放于办公室钥匙柜子里，必须经安保人员同意并签字确认后方可领用。仓库及库存区垃圾必须根据规定例行检查且必须在 CCTV 监控下进行垃圾打包处理。私人物品禁止进入仓库有书面管理机制。离开存放产品货物区域人员有须经安保人员进行货物及人身安全检查机制和书面检查的规定。运输车辆和司机、跟车员须在实际货物装卸作业完毕后立即驶离收发货区域，将车辆停放在指定位置后再完善相关单据。所有叉车、手工千斤顶、码托盘机及其他货物操作设备在非工作时间内上锁并由专人保管。

二、保税仓库温湿度环境

货物由于其本身特性的不同，对温湿度有一定的适应范围，超过这个范围，货物质量就会发生变化。在存储过程中，如果仓库温湿度控制不好，货物就易发生各种变质现象。保税仓储企业应根据库房存储货物的性能要求，适时采取密封、通风、吸潮等各种控制和调节温湿度的办法，力求把仓库温湿度保持在适合货物存储的范围内。控制温湿度的方法有以下几种。

（一）密封

密封就是把容易受潮、由于温度不适而变质的物品（如电脑主板、晶体二极管、牛奶等）尽可能严密地封闭起来，减少外界不良气候条件的影响，以达到安全保管的目的。货物密封后的状态如图 6-2 所示。

图 6-2　货物密封后的状态

密封保管应注意以下事项。

（1）密封前要检查物品质量、温度和含水量是否正常，如发现发霉、生虫、发热、水淞等现象时不能进行密封。物品含水量超过安全范围或包装材料过潮，也不宜密封。

（2）密封时间要根据物品的性能和气候情况决定。怕潮、怕溶化、怕发霉的物品，应选择在相对湿度较低的时节进行密封。

常用的密封材料有塑料薄膜、防潮纸、油毡纸、芦席、热封薄膜、弹性缠绕薄膜、密封纸板箱、金属罐头盒及复合容器等。密封材料必须干燥清洁，无异味。密封常用的方法有整库密封、小室密封、按垛密封、按货架和托盘密封等。

（二）通风

通风就是利用仓库内外空气温度不同而形成的气压差，使仓库内外空气形成对流，从而达到调节仓库内温湿度的目的。按照空气流动所依靠的动力分为自然通风和动力通风。

自然通风的动力是室内外空气温度差所产生的热压和室外风的作用所产生的风压。这两种因素有时单独存在，有时同时存在。风的大小和方向是不断变化的，因而自然通风的通风效果不稳定，但是自然通风不消耗能源，是一种经济的通风措施。利用自然通风时，需对仓库所处地区的风向进行长期统计，在迎风面的墙壁及相对的墙壁开设通风口，如图 6-3 所示。

图 6-3　自然通风口开口示意图

动力通风是指采用风机，将室内外空气进行强制交换，同时进行消音、空气净化、气体热交换等工作。动力通风通常需要机械设备的辅助，主要有轴流式风机和离心式风机，如图 6-4 和图 6-5 所示。

图 6-4　轴流式风机　　　　　　　图 6-5　离心式风机

　　无论是离心式风机还是轴流式风机都需要在固定的位置开设排风口，以保证仓库内部的湿气和热气能够顺着排风管经过排风口排出，保证仓库内部的温度和湿度适合货物的储存。

（三）吸潮

　　在梅雨季节或阴雨天，当仓库内湿度过大，不适宜物品保管，而仓库外湿度过大，也不宜进行通风散潮时，可以在密封仓库内用吸潮的办法降低库内湿度。仓库中通常使用的吸潮剂有氯化钙、硅胶等，按照应用环境的不同，使用的方法也不一样。

　　在小区域内使用时，吸潮剂直接放在瓶、罐或其他密闭的小袋中，使小环境中的物品保持干燥，如将瓶装或袋装的吸潮剂放置在小包装的笔电产品中，保持货物的干燥。

　　在大区域内使用时，吸潮剂应放置在容易产生水分的区域，在源头控制湿度，并在靠近货物的地方放置吸潮剂，以保证吸潮剂的吸潮效果。

　　此外，仓库普遍使用机械吸潮的方法，吸湿机是把库内的湿空气通过抽风机，吸入吸湿机冷却器内，使其凝结为水排出，如图 6-6 所示。

图 6-6　吸湿机示意图

第三节　入库管理

一、入库前准备

（一）明确入库商品信息

商品在入库之前，通过运输、搬运、装卸、堆垛等作业，可能受到雨淋、水湿、沾污或操作不慎，以及在运输中震动、撞击，致使货物或包装受到损坏，通过入库验收就能及时发现，以分清责任界限。

商品在入库中，仓库业务管理人员应认真查阅入库货物资料，如出库委托书、报关单、质检报告等，掌握入库货物的品种属性、规格、数量、包装状态、单件体积、到库时间、货物存放周期、货物的物理或化学属性、保管的湿度和温度等要求，根据货物的实际特性安排合适的库位及货架。若承运人为某物流公司，则该物流公司应根据供货商要求安排运输车辆，在规定时间内到达指定地点提取相关货物，生成箱单发票信息并回执至供货商处。

在货物在运阶段，客服人员将货物运输信息定期反馈至供货商处，以便供货商根据自身需求做相关工作。客服人员在接到客户到货信息当日做系统预录入工作，生成在途货物信息和在途报表。同时，客服人员通知关务部门做报关工作。关务部门在货物到达保税区前做好报关准备工作，并将相关信息反馈至客服人员，由客服人员告知供货商和对应客户。客服人员于系统创建订单时间的次日对系统数据、报表数据和货物资料三方信息进行二次核对，确保信息准确有效。如有需要更新在途货物信息（产品料号、货物规格、出货数量等），由客服人员以邮件为依据更新系统和报表数据，同时邮件通知仓库的系统操作员。如有供货商或客户根据实际情况需求取消货物运输或直接取消订单业务的情况，客服人员需取得对应窗口邮件确认并内部审核后，以邮件形式提供相关说明资料给仓库对应操作人员，再由仓库对应操作人员及时将系统订单取消或删除。通过企业内部窗口、供货商或客户端告知急料信息，立即更新系统信息，对订单优先级和备注信息做更新维护，客服人员以有效途径及时跟催和反馈货物信息，仓库做好前期准备工作。

（二）准备搬运、验收工具

仓库管理人员应根据货物、货位、设备条件、仓储操作人员等实际仓储情况，合理科学地制定卸车搬运工艺，提前准备叉车、托盘、纸箱、缠绕膜等包装和搬运工具，保证货位的卸货和搬运效率。此外，仓库管理人员需提前准备好货物入库所需的所有验收单据和入库凭证、台账、单证、开箱刀具、磅秤等验收工具，以提高货物验收效率。

（三）明确入库商品信息系统操作

本书所采用的操作系统由某合作企业提供，该系统由该企业自主研发，其中各项功能在不同的保税仓储系统中可能不尽相同，但是其中的逻辑涵盖了在仓储管理过程中所涉及的各项流程，读者可在理解相关保税仓储管理理论的基础上，根据实际工作岗位提供的系统进行进一步学习。

1. 信息查询

在系统默认状态下分别以业务编号【参考编号】、货物料号【产品】等货物信息进行系统订单查询操作，判断订单是否已创建，防止重复做单现象发生。具体操作界面如图 6-7 所示。图 6-7 所用的是上海富勒信息科技有限公司的仓库管理系统（warehouse management system，WMS）。除了该公司以外，还有昆山华东信息科技有限公司等可提供该软件。

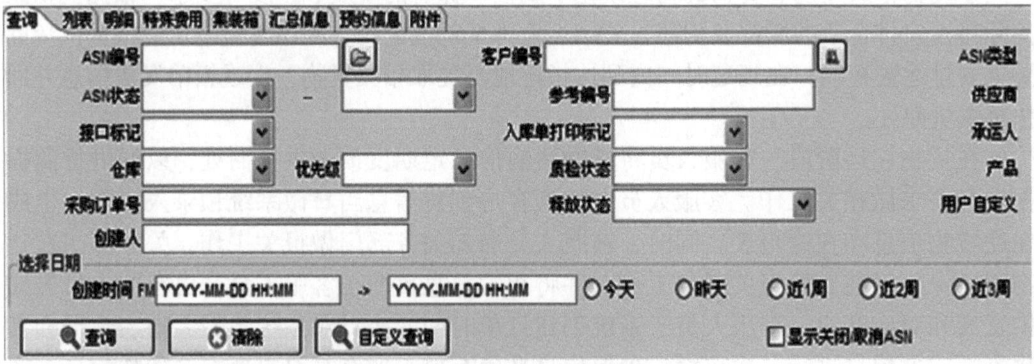

图 6-7　信息查询操作界面

网络页面中，ASN 是系统自动生成的一个计数编号，如 ASN1604120055，可获得的信息是 2016 年 4 月 12 日第 55 票；【ASN 类型】主要是指报关类型（如逐笔或分送集报）；【ASN 状态】主要显示此票货物是否系统收货等状态情况；【优先级】为此票货物的缓急程度；【客户编号】为厂商代码（一般为 6 位纯数字代码或纯字母代码加特殊符号，如 233439，WTS#TIC，此代码由客户提供）；【释放状态】控制此票货物在系统中创建数据后是否可改动；【创建时间】为此票货物的系统预录入创建时间。

2. 明细录入

在系统默认状态下依次为主信息、运输、结算人、承运人、下单方、供应商、接口、用户自定义和其他对应的信息，然后保存信息。具体操作界面如图 6-8 所示。

部分参数见图 6-7 的解释。与图 6-7 参数不同之处如下：【客户名称】为厂商的企业中文名称；【预期到货时间】为系统默认订单创建时间（此栏可修改）；【下级货主】为下级客户端，即加工型企业；【JOB NO】为统计和区分票数的内部编号，一般由报关行内部系统自动生成。

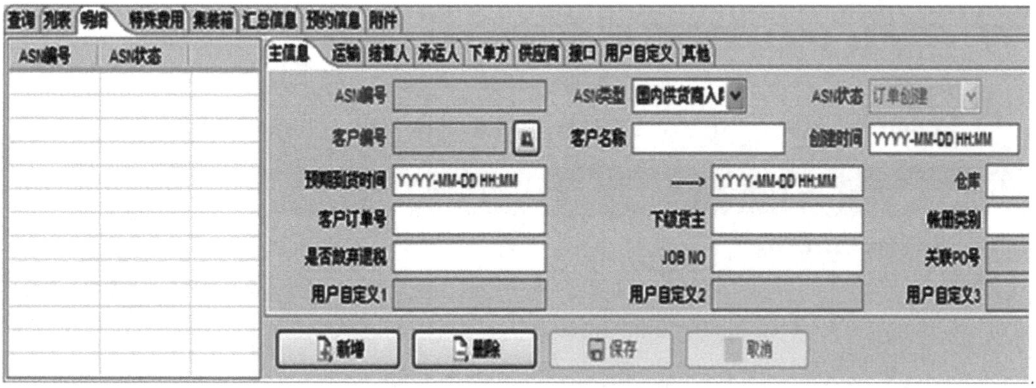

图 6-8 明细录入操作界面

3. ASN 明细行录入

在系统默认状态下依次为主信息、用户自定义、接口、收货、服务及其对应的信息，然后保存信息。具体操作界面如图 6-9 所示。

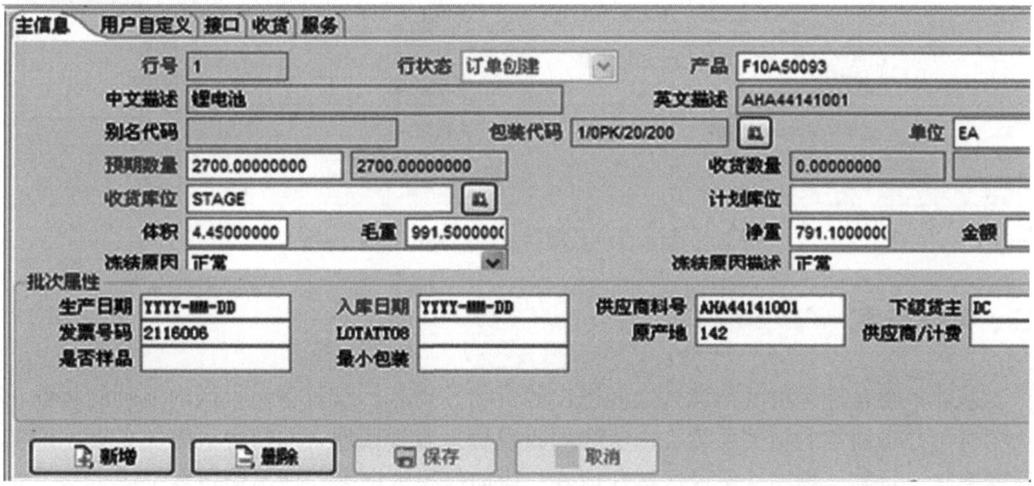

图 6-9 ASN 明细行录入操作界面

4. 在途信息取消

如有供应商或产品根据实际情况需求取消货物运输或直接取消订单业务情况，经确认后选择右键管理选项【取消订单】和【确定】。具体操作界面如图 6-10 所示。

5. 急料信息跟踪

如有企业内部员工、供应商或客户端告知急料信息，立即更新系统信息，将订单栏位【优先级】更改为"最高"，并在【备注】中填写"加急料件，即进即出"等字样，以便货物到仓后入库任务清单能够清楚地显示。具体操作界面如图 6-11 所示。

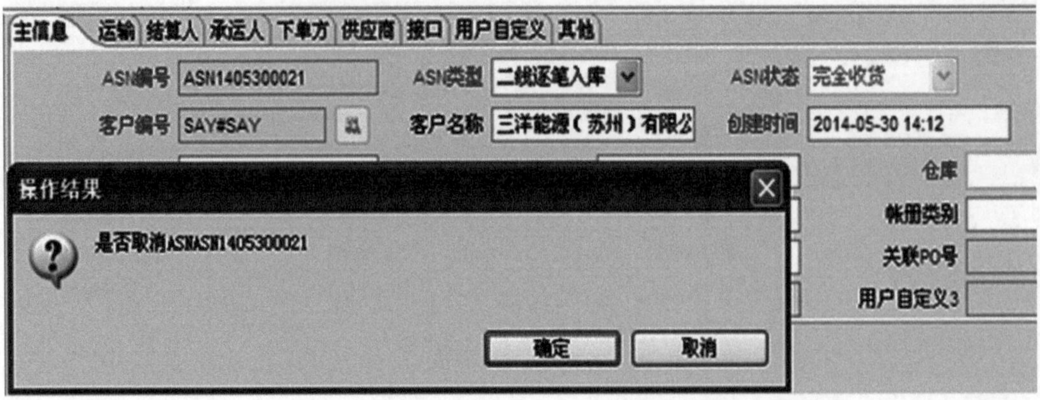

图 6-10 在途信息取消操作界面

图 6-11 急料信息跟踪操作界面

二、基础备案

基础备案是指保税区与境外之间进出的货物、物品，以及在保税区内流转的货物，为了避免办理通常的报关手续，由货物的收发货人或其代理人向保税区海关备案，即实行备案制。货物、物品从保税区运往境外，应向保税区海关办理出境备案手续。

（一）客户备案流程

1. 申报

申报单位填制、录入《中华人民共和国海关出境货物备案清单》，将数据传送至海关。

2. 提交单证

申报单位到保税区海关办理申报手续，提交以下单证。

（1）《中华人民共和国海关出境货物备案清单》，如表 6-1 所示。

表 6-1　中华人民共和国海关出境货物备案清单

预编人编号				海关编号	
出境口岸		备案号	出境日期	申报日期	
区内经营单位		运输方式	运输工具名称	提运单号	
区内发货单位		贸易方式	运抵国（地区）	境内货源地	
许可证号	成交方式	运费	保费	杂费	
件数	毛重/千克	净重/千克	随附单证		
标记唛码及备注					

项号	商品编号	商品名称及规格	数量及单位	最终目的国（地区）	单价	总价	币制

录入员　　录入单位	兹声明以上申报无讹并承担法律责任	海关备案审核
报关员	申报单位（盖章）	
单位地址		
邮编　　　电话　　　　　填制日期		审核日期

（2）购销合同副本，列举《机器购销合同书》，如表 6-2 所示。

表 6-2　机器购销合同书

机器购销合同书

20××年××月××日

甲方：

乙方：

1. 经双方友好协商，甲方欲购买乙方生产的＿＿＿＿＿型＿＿＿＿＿数量＿＿＿＿台，购买价格＿＿＿＿＿元，运输方式＿＿＿＿

2. 甲方确认产品无误后，方能将购货款汇到乙方指定的银行账户或太平洋卡上，乙方开户行：

账号：×××

交通银行太平洋卡号：×××　　持卡人：×××

农行卡号：×××　　持卡人：×××

3. 乙方应该将检验合格的产品及时、准确地提交给甲方，并遵守对用户的售后服务承诺（该条款详见《质量保证书》），甲方应及时将所需货款汇至乙方指定的账号上

4. 运输过程中出现的问题由乙方负责，甲方承诺不将该产品用于非法的盗版活动

5. 本合同需经双方签字盖章后生效，甲乙双方各执一份（传真件有效）

6. 甲乙双方应共同遵守本合同的顺利实施，如出现问题应先协商解决，如协商不成，可向市场监督管理部门或法院提起诉讼，由违约方承担全部责任

7. 本合同未尽事宜，以国家相关法律为准

甲方盖章签字：　　　　　　　　　乙方盖章签字：

签署日期：　　　　　　　　　　　签署日期：

（3）装箱单（图 6-12）、发票正本。

PACKING LIST

TO：ANTAK DEVELOPMENT LTD.

INVOICE NO. SHGM70561
S/C NO.　00SHGM3178B
L/C NO.　　123456

SHIPPING MARKS：ANTAK
00SHGM3178B
SINGAPORE
C/N：1 - 190

C/NOS.	NOS. & KINDS OF PKGS	QUANTITY	G. W. (KGS)	N. W. (KGS)	MEAS. (M³)
	MEN'S COTTON WOVEN SHIRTS 1pc in a polybag 6pcs in a kraft bag				
1——70	ART NO.：1094L M　L　XL 3　3　4＝10doz. /cn	700 DOZ	2 310KGS	2 170KGS	9. 853 2M³
71——170	ART NO.：286G M　L　XL 1.5 3　3.5＝8doz. /cn	800 DOZ	4 500KGS	4 300KGS	16. 581 6M³
171——190	ART NO.：666 M　L　XL 1.5 3.5 3＝8doz. /cn	160 DOZ	660KGS	620KGS	2. 815 2M³
TOTAL		1 660 DOZ	7 470KGS	7 090KGS	29. 25M³

图 6-12　装箱单

（4）报关委托书（自理报关单位不需要）。

（5）如系保税仓储货物需提供提货单（一式四联）。

（6）海关根据货物出口要求提供的其他有关证明，如含有磁性、危险品等特殊货物的质量鉴定报告。

3. 办理出区手续

对于不需查验的货物，企业持保税区海关关封（海关关封是用于海关内部联系、交接有关单证所使用的印有"海关关封"字样，可以加封的信封，不可以私自拆开）、保税区货物出区凭单（加工贸易货物）、提货单卡口验放联（保税仓储货物）提货出区，到口岸海关办理出口放行手续。

对需查验的货物，海关查验结果正常的，海关制作关封交货主或其代理人。企业应使用具备《载运海关监管货物车辆载货登记簿》的专用车辆，凭关封将货物运输至口岸海关办理放行手续。

（二）产品备案

如果某企业欲办理出口业务，需填写《对外贸易经营者备案登记表》，如表 6-3 所示。

表 6-3　对外贸易经营者备案登记表

备案登记表编号：　　　　　　　　　　　　　　　　　　进出口企业代码：

经营者中文名称			
经营者英文名称			
组织机构代码		经营者类型 （由备案登记机关填写）	
住所			
经营场所（中文）			
经营场所（英文）			
联系电话		联系传真	
邮政编码			
工商登记注册日期		工商登记注册号	

依法办理工商登记的企业还需填写以下内容

企业法定代表人姓名		有效证件号	
注册资金			（折美元）

依法办理工商登记的外国（地区）企业或个体工商户（独资经营者）还需填写以下内容

企业法定代表人/个体工 商负责人姓名		有效证件号	
企业资产/个人财产			（折美元）

备注：

填表前请认真阅读背面的条款，并由企业法定代表人或个体工商负责人签字、盖章

　　　　　　　　　　　　　　　　　　　　　　　　　　　备案登记机关
　　　　　　　　　　　　　　　　　　　　　　　　　　　签　章
　　　　　　　　　　　　　　　　　　　　　　　　　　　年　月　日

　　完成相关手续后，在提供报关和出口服务的国际货运代理企业处进行进出口商品备案，具体流程如下所示。

　　（1）产品信息提供。厂商需要根据业务需求完善产品备案表，并回执至对应企业客服人员。

　　（2）产品信息创建。企业客服部门根据产品备案表进行初次审核、校正表单相关信息。

　　（3）产品信息审核。企业账册部门对产品信息进行二次比对审核，并将审核后的信息录入仓储信息管理系统和备案台账汇总表单中。

　　（4）产品信息维护。企业各部门基础信息备案组根据确认后的信息完善本部门系统基础备案信息。

（5）产品信息更新。由企业客服部门提出产品基础信息更新申请，待审核确认后进行更新。

（6）产品信息停用。由客服部门提出产品基础信息停用申请，待审核确认后进行停用设置并由客服部门报备至账册部门进行留档。

三、凭证资料核对

（一）司机信息核对

司机先将车辆停靠在收发货等待区，出示有效证件（如行驶证、驾驶证、身份证等）以供警卫或协管人员审核和登记，待得到仓库管理员或警卫的许可指令后方可按照指令停靠在指定的收发货平台。

（二）单据信息核对

（1）单证流转。司机（或送货员）将相关单据（至少包括报关单、箱单、货物签收单等）交给警卫或协管人员，由警卫或协管人员转交至对应操作人员，或将单据直接传递至仓库办公室系统操作人员。

（2）单据审核。系统操作员对随货单据（报关单）和系统单据进行比对审核。信息如无异常则系统确认货物到仓，打印入库任务清单交由仓库收货员进行实货验收作业；如信息数据不符，则将随货资料退回司机，同时知会客服人员相关情况。由司机（或送货员）协商处理好后再确认后续操作。

（三）异常处理

（1）单单不符。如在审核随货资料时发现信息数据不符，则将随货资料退回司机，由司机（或送货员）协商处理好后再进行后续操作；如报关单数量与入库任务清单数量不符，则强制取消后续作业；如送货方无法完成异常处理沟通工作，则拒绝收货并知会客服人员相关情况。

（2）单货不符。如在审核随货资料时发现信息数据不符，则将随货资料退回司机，由司机（或送货员）协商处理好后再确认后续操作；如送货方无法完成异常处理工作，则拒绝收货并知会客服人员相关情况。

（3）来货破损。来货破损按包装方式分为托盘破损、纸箱破损、木箱破损和其他破损情况。按照破损种类主要分为划伤、挤压、漏洞、撕裂、污渍、封存标记松动和其他破损情况。如在审核随货资料时发现货物破损，则先由司机（或送货员）现场确认实际破损情况，再拍摄取证图片和签据相关异常处理单。办公室操作人员将破损图片和处理单据扫描件以邮件形式发送至对应客服人员，并将相关电子档以业务编号为文件名留底保存。破损情况严重从外观可以判定货物品质受损的，必须得到对应客服人员确认指令后才能进行后续操作。

（4）来货受潮。如在验收货物过程中发现货物受潮，则将随货资料退回司机，由司机（或送货员）协商处理好后再进行后续操作。验收时先由司机（或送货员）现场确认实际受潮情况，再拍摄取证图片和签据相关异常处理单。办公室操作人员将受潮图片和处理单据扫描件以邮件形式发送至对应客服人员，并将相关电子档以业务编号为文件名留底保存。受潮情况严重从外观可以判定货物品质受损的，必须得到对应客服人员确认指令后才能进行后续操作。

（5）溢短装。溢短装是指卖方在向买方的实际交货操作中，实际装载货物数量多于或少于合同中要求的货物数量的情况。如在验收货物过程中发现货物溢短装，则将随货资料退回司机，由司机（或送货员）协商处理好后再进行后续操作。溢短装货物必须得到对应客服人员确认指令后才能进行后续操作。办公室操作人员将相关图片和处理单据扫描件以邮件形式发送至对应客服人员，并将相关电子档以业务编号为文件名留底保存。

（6）其他情况。如果在验收货物过程中发现其他情况，必须上报值班组长。由值班组长或其他管理人员进行现场判定处理方法。相关操作必须有据可查和留档保存。

（四）凭证资料核对系统操作

1. 查询信息

办公室系统操作员在接到到仓资料后，将随货资料上的业务编号输入【参考编号】，在系统中查询预期到货通知信息，具体操作界面如图 6-13 所示。通过该流程，可以在整个数据库中单独挑选出需要查询的目标订单的详细货物明细。

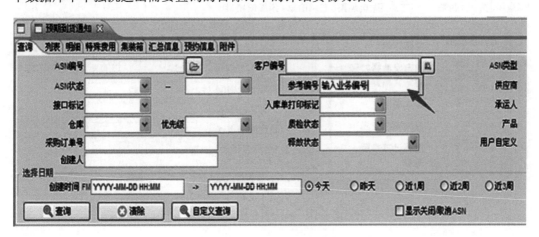

图 6-13　查询信息操作界面

2. 审核信息

办公室系统操作员审核随货资料（报关单）信息与预期到货通知里的【汇总信息】栏信息是否一致。如出现异常，应及时联系供应商检查是否报关异常或发货异常。根据审核结果，如果是随货资料出现问题，那么需要客户对随货资料进行修改；如果是系统内部的汇总信息出现问题，那么企业内部的客服部门需对系统内部数据进行修改。具体操作界面如图 6-14 所示。

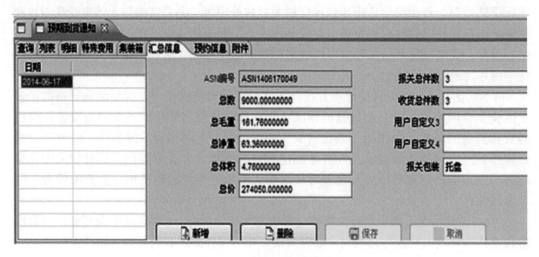

图 6-14　审核信息操作界面

3. 确认到仓

系统操作员通过系统右键功能【用户自定义操作】将货物到仓库信息更新，以提示供应商该票货物已顺利到达。具体操作界面如图 6-15 所示。

图 6-15　确认到仓操作界面

4. 清单打印

系统操作员在货物到达收货平台后，根据司机提供的送货资料打印，通过系统右键功能【自定义单据打印】打印入库任务清单，具体操作界面如图 6-16 所示。

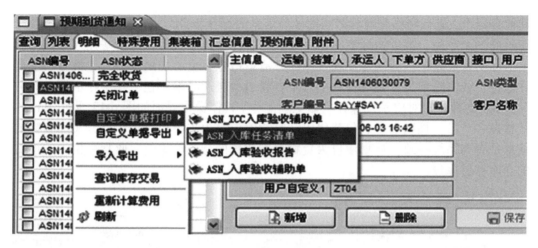

图 6-16　清单打印操作界面

四、到库卸货

（一）安全抵仓

　　司机按照仓库管理员、警卫或协管人员的指令将送货车辆安全停靠在指定的收发货平台。司机倒车前先确认周界环境安全，司机确保已经做好熄火、拉手刹等相关安全措施后再离开驾驶室，并将车辆钥匙交由警卫代为保管。

（二）平台启用

　　由警卫（或协管人员、仓库管理员）开启固定式登陆桥，使收货平台与车辆连接。非仓库作业人员严禁私自启动固定式登陆桥。

（三）平台卸货

　　司机（或送货员）自行将货物由车厢卸货至收货验收区域，按照仓库管理员指令将货物进行分类。司机在卸货过程中必须对货物包装进行检查，不得故意隐瞒已经存在的货物异常信息。如果司机（或送货员）未按照仓库管理员指令操作或操作不当，仓库可拒绝收货。

五、到货检验

1. 编码检验

将货物按照料号、批号等进行整理，并按照货物包装规定将货物码放到托盘或其他容器上，进行制作带有料号、批号等信息的标签服务[①]。到货理货时一个容器只能码放一个产品。待货物标签制作完成后再将货物托运至待检区，并在入库任务清单上标明待检库位。若入库发现入库任务清单信息不全（如缺少料号、批号、生产日期等）或实际到货数量与资料不符（多料或少料产品最小包装与实际不符）的情况，必须立即告知对应系统操作员做更新工作，具体操作界面如图 6-17 所示。行号、行状态、产品、预期数量、包装代码、收货库位等为主要检查项，查看实际货物的信息是否与系统一致。计划库位为货物分类放置的待质检库位；收货库位为质检后的仓库存储库位。

图 6-17　编码检验操作界面

2. 货物清点

现场仓库管理员先检查货物包装（托盘、纸箱等）是否完好，然后清点件数是否与入库任务清单信息一致；如果报关单件数和入库任务清单件数不一致，则以报关单为准。

3. 货物签收

实货清点无误后，先由司机（送货员）在入库任务清单上签章，再由仓库管理员在回签单上签章。收货人员必须确保签章清晰、完整和可追溯。

（1）信息维护。系统操作员审核实货整理完毕的入库任务清单，将需要更新的信息及时做系统修正作业。将待检库位输入或导入对应栏位。

（2）质检导单。通过系统批量预收工作将需要质量检测的货物信息导入来料质量控制（incoming quality control，IQC）系统。经过质检人员检验无误后，质检人员在 IQC 系统中授权并将检验单据导入仓储管理信息系统中，以保证入库货物的安全和质量符合客户要求，如有加急料件，在 IQC 系统中可选择加急。

---

① 制作标签属于增值服务的一种。通常情况下供应商发出需求，中心仓根据供应商的需求制作标签并加贴。

4. 打印质检辅助单

打印质检辅助单并及时传递至对应质检室,具体内容如表 6-4 所示。

表 6-4 入库货物质检辅助单

客户编码
客户名称
生成日期   完成日期
送检人员   质检人员

行号	供应商料号	品名	客户料号	订单数量	送检数量	预收库位	收货库位	质检标识	质检结果	备注

5. 信息回执

质检人员完成质检后会通过质检系统回传质检结果(如 V-A 良品等),系统操作员每日及时跟进货物质检状态,待质检人员将质检状态更新后及时做单据跟踪,取回已签章确认的质检辅助单,具体操作界面如图 6-18 所示。

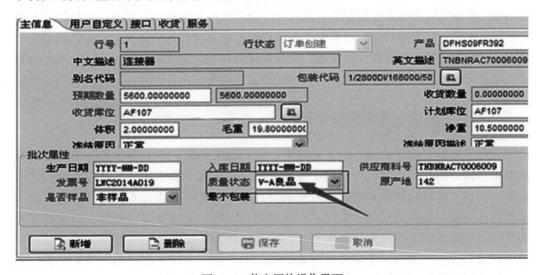

图 6-18 信息回执操作界面

6. 系统收货

审核系统质检信息和质检辅助单信息,对于质检合格产品,系统正常收货至良品仓;对于质检不合格产品,系统收货并做库存冻结至不良品仓,并在【用户自定义】的【备注】栏备注冻结原因和操作指令,具体操作界面如图 6-19 所示。

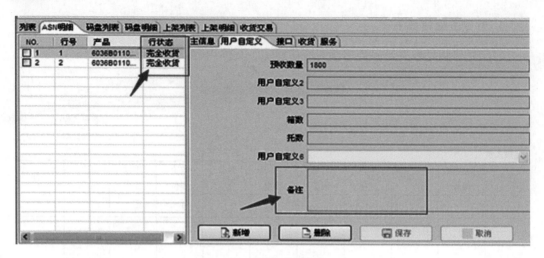

图 6-19　系统收货操作界面

六、货位安排

（一）根据货物的物理特性选择货位

在安排货位的过程中，需遵循货物的物理特性选择合适的货位。根据货物存量的数量精确计算每类货物所需的货位数量及尺寸，避免出现货物的实际尺寸与货位尺寸不符的情况。此外，在安排货位的过程中避免出现同种货物或同性质货物的货位间隔过大的情况，以减少后期的搬运和分拣难度，提高库存周转率。货位的通风、光照、湿度、温度、排水、防风、防雨条件需符合进出口货物的规定条件。

（二）根据货物的周转情况安排货位

先进先出是仓储保管的一个重要原则。保税加工的笔记本电脑半成品和成品的周转率不一致，需在安排货位的过程中考虑成品的周转效率低于半成品和零部件的周转率这一特性，将使用频率和周转率较高的半成品和零部件的货位安排至靠近仓库出入口和易于放置、捡取的货位；相反，产成品等周转率较低的货物应安排在较低优先级的货位。在成品中，也需根据历史出入库清单统计各类型成品的不同周转率，从而合理地安排货位。一般地，库存周转率高的货物的货位应安排至靠近出入库的位置。列举一种常用的货位编码情况：货位编码为排、列、层、位，如编码 01030201 表示 01 排、03 列、02 层、01 位货位。一组货架区一共有 36 个货位，货位的编码情况如图 6-20 和图 6-21 所示。

就上面所述的一组货架区 36 个货位，按货位的便利程度进行货位等级排序，如表 6-5 所示。

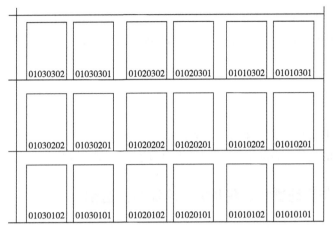

图 6-20　面对货架通道的右手边货位编号

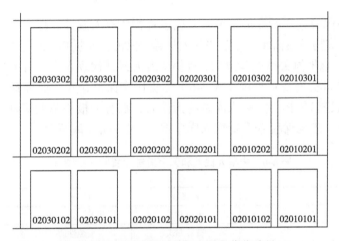

图 6-21　面对货架通道的左手边货位编号

表 6-5　货位等级排序

货位	等级	货位	等级	货位	等级
01010101	1	01010201	13	01010301	25
01010102	2	01010202	14	01010302	26
02010101	3	02010201	15	02010301	27
02010102	4	02010202	16	02010302	28
01020101	5	01020201	17	01020301	29
01020102	6	01020202	18	01020302	30
02020101	7	02020201	19	02020301	31
02020102	8	02020202	20	02020302	32
01030101	9	01030201	21	01030301	33
01030102	10	01030202	22	01030302	34
02030101	11	02030201	23	02030301	35
02030102	12	02030202	24	02030302	36

结合表 6-5,半成品和零部件等周转率较高的货物应放置在等级序列靠前的货位,如 01010101、01010102;成品等周转率较低的货物应放置在等级序列靠后的货位,如 02030301、02030302。

(三)保留预留货位

在安排货位的过程中,应保留一定的预留货位以存放特殊订单或供应商及加工方的有特殊出入库请求的货物,从而避免货位的不合理安排,加大仓库货位的灵活性和机动性。

七、本地进货与异地进货保税货物入库流程的区别

(一)本地进货

进口货物在保税仓库所在地进境时,应由货物所有人或其代理人向入境所在地海关申报,填写进口货物备案清单,在报关单上加盖"保税仓库货物"戳记并注明"存入××保税仓库",经入境地海关审查验放后,货物所有人或其代理人应将有关货物存入保税仓库,并将两份进口货物备案清单(表 6-6)随货代交保税仓库,保税仓库经营人应在核对报关单上申报进口货物与实际入库货物无误后,在有关报关单上签收,其中一份报关单交回海关存查(连同保税仓库货物入库单据),另一份仓库留存。

表 6-6 中华人民共和国海关进口货物备案清单

预编人编号   海关编号

进口口岸		备案号	进口日期	申报日期
经营单位		运输方式	运输工具名称	提运单号
收货单位		贸易方式	征免性质	征税比例
批准文号	成交方式	运费	保费	杂费
合同协议号	件数	包装种类	毛重/千克	净重/千克
集装箱号	随附单据		用途	
标记唛码及备注				

项号	商品编号	商品名称及规格	数量及单位	原产国(地区)单价	总价

税费征收情况

录入员	录入单位	兹声明以上申报无讹并承担法律责任	海关审单批注及放行日期(签章)	
报关员			审单	审价
		申报单位(盖章)		
单位地址			征税	统计
邮编	电话	填制日期	查验	放行

（二）异地进货

进口货物在保税仓库所在地以外其他口岸入境时，货物所有人或其代理人应按海关进口货物转关运输管理规定办理转关运输手续。货物所有人或其代理人应先向保税仓库所在地主管海关提出将进口货物转运至保税仓库的申请，主管海关核实后，签发进口货物转关运输联系单，并注明货物转运存入某保税仓库。货物所有人或其代理人凭该联系单到入境地海关办理转关运输手续，入境地海关核准后，将进口货物监管运至保税仓库所在地，货物抵达目的地后，货物所有人或其代理人应按上文"本地进货"手续向主管海关办理进口申报及入库手续。

■ 第四节　在库管理

一、在库商品的养护

在储存过程中，货物的自然属性和外部因素，在库货物的物理属性和化学属性会产生非预期的变化，影响货物的价值和使用价值，从而降低保税加工半成品和成品的原有价值，增加保税仓储企业非预期成本，降低仓储企业利润。因此，保税仓储管理人员需根据在库货物的自然属性采取相应的管理措施，防止或降低货物变质或损坏所带来的额外成本，对在库货物进行养护和保管。例如，检查货物外观有无变形、变色、沾污、生霉、虫蛀、鼠咬、生锈、老化、沉淀、聚合、潮解、溶化、风化、挥发、含水量过高等异状，有条件的还应进行必要的质量检验。

二、保税仓库货物的质量变化形式

保税仓库货物的质量变化形式可以归纳为化学变化。保税仓库储存的货物主要为笔记本电脑零部件、半成品和成品，其材料多为金属或类金属材料，因此保税仓库货物的主要质量变化形式为金属的化学变化所产生的质量变化。保税仓库货物的化学变化的主要形式有氧化、分解、锈蚀等。

1. 氧化

氧化是指保税仓库货物与空气中的氧及其他能产生氧的物质相结合的变化。氧化不仅会导致货物本身的价值降低，在氧化的过程中还会释放出大量的热量，达到一定程度后会导致自燃，危及仓库消防安全。保税仓库的内部储存环境应保持干燥、通风、散热和温度较低的状态，以保证货物安全。

2. 分解

笔记本电脑中的零部件在光、热、酸、碱及潮湿空气的作用下，会导致其化学特性发生变化，影响产品价值。

3. 锈蚀

保税仓库中的金属货物本身的化学性质不稳定，其原材料在组装过程中存在着自由电子和不纯成分，易产生锈蚀。此外，仓库中的空气和有害气体也会导致金属货物产生锈蚀。

其他引起保税仓库货物质量变化的成因与上述三种成因相似，不再一一详述。

三、保税仓库货物的养护措施

保税仓库货物的养护是技术问题也是管理问题，坚持以防为主、以治为辅、防治结合的方针对货物进行养护，具体应做好以下几个方面的工作。

（一）坚持在库检查

货物在储存期间受到各种因素的影响，在质量上可能发生变化，如果未能及时发现，就可能造成损失，因此需要根据其性质、储存条件、储存时间及季节气候变化分别确定检查周期、检查比例、检查内容，分别按期进行检查或进行巡回检查。在检查中如发现异状，要扩大检查比例，并根据问题情况，及时采取适当的技术措施，及时处理，防止商品受到损失。保税仓库储存的货物主要为笔记本电脑零部件、半成品和成品，其材料多为金属或类金属材料，故保税仓库货物的主要质量变化形式为金属的化学变化所产生的质量变化。在采取抽查、抽样检查与重点检查相结合方式对货物进行养护时，一般可将下列货物作为重点排查对象。

（1）性能不稳定或仓储管理薄弱的货物。

（2）出于前期仓库修建原因，在不能很好储存货物的区域储放的货物。

（3）已有轻微异状但未做处理的货物。

（4）久储货物。

（5）储存在易发生事故货位及区域的货物，如近窗、沿墙、垛底、堆心等货位的货物。

（二）保持仓库清洁卫生

垃圾、尘土等为细菌、害虫提供了生存空间，害虫、霉菌的繁殖直接导致仓储货物的霉变、虫蛀、变质等问题，因此仓库的清洁管理是保税货物养护的重要手段。

（三）加强仓库的温度及湿度管理

保税仓库平时需做好温度和湿度的监控工作，并需认真填写仓库温度、湿度记录表，以保证保税货物能够在保税仓库中得到有效存放。对仓库温度及湿度的管理可以保证货物的性质不会发生改变，使货物的损耗达到最小。常用的温度及湿度控制措施有密封、通风、吸潮、降温等，借助现代化的机械设备保证仓库内的温度和湿度能够达到保税货物的一个正常的储存温度和湿度。

四、在库货物的保管

（一）入库移库

入库移库适用于需要做品质验证、急料整进分出、来货异常等原因需要做货物预收再收货上架部分。先对货位实际移动的货物填写入库验收报告，再做系统库存移库单。入库验收报告如表 6-7 所示。

表 6-7　入库验收报告

系统单号：　　　　　　　　　　　　　　　　　　　　　　　客户编码：

业务编号：　　　　　　　　　　　　　　　　　　　　　　　客户名称：

订单类型：　　　　　　　　　　　　　　　　　　　　　　　下级货主：

行号	供应商料号	商品名称	客户料号	收货数量	收货库位	质检库位	最小包装质检结果	发票号码原产国	备注信息

（二）库存移库

库存移库适用于保税仓库存储货物部分。先对货位实际移动的货物填写移库作业单，然后办理系统库存移库单。某公司保税仓库库位移动作业单如表 6-8 所示。

表 6-8　某公司保税仓库库位移动作业单

No.	原库位	供应商	供应商料号	客户料号	移动数量/个	移往库位	备注

（三）出库移库

出库移库适用于出库拣货部分。先对货位实际移动的货物填写出库拣货任务清单，然后办理系统库存移库。出库拣货任务清单如表 6-9 所示。

表 6-9　出库拣货任务清单

客户编码

系统单号　　　　　　　　　　　　　　　　　　客户名称

订单号码　　　　　　　　　　　　　　　　　　订单类型

海关单号　　　　　　　　　　　　　　　　　　下级货主

行号	供应商料号	商品名称	客户料号	拣货数量 库位余量	拣选库位 入库日期	质检代码 发票号码	备注

五、盘点作业

在保税仓储作业过程中，商品处于不断地进库和出库状态，产生的误差经过一段时间的积累会使库存资料反映的数据与实际数量不相符。有些商品因长期存放，品质下降，不能满足用户需要。为了对库存商品的数量进行有效控制，并查清商品在库房中的质量状况，必须定期对各储存场所进行清点作业，这一过程称为盘点作业。根据不同的盘点内容和盘点需求，盘点作业可以分为常规盘点、动态盘点、异常盘点和稽核盘点。

（一）常规盘点

常规盘点是指定期或不定期地对保税仓库内储存的货物进行数量统计，目的是使仓库管理人员掌握货物的数量变化，如果有数量短缺或溢出，方便管理者及时做出管理决策。根据预定的盘点范围将库存信息导出然后制作常规盘点单，由仓库现场管理员对实际库存进行盘点，将异常信息备注在盘点标记栏位。系统管理员审核盘点完成的单据信息，对异常信息做更新维护。常规盘点表如表 6-10 所示。

表 6-10　常规盘点表

仓库物料库存记录表

日期	品名	规格	存放仓库类别	材料编号	最低存量	凭证号码	订单号码	本期收料	本期发出	结存量	滞存量说明

（二）动态盘点

动态盘点是指在货物实际进出库后，仓库盘点人员对实时进出库货物的数量进行盘点，防止出现货物多（少）出（入）库的情况。根据实际作业情况在进出库完成后将进出库涉及信息导出然后制作动态盘点单。由仓库现场管理员对实际库存进行盘点，将异常信息备注在盘点标记栏位。系统管理员审核盘点完成的单据信息，对异常信息做更新维护。

（三）异常盘点

异常盘点是指定期或不定期地对保税仓库内的货物进行盘点。异常盘点与常规盘点、动态盘点的不同之处在于，异常盘点是对已经出现短缺或溢出的货物进行盘点，找出其产生原因，为以后的储存工作提供管理依据。在货物进出库及存储过程中发生异常需要立即进行盘点作业时，由系统操作员根据预定的盘点范围将库存信息导出然后制作异常盘点单，由仓库现场管理员和系统管理员对库存信息进行联合盘点，将异常信息备注在盘点标记栏位。系统管理员审核盘点完成的单据信息，将异常信息及时反馈至相关人员并在确认操作指令后做更新维护。

（四）稽核盘点

稽核盘点是仓库上级部门对保税仓库货物储存情况的监督和审查，目的是防止仓库管理人员出于主观或客观原因对账实不符情况瞒报或不报，通过稽核盘点提高保税仓库管理的准确性和有效性。根据客户要求将库存信息导出然后制作稽核盘点单。由仓库现场管理员和客户派遣人员对库存信息进行联合盘点，如果客户因特殊原因无法进行现场盘点，可由仓库现场管理员或客户指定人员对库存信息进行盘点，并将核准后的盘点单据加盖相关签章后通过既定形式传递至客户处。仓库稽核盘点表如表 6-11 所示。

表 6-11　仓库稽核盘点表

编号：　　　　　　　　　　　　　　　　　　　　　　　　　　　　　　　　序号：

序号	存放单位	货品名称	货品单位	账面数	稽核专员盘点数	差异	造成差异原因	存放地点	备注

六、保税仓库货物类型

（一）加工贸易进口货物

加工贸易货物是指加工贸易项下的进口料件、加工成品及加工过程中产生的边角料、残次品、副产品等。富士康、英业达等智能手机和笔记本电脑代理加工厂在加工贸易中所使用的进口料件（如晶体二极管、塑胶粒子、集成电路等）与加工完成的手机处理器和笔记本电脑等都属于加工贸易货物。

（二）保税区仓储转口货物

保税区仓储转口货物是指从境外存入保税区的仓储、转口货物和从保税区复运出境的仓储、转口货物，不包括从境外存入非保税区和从非保税区复运出境的仓储、转口货物。转口货物必须符合两个条件：一是该货物必须从中转国国境外的卖方所在地区运往中转国任意海关监管的保税区；二是从保税区复运出境至卖方所在地区，不能在中转国国境内销售和用于其他用途。

（三）供维修外国产品所进口寄售的零配件

供维修外国产品所进口寄售的零配件是指为了方便从国外进口至国内的汽车、电器、机械设备等的维修和维护而储存在保税仓库内的货物，如轴承、塑料粒子、特制橡胶等。

（四）外商暂存货物

外商暂存货物是指出于贸易、生产等原因，他国商人不能及时将进口的货物运送至保税区内的生产制造商或是出口的货物不能及时复运出境，需要具有进出口经营权的代理公司代为保管的货物。外商暂存货物的所有权为境外法人，即委托保税区内代理公司报关货物的委托人，在交付暂存货物时，需签订委托代理协议，同时代理人凭签订合同时委托方提供的提单、发票、装箱单、委托书等单据向海关申请办理货物入库手续。

（五）经海关批准的其他未办结海关手续的货物

结关是指进口货物、出口货物和转运货物进入一国海关关境或国境必须向海关申报，办理海关规定的各项手续，履行各项法规规定的义务；只有在履行各项义务、办理海关申报、查验、征税、放行等手续后，货物才能放行，货主或申报人才能提货。未办理结关的货物将继续处于海关的监管之下，货主和申报人需向海关补交缺失材料并补办未完程序，在此期间，货物储存在海关指定保税仓库内，并由海关监管。

七、保税货物的搬运

（一）库存借料

库存借料适用于保税仓库存储货物部分。客户和供应商由于临时的生产材料短缺和出口需求，无法及时按照双方协议上的销售和采购流程流转货物，客户和供应商需要向客服部门发送邮件提出申请，填写特殊货物进出库申请单（表6-12），由销售部门审批通过后再执行。料件的借出和归还必须征求质量监控系统工作人员同意方可进行操作，该类货物通常称为特殊货物。

表 6-12　特殊货物进出库申请单

一、基本信息			
供应商名称		海关单号	
送货客户端		发票号码	
预入库时间		总件数	
业务编号		总毛重	

二、备注信息	
备注信息	

三、货物信息						
海关编码	项号	规格型号	商品名称	数量	单位	总金额

（二）库存转移

质检为良品的货物，需要对系统原始库存数据的批次属性（如厂别、出货客户等）进行库存转移的，须经客户同意和客服部门邮件确认后制作库存调整单。库存转移必须征求质检人员同意方可进行操作，具体操作界面如图 6-22 所示。

图 6-22　库存转移操作界面

八、保税仓库在库商品的特殊处理

（一）货物冻结

客户有按照新的货物质量要求进行简单加工等特殊要求时，需要对货物进行管控，在预期到货通知备注栏将具体操作指令做备注说明，以便入库操作员在审核单据时清晰可见。待货物到仓后进行分拣，将指定货物进行分区域存储和冻结处理。例如，备注里注明"客户指令来料需重工，冻结至 B1301"，说明该货物到仓库后放置于储位 BI301，并做系统冻结，待客户安排专业人员来重新加工。

（二）到货冻结

因受潮、破损等，按照客户指令需要将到仓货物管控的，在货物未触发质检指令前先将货物收货至不良品库位，再做库存冻结单，将冻结原因表述清晰，具体操作界面如图 6-23 所示。

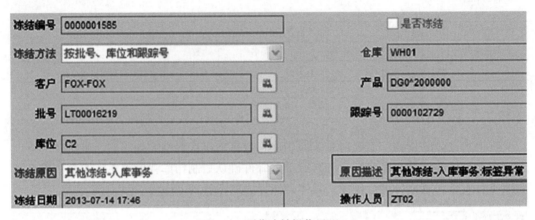

图 6-23　到货冻结操作界面

（三）质检冻结

因品质异常等，按照质检指令需要将待检验货物管控的，先将货物收货至不良品库位，再做库存冻结单，将冻结原因表述清晰。同时，邮件告知对应质检窗口和相应客服人员转呈客户，具体操作界面如图 6-24 所示。

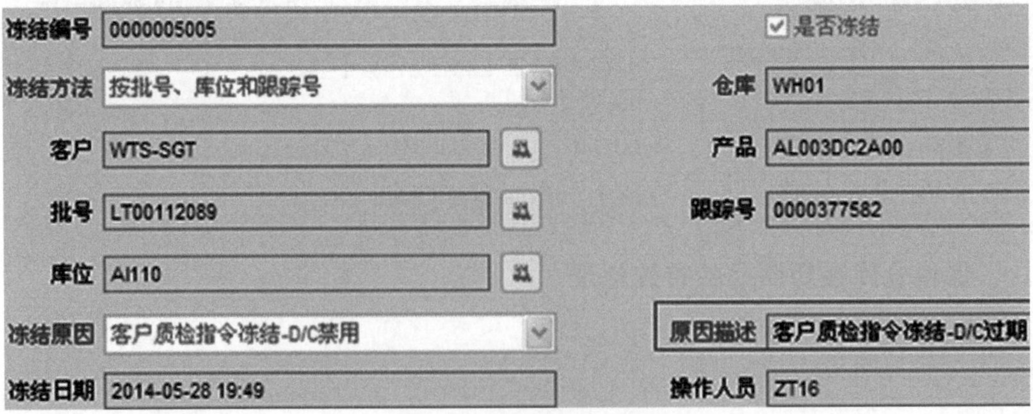

图 6-24　质检冻结操作界面

（四）库存冻结

因品质异常等，按照客户或质检指令需要将库存良品货物管控的，先告知质检人员进行现场确认并加贴不合格标示。将货物移库至不良品库位，再做库存冻结单，将冻结原因表述清晰。同时，邮件告知对应质检窗口和相应客服人员转呈客户，具体操作界面如图 6-25 所示。

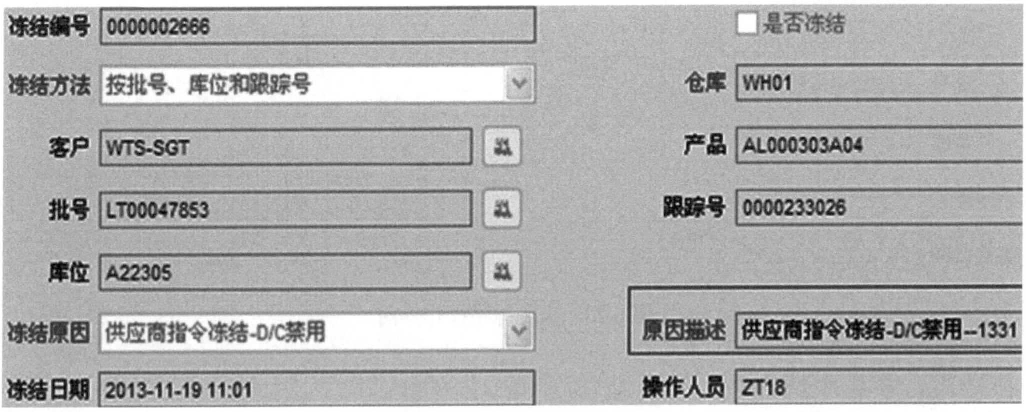

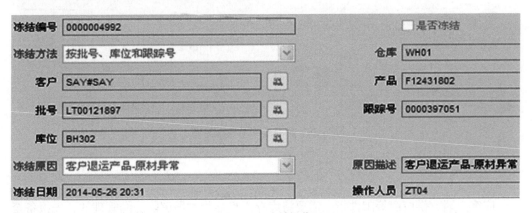

图 6-25 库存冻结操作界面

（五）退运冻结

因品质异常等，由客户端退运至保税仓库需要将退运货物管控的，先将货物收货至不良品库位，再做库存冻结单，将冻结原因表述清晰。同时，将冻结信息以报表形式告知质检处和客户，具体操作如图 6-26 所示。

图 6-26 退运冻结操作界面

（六）重工冻结

因品质异常等，由客户直接判定为残次品，需要保税仓库将货物管控的，先告知质检人员进行现场确认并加贴不合格标示将货物收货至不良品库位，再做库存冻结单，将冻结原因表述清晰。同时，将冻结信息以报表形式告知质检处和客户，具体操作界面如图 6-27 所示。

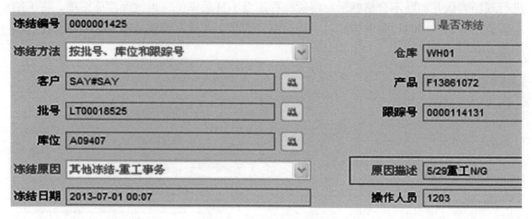

图 6-27　重工冻结操作界面

（七）呆滞品冻结

仓库每月初对入库满一年的材料进行清仓盘点，如有储存期满一年的，将货物转为不良品管控，同时通知质检人员处理，并及时邮件告知厂商办理退运手续，具体操作界面如图 6-28 所示。

图 6-28　呆滞品冻结操作界面

（八）库存解禁

应客户端、供应商等邮件指令需要将库存不良品货物做解除冻结管理的，先报备至质检室，经质检室确认后再在库存冻结单释放明细行，然后将货物从不良品库位移库至良品库位。同时，邮件报备至相应客服人员，具体操作界面如图 6-29 所示。

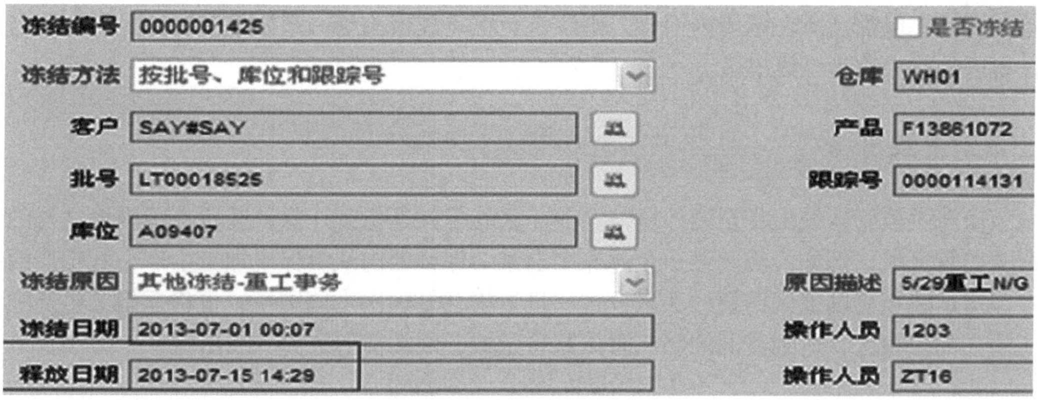

冻结编号	0000001425		☐ 是否冻结	
冻结方法	按批号、库位和跟踪号	▼	仓库	WH01
客户	SAY#SAY	🔍	产品	F13861072
批号	LT00018525	🔍	跟踪号	0000114131
库位	A09407	🔍		
冻结原因	其他冻结-重工事务	▼	原因描述	5/29重工N/G
冻结日期	2013-07-01 00:07		操作人员	1203
释放日期	2013-07-15 14:29		操作人员	ZT16

图 6-29　库存解禁操作界面

■ 第五节　出库管理

一、出库类型

（一）区内调拨

区内调拨是同一保税监管区域内企业之间的物流形式，分为分送集报调拨和逐笔报关调拨。分送集报表示分批送货、集中报关，这种方式一般适用于保税区、物流园区、出口加工区等特殊监管区域。海关对信用良好企业的进出口业务，允许多次出入区域，然后在月底向海关做一次正式申报。分送集报区别于逐单申报（即逐笔报关），采用逐单申报时每一单进出口都逐一向海关正式申报。这类情形适用于同一保税区内不同保税企业间出现的原材料或半成品短缺，这种物流形式能够有效规避从区外境内的企业采购原材料的报关、进出境税收等成本，可降低保税区内企业的运行成本。

（二）区间流转

区间流转是同一关境不同海关监管区域之间企业的物流形式，在海关特殊监管区域信息化系统的辅助下，向海关申请报关、调用监管车，并且海关监管货物运输车辆必须在海关监管运输路线运输货物。这类情形适用于同一海关监管区域内不同保税区之间出现的原材料或半成品短缺，区间流转能够协调不同保税区的原材料或半成品的需求，而不需要从区外的企业另行采购，可有效缩短保税区内企业的生产时间，生产效率得到提高。

（三）二线出区

由海关监管区域出货至区外境内企业，如果某一企业生产制造的产品不需要复运出境，直接在保税区所在国境内销售，则该企业在完成报关等一系列程序后，将货物运出保税区的行为称为二线出区。

（四）一线出境

由海关监管区域出货至区外境外企业。区外境外是指某一保税区所在国国境之外的海关监管区域。例如，美国某一企业在中国某一保税区内从事保税加工生产，其生产的产品需运输至美国地区销售，那么，这一批货物会复运出中国国境，也将运出其生产加工所在的保税区，达到美国的某一海关监管区域，该类情形称为一线出境。

（五）退仓出库

不良品货物由海关监管区退运至供货商，分为分送集报退仓和逐笔报关退仓。分送集报退仓和逐笔报关退仓的含义与区内调拨中的分送集报调拨和逐笔报关调拨一致，都是指不同批量和时间点的不同退仓出库服务。

（六）直送出库

货物由海关监管区的区外企业出货至监管区内企业，不入账册，分为分送集报调拨和逐笔报关调拨。

（七）一日游出库

在不违背海关出关规定的前提下，准许货物不实际出入保税仓储企业的仓库和保税区，在保税仓储企业的海关账册上进行名义出入库操作。

【案例 6-1】

单货不符[①]

某公司一般贸易进口电子元器件，海关已放行，但工厂收货后发现单货不符，应收电感产品，却收到了电路板产品，怀疑是物流货运代理在出口地业务失误造成。

该公司应该如何操作？是否需要办理退运手续？该公司只收到电路板产品，无法和进口关单相对应，如何办理退运手续？

根据《中华人民共和国海关进口货物直接退运管理办法》第三条，在货物进境后、办结海关放行手续前，有下列情形之一的，当事人可以向货物所在地海关申请办理直接退运手续：①因为国家贸易管理政策调整，收货人无法提供相关证件的；②属于错发、误卸或者溢卸货物，能够提供发货人或者承运人书面证明文书的；③收发货人双

---

① 一般贸易进口，海关放行后，货物不符如何办理退运？http://www.zjport.gov.cn/detail/govconsult/2016_1/3_4/201603041231_1.shtml，2016-03-04.

方协商一致同意退运，能够提供双方同意退运的书面证明文书的；④有关贸易发生纠纷，能够提供已生效的法院判决书、仲裁机构仲裁决定书或者无争议的有效货物所有权凭证的；⑤货物残损或者国家检验检疫不合格，能够提供国家检验检疫部门出具的相关检验证明文书的。

本案例属于第二种情况，如货物尚未办理放行手续，可以申请直接退运。当事人向海关申请直接退运，应当按照海关要求提交《进口货物直接退运申请书》，证明进口实际情况的合同、发票、装箱清单、已报关货物的原报关单、提运单或载货清单等相关单证，符合申请条件的相关证明文书及海关要求当事人提供的其他文件。

已放行的报关单修改提单号，不符合《中华人民共和国海关进出口货物报关单修改和撤销管理办法》中规定的可修改或撤销的情形，故不得进行改单。此外，报关单的修改或者撤销，应当遵循修改优先原则；确实不能修改的，予以撤销，建议可以和申报地海关确认。

二、出库前准备

通常情况下，保税仓储企业在接到客户通过网络送达的货物出库请求后，为了准确、及时、安全、节约地做好出库工作，提高保税仓储企业的出库效率，仓库应根据出库凭证及报关单做好以下准备工作。

（1）根据仓库的实际储存情况选择发货的货区、货位及月台。

（2）检查出库货物的质量、包装、数量、苫垫情况是否符合出库要求。

（3）清除出入库暂存区的杂物及搬运工具，使出库货物具有良好的出库条件。

（4）准备好搬运人员及搬运设备。

（5）准备好出库时的包装材料及打包材料和设备。

（6）如果保税区供应商指定保税仓储企业作为运输单位，那么保税仓储企业还需根据实际的货物数量及尺寸安排运输车辆，并选择合适的运输方式。

三、审核出库凭证

（1）保税仓储企业在货物实际出库之前，必须先审核保税加工企业的出库单和报关单等出库凭据，防止出现货物遗失或货物种类和数量短缺等情况。

（2）审核出库凭证的正确性，即出库单据上记载的信息是否与实际出库货物的料号、生产批号、保税加工企业名称等一致。

（3）审核出库凭证手续是否完整、齐全。

（4）核对出库保税货物的品名、型号、批次、规格、参数、单价、数量、质量、包装、送货地址是否与运输公司提供的单据一致。

（5）核对收货单位名称、地址、运输方式和路线，资金流转户名、账号是否一致，避免出现资金流转错误。

（6）凡在出库凭证审核中出现问题的，如货物品名、规格、批次、料号不正确，条码印刷不完整，数量有涂改，交货手续不符合出库要求的均不能出库。

四、处理出库信息

出库凭证审核后与实物信息确实无误，即可对出库凭证信息进行处理。

出库管理人员审核出库单和报关单无误后，在出库单和保管单上签署保税仓储企业公章和经手人手写签名，并将货物出库单进行扫描和打印对出库信息进行储存，办理核准无误准予放行通知，以准许海关监管区域卡口处准予放行运输车辆。

五、出库包装

在处理出库电子信息的同时，仓储工作人员完成对出库货物的运输包装作业。主要涉及的作业有拆零、单元化货物组托、贴信息标签、缠绕膜等。

六、点交

出库货物无论是保税加工企业自提还是指定保税仓储企业进行运输作业，保税仓储发货人都必须向收货人或运输人员说明装载货物的明细，以划清责任。当运输人员清点无误后，提货人员在出库凭证和报关单上签字盖章。发货人员在经过运输人员确认后，在出库凭证上加盖货物付讫印戳，同时给运输人员签发核放手续，以自由出入保税监管区卡口。

七、装车发运

点交作业完成后，便可进行装车发运工作。为了货物在途运输中的安全保证，装车作业应遵循以下原则。

（1）为了较少或避免在保税加工企业处出现分拣差错，应尽量把外观相似、易混淆的货物分开装载。

（2）重不压轻、大不压小，轻货应放在重货之上，包装强度小的货物应放在包装强度大的货物之上。

（3）尽量做到后送先装。由于运输车辆多是后开门或侧开门的厢式货车，先卸货的货物应放在靠近车头或中部的位置，后卸货的货物应放在车尾或靠近箱门的位置。

（4）货物托盘之间应保留一定的空隙，防止货物在运输过程中因路况问题而损坏货物。

八、不同流向的出库流程

（一）保税货物运往境内

保税仓储货物出库运往境内其他地方的，发货人或其代理人应填写进出口报关单，并随附出库单据等相关单证向海关申报，保税仓库向海关办理出库手续并凭海关签印放行的报关单发运货物。从异地提取保税仓储货物出库的，可以在保税仓库主管海关报关，也可以按照海关规定办理转关手续。出库保税仓储货物批量少、批次频繁的，经海关批准可以办理集中报关手续。

（二）保税货物运往境外

保税仓储货物出库复运往境外的，发货人或其代理人应填写出口报关单，并随附出库单据等相关单证向海关申报，保税仓库向海关办理出库手续并凭海关签印放行的报关单发运货物。出境货物出境口岸不在保税仓库主管海关的，经海关批准，可以在口岸海关办理相关手续，也可以按照海关规定办理转关手续。

（三）到期未出库货物的处理方法

无论是哪一类保税仓库，货物都应当在存储期限之前从保税仓库中提取并按另一项海关监督制度的要求申报办理，否则将按《海关法》有关规定处理。若超过合同协议报关期限还未领取和出库的货物，保税仓储企业应向海关申报作废，并按照《中华人民共和国海关对保税仓库及所存货物的管理规定》处理。

九、货物出库系统操作

1. 预出库指令

货物出库指令来源主要类型有客户管理系统自动导单、客户端邮件指令。其中，客户端邮件指令的作用是通知保税仓储企业其有订购需求，要求保税仓储企业提前做好出库准备。货物管理主要是按照客户的要求，及时将各种已经配装好的货物送交到客户手中，满足客户需要。所有货物出库必须有明确的出库指令。

2. 出库订单创建

系统操作员根据邮件指令创建出库订单，订单信息必须严格按照邮件信息录入。系统自动导单，具体操作界面如图 6-30 所示。

图 6-30　出库订单创建操作界面

3. 出库订单分配

系统操作员按照系统预配规则（先进先出）触发订单分配指令，待系统自动配货完成，打印出库任务清单。客户有特殊要求无法按照系统预配规则进行配货的，必须进行手工分配订单；在满足系统预配规则情况下客户有特殊出库需求的，需要在备注栏备注清楚，以供现场作业人员辨认，具体操作界面如图 6-31 所示。

图 6-31　出库订单分配操作界面

4. 出库订单备货

现场拣货作业员根据拣货任务清单将货物从存储区分拣至待出库区。若在作业过程中出现最小包装不足等需要修改订单等情况，备货人员需要将情况描述清楚后将拣货任务清单返回至系统操作员手中，系统操作员根据邮件确认指令做订单修改，并将修改后订单交由现场备货人员进行确认。

5. 出库订单复核

现场复核作业员对备货完成的订单进行单证信息和实货信息现场复核，复核完毕后签章，并将拣货任务清单呈交至办公室系统操作员处。如发现单货不符情况，需要与对应的拣货员进行现场核对。

6. 订单信息回执

系统操作员对拣货任务清单进行审核，审核无误后将拣货信息邮件告知客服人员（导单部分直接录入系统），由客服人员将实际拣货信息反馈至客户并安排配送车辆等事宜，同时通知质检人员对拆箱出货货物进行二次贴标作业。

7. 订单配送通知

客服人员（或调度人员）将配送车辆信息提前告知仓库对应系统操作员，系统操作员通知现场作业人员做好出库准备。

8. 出库订单发货

提货司机将订车单、报关单等随货单据交由办公室系统操作员进行单单审核，审核后交由现场作业人员进行装车作业。装车人员对装载信息进行记录与签核，提货人员签章确认装载信息。

9. 出库订单交货

车辆发车时必须有至少1名保税仓库工作人员随车，提货车辆驶离平台后10分钟内保税仓储企业值班组长与随车人员电话确认具体位置，保税仓储企业驻客户企业人员负责在客户端仓库进行验收辅助作业，全程跟踪货物流向。

第六节　保税仓库的监管

保税仓库是进行来料加工和保税区内生产所必须具备的物流职能企业，保税仓库不仅能够缓解区内生产企业的库存压力，还能够合理安排区内的企业格局，促进区内经济的协调和可持续发展。但是，作为区内货物流转的重要组成部分，保税仓库必须处于海关的监管之下，监管的主体为各保税区所在地的海关。这样不仅能够有效保证仓库内部货物的储存和操作安全，还能够更加方便快捷地统计保税仓储企业的财务数据，为我国经济发展提供决策资料。

一、海关监管仓库的定义

海关监管仓库在海关批准范围内，接受海关查验的进出口、过境、转运、通关货物，以及保税货物和其他尚未办结海关手续的进出境货物。保税仓库是为适应国际贸易中的时间和空间差异的需要而设置的特殊库区，货物进出该库区可免交关税。可以看出，海关监管仓库其实也是保税储存的一种类型，与外国的保税区域的功能有相似之处，主要存放货物及行李物品进境而所有人未提取，或者无证到货、单证不齐、手续不完备及违反海关章程的，海关不予放行，需要暂存海关监管仓库听候海关处理的货物。

这种仓库有的由海关自行管理，但随着进出口业务的增加，海关作为行政管理机关，自营诸多不便，现在基本上交由专营的仓储企业经营管理，海关行使行政监管职能。存放在海关监管仓库的货物有两个期限：储存超过14天的，海关要征收滞纳金；超过3个月仍不提取的，便视为放弃货物，按照《海关法》的规定变卖，款项交归国库。

海关监管仓库与保税仓库的区别在于，海关监管仓库内的货物不一定是保税货物，也有可能是不符合出口条件而质押在海关监管仓库的货物，或者是违反《海关法》相关规定的货物，如未进行磁性、危险品鉴定的货物。但是，保税仓库内的货物一定是保税货物，其原材料用于保税区内生产加工企业加工，产成品一般要复运出境，不能在"境内关外"销售（某一国境内的海关之外，如重庆西永综合保税区内生产的产品，不能在中国境内直接销售，但是可以在重庆海关的监管区域内进行展示销售）。

二、海关监管内容

1. 保税仓库管理制度执行情况

保税仓库管理制度是指对仓库各方面的流程操作、作业要求、注意细节、6S 管理、奖惩规定、其他管理要求等进行明确的规定，指出工作的方向和目标，以及工作的方法和措施；且在广泛范畴内由一系列其他流程文件和管理规定形成，如仓库安全作业指导书、仓库日常作业管理流程、仓库单据及账务处理流程、仓库盘点管理流程等。

2. 有关单证、账册

保税仓库电子账册是企业开展保税仓储业务前必须向主管海关申请建立的电子文档，是企业向海关申报进出仓货物的电子凭证，是海关为控制和记录企业申报进出及存仓保税货物所建立的电子数据账册。

3. 电子账册系统

保税仓库电子账册系统是海关为适应保税仓库的发展需要，加强和规范保税仓库管理，建立健全保税仓库管理电子底账，最终实现全国统一的保税仓库和海关计算机联网监管模式而采取的一项重要举措。实践证明该系统具有贴近实际、操作简便、运作顺畅、管理严谨、数据齐全等优点。为此，海关总署对该系统在全国海关进行推广应用，如企业未办理保税仓库电子账册，将无法开展保税仓储业务。

三、保税仓库监管的特点

保税仓库与一般仓库最大的不同是，保税仓库及所有的货物受海关的监督管理，非经海关批准，货物不得入库和出库。保税仓库的经营者既要向货主负责，也要向海关负责。

1. 专人负责

保税仓库所存放的货物，应由专人负责。保税仓库于每月的前五日内要将上月所存货物的收、付、存等情况列表报送当地海关核查。

2. 明确经营范围

保税仓库不得对所存货物进行加工，如需改变包装、刷代码，必须在海关监管下进行。海关认为必要时，可以会同保税仓库的经理人，共同加锁，即实行连锁制度。海关可以随时派员进入仓库检查货物的储存情况和有关注册，必要时会派员驻库监管。

3. 单证齐全

保税货物在保税仓库所在地海关入境时，货主或其代理人（如货主委托保税仓库办理的即由保税仓库经理人）填写进口货物报关单一式三份，加盖"保税仓库货物"印章，并注明该货物系存入保税仓库，向海关申报并经海关查验放行后，一份由海关留存，另两份随货带交给保税仓库。

保税仓库管理人员应于货物入库后在上述报关单上签收，其中一份留存保税仓库，作为入库的主要凭证，一份交回海关存查。保税货物复运出口时，货主或其代理人要填写出口货物报关单一式三份并交验进口时由海关签印的报关单，向当地海关办理复运出口手续，经海关核查与实货相符后签印，一份留存，一份返还，一份随货带交出境地海关凭以放行货物出境。存放在保税仓库的保税货物要转为国内市场销售的，货主或其代理人必须事先向海关申报，递交进口货物许可证件，以及进口货物报关单和海关需要的其他单证，并缴纳关税和产品（增值）税后，由海关核准并签印放行。保税仓库凭海关核准单证发货，并将原进口货物报关单注销。对用于中外国际航行船舶的保税油料和零配件，以及用于保税期限内免税维修有关外国产品的保税零配件，海关免征关税和产品（增值）税。对从事来料加工、进料加工备料保税仓库提取的货物，货主应事先将批准文件、合同等有关单证向海关办理备案登记手续，并填写《来料加工专用报关单》（总体如表5-2所示，只是在表头注明来料加工专用）、《进料加工专用报关单》（总体如表6-6所示，只是在表头注明进料加工专用）和《保税仓库领料核准单》一式三份，一份由批准海关备存，一份由领料人留存，一份由海关签盖放行章后交货主。仓库管理人员凭海关签印的领料核准单交付有关货物并凭此向海关办理核销手续。

4. 分类处理

海关对提取用于来料、进料加工的进口货物，按来料加工、进料加工的规定进行管理并按实际加工出口情况确定免税或补税。保税仓库所存货物储存期限为一年。如有特殊情况可向海关申请延期，但延长期最长不得超过一年。进口货物的收货人自运输工具申报进境之日起超过三个月未向海关申报的，其进口货物由海关提取，依法变卖处理，所得价款按照《海关法》第三十条规定处理，即"所得价款在扣除运输、装卸、储存等费用和税款后，尚有余款的，自货物变卖之日起一年内，经收货人申请，予以发还""逾期无人申请或者不予发还的，上缴国库"。保税仓库所存货物在储存期间发生短少，除不可抗力的原因外，其短少部分应当由保税仓库经理人承担缴纳税款的责任，并由海关按有关规定处理。保税仓库经理人如有违反海关上述规定的，按《海关法》的有关规定处理。

鉴于保税仓库的特殊性质，海关代表国家监督管理保税仓库及所存储的保税货物，执行行政管理职能；保税仓库的经营者具体经营管理保税货物的服务工作，可以说是海关和经营者共同管理保税仓库。经营者要依靠海关经营好保税仓库，因此必须充分协作配合，保税仓库经营者要严格执行海关的法令规定，海关需要的报表应及时报送，海关要检查的账册，须完整无误，发生问题应及时向海关报告，请求处理，以利于海关监管。

在这个前提下，海关力求简化手续，提供方便，共同把保税仓库管理好，以充分发挥保税仓库的优越性，为发展对外经济贸易服务。

5. 分类存储

海关监管仓库应与国内货库隔离；进口、出口监管仓库必须分开。严禁国际、国内货物及进口、出口货物混装混放。

6. 分库储存

为保证各种特殊物品的存放条件，海关监管仓库中应设立冷库、危险品库和贵重物品库。

7. 设施齐全

海关监管仓库应具有拆、装、卸货物的各种设备和工具。具备完善的消防和安全设施。为海关提供必要的办公场所、查验场所和扣留物品仓库；提供必要的办公及通信设备、查验工具。

第七章

保税物流企业账册管理

第一节 保税物流企业账册管理基本内容介绍

保税物流企业账册管理的整体流程如图 7-1 所示。

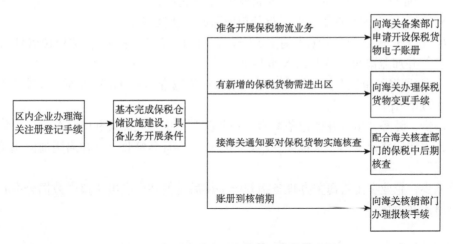

图 7-1 保税物流企业账册管理的整体流程

一、企业海关注册登记手续的办理

（一）企业注册登记

企业在海关注册登记是开展各项海关业务的基础和必要条件，进行海关注册登记的步骤如下。

第一步，在海关门户网站下载中心下载《报关单位注册登记申请书》（附录 1）的同时并且需要按照要求勾选进出口货物收发货人的备案登记[①]，还需要下载《报关单位情况

[①] 两部门关于《报关单位注册登记证书》（进出口货物收发货人）纳入"多证合一"改革的公告. http://www.gov.cn/xinwen/2019-01/14/content_5357770.htm，2019-01-14.

登记表》和《报关单位管理人员情况登记表》，填写企业基本信息并加盖企业公章及法人印鉴章。

第二步，将上述三份表格交企业所在地主管海关的企业备案窗口审核后，到广东省金钥匙控股集团有限公司的"中国电子口岸报关行专用版"预录入上述三份表格所有信息并获取编预录入编码。

第三步，持已录入的表格及相关证件材料向主管海关企业备案窗口办理报关单位海关注册登记审核手续；根据海关总署令第127号《中华人民共和国海关对报关单位注册登记管理规定》，办理注册登记，需要以下材料。

（1）企业法人营业执照副本原件及复印件（个人独资、合伙企业或个体工商户提交营业执照副本）；税务登记证书副本原件及复印件；组织机构代码证书副本原件及复印件。

（2）《对外贸易经营者登记备案表》原件及复印件（法律、行政法规或商务部规定不需要备案登记的除外）。

（3）《中华人民共和国外商投资企业批准证书》原件及复印件（外商投资企业提交）。

（4）企业章程原件及复印件（非企业法人免提交）。

（5）以人民币为基本账户的银行开户证明原件及复印件。

（6）《报关单位注册登记申请书》《报关单位情况登记表》《报关单位管理人员情况登记表》并加盖单位公章及法人印鉴章。

（7）办理报关单位海关注册登记手续的人员须携带本人身份证件原件及单位出具的加盖公章的介绍信。

第四步，经海关审核并登记备案后，企业获取《中华人民共和国海关进出口货物收发货人报关注册登记证书》及报关专用章刻制式样，具名签收，并在启用前向海关备案印模。

第五步，企业在主管海关办理备案登记手续后需前往中国电子口岸数据分中心办理电子口岸入网手续。

（二）电子口岸入网业务申办所需资料

申请入网的企业，必须备齐以下证件原件、复印件，填写相关表格。其中，证件复印件和相关表格须加盖企业公章，并确保字迹清晰可辨。

（1）中华人民共和国组织机构代码证（已完成本年度年审）。

（2）企业营业执照副本。

（3）税务登记证副本或外商投资企业税务登记证副本（国税）。

（4）《中华人民共和国进出口企业资格证书》或《对外贸易经营者备案登记表》或《中华人民共和国外商投资企业批准证书》（该证书请将正反面分别缩印于A4规格纸上）。

（5）《中华人民共和国海关进出口货物收发货人报关注册登记证书》（该证书请缩印于A4规格纸上）。

（6）《中国电子口岸数据分中心制卡业务受理登记表》。

（7）《中国电子口岸企业情况登记表》（1号表），表格形式详见附录2。

（8）《中国电子口岸企业IC卡登记表》（2号表），每申请一个操作员须填写一份。

（9）《电子口岸安全产品发票邮寄信息登记表》。

（三）申办流程

（1）企业携带上述资料到中国电子口岸数据分中心制卡窗口递交入网申请并交纳相关费用，现场购置法人卡、操作员卡、软件、读卡器。法人卡和操作员卡由数据分中心暂为保留，待入网审批通过后再行领取。

（2）电子口岸入网联合审批单位包括海关、质量技术监督局、市场监督管理局、国家税务总局、贸易发展局、外商投资局、数据分中心。

（3）企业在"电子口岸企业入网备案/变更办理进度查询系统"查询入网审批状态为"领卡"后打印领卡通知书，凭领卡通知书、中国电子口岸数据分中心开具的法人卡制卡、操作员卡制卡、企业基本信息申报、培训费费用发票或复印件，到数据分中心制卡窗口领取法人卡和操作员卡。

中国电子口岸的企业IC卡，是指需使用中国电子口岸的企业及其人员，通过备案申请取得的存储用户信息的智能卡。企业IC卡是企业在网上使用的身份证和印章，其内部存有企业用户的密钥和证书，可进行身份认证及数字签名，是企业办理网上业务时明确法律责任、保护企业合法权益的重要用具，必须妥善保存和管理。企业IC卡又可分为企业法人卡和企业操作员卡。

企业法人卡又称公章卡，是指在中国电子口岸中唯一代表企业身份的IC卡。企业法人卡由企业的法定代表人或其指定的人员持有，企业可以为本企业人员申领操作员卡，并对本企业的操作员卡进行停用、注销等管理，并以法人名义对本企业的电子文件进行数字签名。

企业操作员卡用于企业内部人员身份认证，其持有者经法人卡申请和主管部门批准后可以在中国电子口岸进行具体业务操作，并对填写、修改的电子文件进行个人名义的数字签名，但经法人卡授权登记，操作员卡也可代表企业对授权范围内的电子文件进行数字签名。

进出口货物收发货人海关注册登记办理事项流程如图7-2所示。

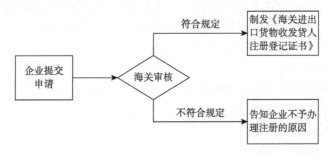

图7-2 进出口货物收发货人海关注册登记办理事项流程

二、保税仓库的设立

（一）申请条件

保税仓库是一个存放未缴关税货物的仓库，同境外仓库。货物存放在保税仓库可以节省一大笔租金费用，尤其当时间较长时，这项优势更加明显。保税仓库不仅仓租较便宜，而且货物可在申报时直接在保税仓库报关。

经营保税仓库的企业，应当具备下列条件：①经市场监督管理部门注册登记，具有企业法人资格；②具备向海关缴纳税款的能力；③具有专门存储保税货物的营业场所；④经营特殊许可商品存储的，应当持有规定的特殊许可证件；⑤经营备料保税仓库的加工贸易企业，年出口额最低为 1 000 万美元；⑥法律、行政法规、海关规章规定的其他条件。

保税仓库应当具备下列条件：①符合海关对保税仓库布局的要求；②具备符合海关监管要求的安全隔离设施、监管设施和办理业务必需的其他设施；③具备符合海关监管要求的保税仓库计算机管理系统并与海关联网；④具备符合海关监管要求的保税仓库管理制度、符合会计法要求的会计制度；⑤符合国家土地管理、规划、交通、消防、安全、质检、环保等方面法律、行政法规及有关规定；⑥公用保税仓库面积最低为 2 000 平方米；⑦液体危险品保税仓库容积最低为 5 000 立方米；⑧寄售维修保税仓库面积最低为 2 000 平方米；⑨法律、行政法规、海关规章规定的其他条件。

（二）经营保税仓库的企业，需要提交的单证

（1）保税仓库申请书。
（2）保税仓库申请事项表。
（3）可行性报告。
（4）经营企业法人工商营业执照复印件。
（5）税务登记证复印件（国税和地税）。
（6）股权结构证明书复印件（合资企业）。
（7）开户银行证明复印件。
（8）拟开展保税仓储的营业场所的用地土地所有权或使用权证明复印件，以及拟开展保税仓储的营业场所的产权证明，属租借房屋的还应收取房屋租赁合同。
（9）申请设立的保税仓库位置图及平面图。
（10）仓库管理制度。
（11）对申请设立寄售维修型保税仓库的，还应收取经营企业与外商的维修协议。
（12）经营企业财务制度与会计制度。
（13）消防验收合格证书。
（14）其他需要的相关材料。

企业申请设立保税仓库时，如仓库已建成或租赁仓库经营的，企业应一次性提交以上所有单证、文件；如保税仓库尚在建设中的，以上第（8）项、第（13）项单证可缓交，在仓库验收时提交。

（三）申请设立保税仓库的业务流程

（1）申请人向仓库所在地主管海关递交申请材料，海关应当依法制发《海关行政审批受理单》或《海关行政审批申请不予受理通知书》。

（2）主管海关受理申请后，对申请材料进行审查并上报直属海关，必要时主管海关可派员到仓库现场进行验核。

（3）直属海关应自收到仓库所在地主管海关报送的审查意见之日起20个工作日内作出决定。批准设立的，制发《海关准予行政许可决定书（保税仓库项目）》；不予批准的，制发《海关不予行政许可决定书（保税仓库项目）》，说明理由并告知申请人享有依法申请行政复议或提起行政诉讼的权利。

（4）申请设立保税仓库的企业应当自海关出具保税仓库批准文件1年内向海关申请保税仓库验收，由主管海关进行审核验收。保税仓库验收合格后，经海关注册登记并核发保税仓库注册登记证书，方可投入运营。无正当理由逾期未申请验收或验收不合格的，该许可决定书自动失效。

（5）仓库主管海关自接到企业书面申请及随附相关材料之日起10日内进行实地验收，填写《海关保税仓库/出口监管仓库勘验记录表》并将相关材料报直属海关审核。申请验收时的保税仓库应当符合"申请条件"的相关要求。

（6）直属海关自收到主管海关报送材料之日起10日内审核完毕，必要时可会同仓库主管地海关进行实地核实。对验收合格的仓库，直属海关核发保税仓库注册登记证书，批准开展相关业务。对验收不合格的，海关应书面告知申请人。

（7）直属海关应按照行政许可要求出具批准文件，由仓库主管海关将批准文件转交到企业。

（四）相关规定和依据

申请设立保税仓库的管理办法，主要依据以下两个文件：《中华人民共和国海关对保税仓库及所存货物的管理规定》（海关总署令第105号）；《中华人民共和国海关对保税仓库及所存货物管理操作规程》（署加发〔2007〕48号）。

（五）海关工作时限

仓库主管海关受理企业申请后，于受理申请之日起20个工作日内审查完毕，并将审查意见和相关材料报直属海关。直属海关应自收到仓库主管海关报送的审查意见之日起20个工作日内作出决定。

保税仓库设立的申请与审批办理事项流程如图7-3所示。

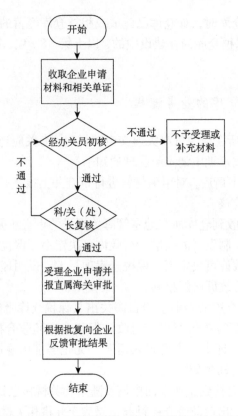

图 7-3　保税仓库设立的申请与审批办理事项流程

三、保税仓库电子账册介绍

保税仓库办理注册登记后，仓库主管海关应按要求为保税仓库经营企业建立保税仓库电子账册，并可根据仓库的具体情况选择备案式通关电子账册（简称 K 账册）或记账式通关电子账册（简称 J 账册）。

保税仓库电子账册（物流账册）是（区内物流）企业开展保税仓储业务前必须向主管海关申请建立的电子文档（电子底账），是企业向海关申报进出仓货物的电子凭证，是海关为控制和记录企业申报进出及存仓保税货物所建立的电子数据账册。

根据海关总署的规定，保税仓库电子账册中的经营单位应为经营保税仓库的企业，收货单位为保税仓库自身。由于保税仓库无独立的纳税人识别号、组织机构代码和企业进出口代码，为保证电子账册的顺利运行，需要赋予保税仓库一个海关注册编码。

保税仓库的注册编码为 10 位，前 5 位按《关于修订海关统计经营单位指标的通知》定义设置，第 6 位为企业性质代码，第 7 位为保税仓库类别代码（D 为公共保税仓库，E 为液体保税仓库，F 为寄售维修保税仓库，G 为暂为空，H 为特殊商品保税仓库，I 为备料保税仓库），第 8~10 位为顺序号。

从用途上讲，保税仓库电子账册分为经营范围电子账册和通关电子账册。

1. 经营范围电子账册

经营范围电子账册是描述企业进出口货物类别的一份清单，保税仓库必须在经营范围电子账册列明的货物类别范围之内进行经营。也就是说，海关通过经营范围电子账册，对保税仓库进口、出口报关的货物种类进行管理。海关对一个企业只设立一个经营范围电子账册。

2. 通关电子账册

通关电子账册是企业货物进出口的凭证，是海关管理、控制、记录保税仓库进口、出口和存仓货物数据的电子文档。一般情况下，海关对一家保税仓库只设立一本通关电子账册，但根据保税仓库的实际经营情况，也可以设立多本通关电子账册。

通关电子账册有两种，一种是 K 账册，另一种是 J 账册。

1）K 账册

K 账册即备案式通关电子账册，是传统的通关电子账册。保税仓库经营单位必须在进口报关之前将准备进库的货物品种、数量资料等向海关申请在通关电子账册中进行备案，进仓货物必须限定在通关电子账册备案范围内，否则海关通关系统将在审单过程中不予通过报关单。

2）J 账册

J 账册即记账式通关电子账册，是不需要预先备案的电子账册。使用 J 账册，可不用预先向海关申请对货物品种、数量等在通关电子账册中进行备案，而是在报关完成、海关放行之后，货物数据自动进入电子账册表体中。

因为公共保税仓库储存的货物有很大的不确定性，且品种很多，备案将会很烦琐，所以 J 账册比较适用于公共保税仓库。

由于 J 账册不必在报关前预先在电子账册中进行备案，使用起来比较方便，与 K 账册相比较，公共保税仓库更愿意使用 J 账册。在精细运作型保税 VMI 业务中，公共保税仓库使用 K 账册却优于使用 J 账册，其原因在于"两稳定""一有利""一方便"。

"两稳定"，一是指在精细运作型保税 VMI 业务中，由保税仓库提供服务的下游客户，即大型加工贸易企业与保税仓库之间服务和被服务的关系比较稳定。一般情况下，大型加工贸易企业在采用 VMI 业务和选择合适的第三方物流公司之前一定会经过慎重的考虑，一旦合作关系确立，就不会轻易取消。二是指下游客户生产所需的料件品种相对稳定，除非产品方向完全改变，否则基本所需的料件不会改变。因此，一旦备案完成，不必经常变更，只是随时有所增加而已。

"一有利"是指有利于海关监管。保税仓库所存放的保税料件的出库去向，是海关监管的一个非常重要的方面，也是海关重点监管的环节。使用 K 账册的保税仓库与使用 E 账册的加工贸易企业，以相对应的备案序号在各自的通关电子账册中备案，对海关的日常监管、核查来说比较有利。因为备案序号是相对应的，从保税仓库出库了哪种备案序号的料件，必然有哪种备案序号的料件进入加工贸易企业的 E 账册，海关通过备案序号的对应关系，对照两家企业的一进一出，就可以随时掌握保税料件的去向，保证保税仓库存放的特定保税料件进入特定的加贸企业。

"一方便"是指由于对应备案比较有利于海关的监管，海关才可以对保税仓库和保税仓库服务的下游加工贸易企业在通关等方面给予一定程度的便利。例如，在入仓进口报关、出仓形式出口报关等环节，如果没有海关在满足监管条件的前提下给予一定的便利，精细运作型保税 VMI 业务难以开展得很好。

总之，对于从事精细运作型保税 VMI 业务的公共保税仓库来说，使用 K 账册虽然从备案环节上看似多了一道手续，但如果运用得好，会换来海关提供的一定程度的通关便利。对于保税 VMI 业务来讲，备案带来的麻烦与通关便利带来的好处相比，不值一提。

■ 第二节　保税物流账册备案（设立）管理

一、电子账册的备案（设立）

（一）保税仓库电子账册备案申请（办理）条件

企业申请设立保税仓库电子账册，应符合以下规定。

（1）经营单位应为海关批准的保税仓库经营单位。

（2）收货单位应为海关核准的保税仓库规范名称及代码。

（3）保税仓库名称和代码应与保税仓库性质一致。

（4）保税仓库备案商品不能超出仓库的经营范围，不得存有国家规定不得存入保税仓库的商品。

（5）电子账册有效期应小于保税仓库经营企业经营期限，如仓库租赁房屋开展经营的，应小于保税仓库房屋租赁期。

（6）备案商品名称、计量单位应符合海关申报规范并满足监管需要。

（7）备案商品编码应准确。

（8）法律、法规和海关规章规定的其他事项。

【案例 7-1】

备案问题（HS 商品编码归类）①

1. 视频投影仪伪报税号案

某年 7 月，某跨国公司将其生产的视频投影仪（海关税号 85283010，税率 30%~35%）在境外进行技术改造，取消投影仪的视频使用功能之后，以数字投影仪（海关税号 84716090，税率 10%~15%）向海关申报进口，在海关放行后，恢复视频使用功能，然后以视频投影仪在国内销售。该年 5 月，中国海关发觉这一情况后立案调查，根据海关商品归类总规则，这种

---

① 资料来源：http://www.docin.com/p-613778306.html。

投影仪不应作为数字投影仪归入 84716090，而应以视频投影仪的不完整品归入 85283010。在这种情况下，该跨国公司在进口前后所采取的产品取消与恢复功能的措施，表明其主观上属于伪报进口税号，故意偷逃关税，构成走私罪。

2. 进口太阳能多晶硅片案

某年 8~11 月，A 公司两次以一般贸易方式向某海关申报进口太阳能多晶硅片，申报税号 28046190，享受 2% 暂定税率。通关过程中，某海关对该批货物采取了取样送检，化验中心答复："经分析，送检样品为多晶硅，但外观有杂质，与税号 28046190 项下含硅量不少于 99.99% 的多晶硅不符。"该海关以此为依据将此商品归入税号 28046900，税率为 4%，并且对 A 公司做出漏缴税款一倍的罚款。

3. 荧光粉出口案

某外商投资企业自成立以来一直从事荧光粉的生产并出口业务，其所生产的荧光粉出口申报税号为 32065000，由于我国稀土政策的调整，该企业出口的荧光粉被海关认定为稀土原料（税号为 28469019），该商品出口需要提供出口许可证，否则该企业生产的产品无法进行正常的通关贸易。律师通过与海关归类部门沟通，对产品进行了归类化验。最终外商投资企业的部分商品被海关重新认定申报税号为 32065000，进而解决了企业出口的现实困境。

4. 企业进口发光二极管案

某外资企业主营用于生产全彩色显示屏的发光二极管，2017 年 3 月至 2018 年 5 月，该企业进口该产品时，向海关申报的税号为 85414010，海关监管条件为零关税。2019 年 11 月，海关对该企业进行专项稽查，认为该企业存在违法行为，认定涉案的商品税号为 94059910，税率应为 20%，应对该企业追征 3 年税款。在事实调查与法律探究的基础上，律师代理企业向海关总署技术委员会及国家税则委员会提出异议，陈述企业并不存在违法行为。经审查核实，海关下达归类通知采纳企业建议，最终认定该产品税号为 85414010。

罚款依据为《中华人民共和国海关行政处罚实施条例》第十五条：

第十五条进出口货物的品名、税则号列、数量、规格、价格、贸易方式、原产地、启运地、运抵地、最终目的地或其他应当申报的项目未申报或者申报不实的，分别依照下列规定予以处罚，有违法所得的，没收违法所得。

（1）影响海关统计准确性的，予以警告或者处 1 000 元以上 1 万元以下罚款。

（2）影响海关监管秩序的，予以警告或者处 1 000 元以上 3 万元以下罚款。

（3）影响国家许可证件管理的，处货物价值 5% 以上 30% 以下罚款。

（4）影响国家税款征收的，处漏缴税款 30% 以上 2 倍以下罚款。

（5）影响国家外汇、出口退税管理的，处申报价格 10% 以上 50% 以下罚款。

（二）保税仓库电子账册备案提交材料

1. 办理保税仓库注册登记联系函

企业在领取保税仓库注册登记联系函时，应提交以下单证：①保税仓库情况登记表

（附录3）；②保税仓库登记证书复印件；③经营企业营业执照复印件。

2. 建立保税仓库经营范围电子账册

建立保税仓库经营范围电子账册，提交以下材料：①保税仓库申请书；②保税仓库情况登记表；③保税仓库登记证书复印件；④经营企业营业执照复印件。

（三）办理程序

第一步：企业提起申请，并通过报关公司预录入申报数据。

第二步：海关审核。海关主要审核保税仓库经营范围账册的表头和表体，完成初审和复审后生成经营范围电子账册。

第三步：报关公司预录入通关电子账册申报数据。

第四步：海关审核。海关主要审核保税仓库通关电子账册表头和表体，完成初审和复审后生成保税仓库通关账册。

保税仓库电子账册备案办理事项流程如图7-4所示。

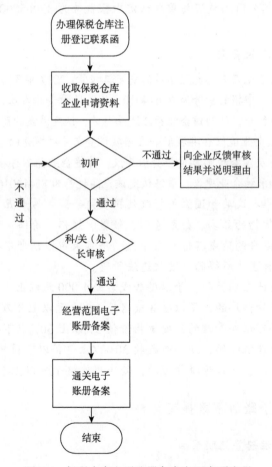

图7-4　保税仓库电子账册备案办理事项流程

二、进出口商品约束性预归类

电子账册备案时，保税仓库主管海关按照进出口商品规范申报目录的要求进行审核。电子账册商品的计量单位应满足海关监管要求，对机电产品、电子产品等应以数量单位建账。

保税仓库主管海关应对电子账册的备案商品进行归类审核。归类审核时，保税仓库主管海关应一并审核商品名称、备案计量单位等。

预归类制度是指一般贸易货物在实际进出口前，申请人以海关规定的书面形式向海关提出申请并提供商品归类所需的资料，必要时提供样品，海关依法做出具有法律效力的商品归类决定的行为。预归类将通关环节的归类工作前置，通关时，海关不再对商品的归类税号进行审定，着重对实际进出口货物与预归类商品的一致性进行审核。预归类决定在有效期内仅对该决定的申请人和作出决定的海关具有约束力。预归类不仅有利于合法进出口，加速货物通关，也有利于企业规范其报关行为，提前核算应缴纳的关税及其他税费，并准确地办理各种许可证件。

1. 申请条件

（1）申请预归类的商品应为一般贸易项下已对外签订合同，即具有实际进出口计划，但尚未入出港的进出口货物。

（2）申请人应是在海关注册的进出口货物的经营单位或其代理人（代理人应持有经营单位的书面授权书并加盖公章）。

（3）口岸为预归类的商品预计进出口口岸。

（4）商品描述能够满足海关归类需求。

2. 业务流程

1）申请的提出

（1）申请人应填写《海关进出口商品预归类申请书》（简称《申请书》，可向海关通关部门索取），以书面形式提交进出口地海关通关部门。若接收申请的海关与申请人所在地海关不在同一直属海关关区的，应凭申请人所在地直属海关开具的未做过预归类决定证明提出申请。

申请人不得就同一种商品向两个或两个以上海关提出预归类申请。

（2）《申请书》填报要求。一份《申请书》只应包含一项商品；申请人对多项商品申请预归类的，应逐项提出。

申请人应严格按照《申请书》的格式填写下列有关内容：①申请人名称、地址、在海关注册的企业代码、联系人姓名及电话等；②预归类商品的中英文名称（其他名称）；③预归类商品的详细描述，应包括商品的规格、型号、结构原理、性能指标、功能、用途、成分、加工方法、分析方法等；④预计进出口日期及进出口口岸。

海关商品预归类申请表样表详见附录4。

（3）随附单证要求。申请人应按海关要求提供足以说明预归类商品情况的资料，如进出口合同复印件、照片、说明书、分析报告、平面图、化验报告等，必要时应提供商品样品。其中，混合品须提供国家认可的商品鉴定机构出具的成分鉴定报告。申请所附文件如为外文，申请人应同时提供外文原件及中文译文。

《申请书》一式二份，申请人和作出决定的海关各执一份。《申请书》必须加盖申请单位印章，随附资料与申请书必须加盖骑缝章。

2）申请的受理

海关根据有关规定对预归类申请进行审查，对不能满足预归类条件的申请，海关可不予受理。申请预归类的商品应为申请人实际或计划进出口的货物，如所提申请与实际进出口无关，海关可不予受理。

3）预归类决定的做出

预归类决定由海关关税部门做出。《预归类决定书》（简称《决定书》）一式二份，一份交申请人持有，另一份由海关关税部门留存。

3. 《决定书》的使用

当地海关做出的预归类决定在当地关区范围内有效。《决定书》自签发之日起一年内有效。

《决定书》只限申请人使用。持有《决定书》的申请人在该决定的有效期内进出口《决定书》中所述及的货物时，应向进出口地海关递交《决定书》原件，进出口地海关现场通关部门根据《决定书》做出相应归类决定后，应将《决定书》原件退还持有人，同时将复印件随同报关单据存档备查。

4. 《决定书》的即行失效

由以下原因造成预归类决定更改时，原《决定书》即行失效。

（1）因申请人提供的商品资料不准确或不全面，造成原预归类决定需要改变的。

（2）因申请人补充资料或提交新资料，海关需按新提交的预归类申请重新审核，造成原《决定书》失效的。

（3）因国家政策调整、法律、法规变化引起预归类决定改变的，申请人可持原《决定书》到海关申请换发《决定书》。

5. 预归类商品通关要求

《决定书》持有人在申报预归类商品时，申报的商品名称必须与所持《决定书》中的商品名称相同。

在填制报关单时，必须就一份《决定书》所涉及商品填制一张报关单，在报关单随附单据一栏加小写"r"，并在备注栏后半部分填写"r：预归类准字"。预归类准字由 6 位阿拉伯数字组成，第 1 位表示签发年份（2000 年为 0，依此类推），后 5 位表示准字序号。例如，2000 年签发的《决定书》中商品名称为"萤火虫"，预归类准字为"000088"，申报时应在随附单据一栏加小写"r"，并在备注栏后半部中填写"r：000088"。

6. 相关规定及依据

（1）《中华人民共和国海关进出口货物商品归类管理规定》（海关总署令第 158 号）。

（2）《海关总署关于取消海关预归类服务等 3 项收费的通知》（署财发〔2015〕86 号）。

（3）《关于预归类货物报关单填报有关问题的公告》（海关总署 2008 年第 4 号公告）。

第三节　保税物流账册变更管理

一、账册变更的内容

（一）经营范围电子账册变更

经营范围电子账册变更是指联网企业因经营范围商品编码前四位、仓储能力、企业代码、企业名称等情况发生变更时，企业与海关按经营范围电子账册备案的程序及要求办理变更手续的过程。企业申请经营范围电子账册变更时，在经商务主管部门批准后，企业可通过网络向海关申请变更，业务办理程序参照经营范围电子账册备案。

企业经营范围变更到工商注册所在地主管海关办理变更手续，需要携带以下材料。

（1）变更后的《对外贸易经营者登记备案表》原件及复印件（非外商投资企业、个体工商户提交）。

（2）变更后的《中华人民共和国外商投资企业批准证书》或《中华人民共和国台、港、澳、侨投资企业批准证书》原件及复印件（外商投资企业提交）。

（3）章程修正案或新章程或董事会决议原件及复印件。

（4）变更后的工商营业执照副本原件及复印件。

（5）变更后的税务登记证书副本原件及复印件。

（6）《中华人民共和国海关进出口收发货人报关注册登记证书》。

（7）填写报关单位情况登记表，并加盖单位公章。

（8）报关专用章。

（9）单位加盖公章的介绍信和经办人身份证原件。

（10）海关认为需要的其他文件。

（二）通关电子底账变更

通关电子底账变更是指联网企业由于生产经营的需要，向海关申请通关电子底账的变更，海关予以审核的过程。通关电子底账变更主要是便捷通关电子账册变更，有三种类型。

（1）新增变更，即新增料件或成品等。

（2）修改变更，即修改通关电子底账表头内容，或修改尚未进出口通关的料件、成品等各项内容，以及已经进出口通关的料件、成品的商品编码。

（3）删除变更，即删除尚未进出口通关的料件、成品版本等各项内容。

便捷通关电子账册的基本情况表内容、料件成品发生变化的，包括料件、成品品种的增加等，只要未超出经营范围和仓储能力的，企业不必报经商务主管部门审批，可通过网络直接向海关申请变更，海关予以审核通过。

二、电子账册变更的流程

实行电子账册管理的企业发生以上需要变更电子账册的情况时，企业通过电子账册企业端系统"电子账册"模块，录入电子账册变更数据，海关系统一般会自动进行审核通过，如有特殊情况可通过人工到海关查询并请求审核。

主要业务办理流程为电子账册联网企业向海关申报电子账册变更数据—（转人工审核时）海关审批电子账册变更。

具体办理步骤如下。

（一）企业向海关提出电子账册变更申请

企业须向海关提供下列单证。

（1）企业填写清楚、齐全并加盖公章的《综合保税区企业电子账册备案变更申请表》（实际情况中企业使用的是《电子账册报备申请表》，见附录5）。

（2）管制商品的，须提交归口（或归属）主管部门的监管证件。

（3）海关需要的其他单证。

（二）海关审批企业电子账册变更

海关需要进行层级审批，同时审核企业提交的电子数据，可能会要求企业提供有关货物的详细说明、工艺流程图，有必要的可能要求查验货物。

在海关审批企业电子账册变更时，有以下两点应高度重视。

1）海关审核重点

（1）企业提交单证是否齐全、真实、有效，单证之间是否一致。

（2）进口料件备案商品编码、品名、计量单位是否符合规定。

（3）出口成品的商品编码、品名、计量单位是否符合规范，数量是否合理。

2）海关不予批准的电子账册变更

存在下列情况之一的，海关将不予批准电子账册变更。

（1）申请备案的进口料件或出口成品属于国家禁止进出口的，或者国家禁止在我国境内流通仓储的。

（2）属于国家规定不允许开展流通贸易的。

（3）进口料件备案商品编码、品名、计量单位不符合规定。

（4）出口成品的商品编码、品名、计量单位不符合规范，数量不合理。

【案例 7-2】

数量不符①

某公司为货运代理公司，代理外地一家出口贸易公司的 1 600 吨货物入保税区仓库，但是货物实际离境时竟然少了 30 吨货物，价值约 20 万元，送货方为货主委托的另外的 A 仓库，其说没有少送货；保税仓库也说自己没有丢失货物，肯定是入区的 A 仓库少送了货物，在入区的时候保税仓库没有进行过磅点数就签下了 A 仓库的收货单。两家仓库都无法提供准确的有效证据证明自己少送货或者丢失货物。

处理方法：该货运代理公司应该报警，等稽查部门判定结果后，根据双方责任具体情况，该货运代理公司应该重新备案改单、补单或者销账，必要的情况下货运代理公司还应该进行经济赔偿。

■ 第四节　保税物流账册核销管理

一、账册核销流程

（一）电子账册核销主要业务办理流程

企业向海关申报预报核数据—主管海关进行预报核审核—海关审核通过预报核并通知企业申报正式报核—企业提交正式报核单证并申报正式报核数据—主管海关进行正式报核审核—主管海关予以通过正式报核—主管海关打印核销表反馈企业。

电子账册简易核销流程如图 7-5 所示。

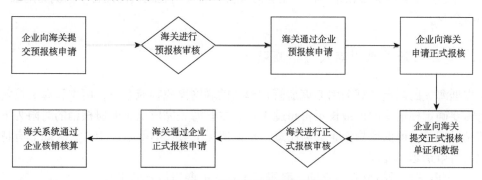

图 7-5　电子账册简易核销流程

具体的办理步骤如下。

1. 预报核录入、申报

企业应同时提供下列预报核资料并向海关发送电子数据：①《电子账册预报核申请

---

① 资料来源：http://www.110.com/ask/problem/1165655/.

表》(附录 6); ②《电子账册本核销周期备案清单登记表》(附录 7)。

2. 海关预报核审核、反馈

海关审核重点: ①账册号、报核次数、报核类型; ②报核开始日期、截止日期; ③报核报关单比对。

3. 正式报核录入、申报

企业应提供下列相关单证并向海关发送电子数据: ①《电子账册正式报核申请表》; ②《电子账册本期料件进口汇总表》; ③《电子账册本期成品出口汇总表》; ④《电子账册核销核算表》; ⑤《电子账册报废物料汇总表》; ⑥企业盘点报告(盘点核销需提供); ⑦《电子账册差异比对表》(盘点核销需提供)。

4. 海关正式报核审核、反馈

海关审核重点: ①报核期内料件进口数量; ②报核期内成品出口数量; ③核销核算; ④核销理论库存与盘点实际库存差异情况。

核销核算部门如认为有必要进行核查,需向核查部门提出请求,并根据核查部门反馈的核查结果进行进一步核销认定。

5. 海关系统通过核销核算

(1)海关审核无误的,在海关 H2010 系统中予以通过核销核算。

(2)海关审核不予通过的,在 H2010 系统中进行退单处理,企业需重新进行正式报核。

企业通过主管海关报核审核的,主管海关会打印核销表或核销报告(示例见附录 8)反馈给企业。

(二)电子账册核销周期及报核期限

根据海关的规定,对采用 E 账册管理模式的联网保税物流企业,由主管海关按实际监管需要确定核销周期,最长不得超过 1 年;主管海关完成电子账册核销的时限为下一个核销日期前,但保税物流企业需注意,正常情况下最长不得超过 180 天,除非有特殊情况的可申请延期处理。

(1)电子账册报核开始日期:账册开设日或上期报核日的次日。

(2)电子账册报核截止日期:上期报核日的次日+系统设定期限(如 180 天、360 天等)。

(3)报核期限:上期报核日的次日+系统设定期限+30 天。

即电子账册一般以 180 天为一个报核周期。首次报核期限为从电子账册建立之日起 180 天后的 30 天内;以后报核期限,为从上次报核之日起 180 天后的 30 天内。

电子账册首次核销周期包括电子账册备案批准当日。假设某公司的电子备案批准日期是某年 8 月 3 日，那么该公司的电子账册首次核销周期包含 8 月 3 日当天。

　　企业应在海关规定的期限内向海关办理电子账册的报核手续。有正当理由需延期办理的需向海关提出申请，超出报核期限未报核的，海关将停止企业电子账册的执行。

　　保税物流账册核销办理事项详细流程如图 7-6 所示。

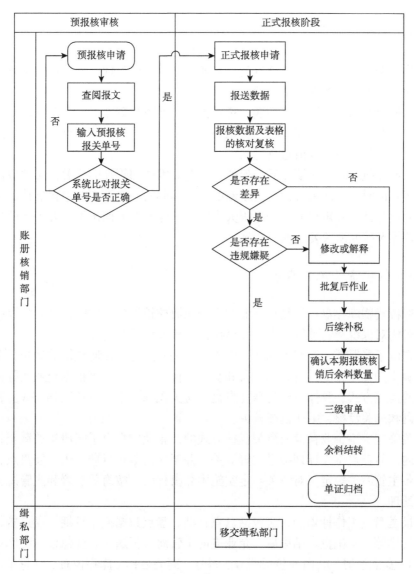

图 7-6　保税物流账册核销办理事项详细流程

二、账册核销的原则和基本方法

　　进行账册核销，要明确核销的主体是报关进出区的保税料件；核销应遵循的一个基本原则是理论应存数量与企业实际库存数量的比对；核销的基本方法是先确定理论应存数量、企业实际库存数量，然后再确认差异。

尽管账册核销有一定的原则和基本方法，但在账册核销中难免会出现各种问题。在企业电子账册核销中容易产生问题的过程主要有两个：一是企业实际库存的确定；二是理论库存的确定。

三、账册核销操作技巧

保税物流企业的电子账册核销有盘点切换、盘点数据整理、进出口数据整理、平衡表制作与核销结果后续处理五个步骤。

保税物流企业电子账册盘点切换，是指盘点前准备与盘点实施两个阶段。盘点前准备大致分为三个部分：一是新的归并关系数据的整理；二是企业盘点工作计划的制订与部门间协调；三是向海关申请盘点时间。

电子账册在执行若干周期以后，保税物流企业因内部管理的需要，必须取消一部分料号的使用。同时，在海关方面，由于新的商品编码的确定及新的申报规范的出台，必将对原有的商品认知及申报方式产生很大影响。从这两个方面出发归并关系的更新就是清理垃圾数据及按照海关要求加以实施。

（一）企业保税货物库存盘点

企业保税货物库存盘点，是指企业在电子账册核销周期到期时，企业、海关或所委托的中介机构对保税货物进行盘点，并确认盘点核查结果的过程。

企业在电子账册核销周期到期前，由主管海关确定电子账册核销的截止日期，企业根据海关确定的截止日期进行数据准备和盘点工作。主管海关可根据企业实际情况，确定对企业的盘核方式，具体可分为企业自盘、海关盘核、中介盘核三种方式。目前主要为企业自盘和海关盘核，中介盘核较少。

对海关确定实施企业自盘或海关盘核方式的，企业应在电子账册核销截止日期前的规定时限内，将盘点工作计划报送主管海关，并于核销截止日期当天开展盘点，具体时限应依据各主管海关规定；对海关确定实施中介盘核的，按海关总署和主管海关有关规定和要求处理。

企业报送盘点工作计划的，应包括盘点日期、盘点数据截止日期、盘点货物内容、盘点人员安排等，实施盘点结束后，企业应向主管海关报送《企业保税货物库存盘点清册》（简称《盘点清册》），内容包括项号、料号、商品名称、库存位置、计量单位、原材料或成品库存数量等必备字段。

（二）海关对企业的盘点核查

主管海关可根据监管需要和企业实际，对企业进行盘点核查，企业应配合海关进行盘点核查。

（1）企业应按照海关要求提供盘点工作计划和保税货物库存账册，包括盘点时间、区域、方法和主要流程等内容及厂区、仓库分布图等。

（2）配合海关进行具体盘核，包括企业按海关要求做好抽查盘点区域的盘点货物清册；企业按海关要求做好随机抽取区域有关《盘点清册》；企业按海关要求做好机动巡查区域的盘点货物清册。

（3）配合海关对盘点结果进行签章确认，并作为企业制作《盘点清册》的基础。

（4）配合海关提供厂区和仓库分布图、货物存放分布情况说明、盘点工作报告、部分料号级货物盘点情况等。

（三）企业实际库存的确定

企业实际库存的确定通常采用库存盘点的方式。

盘点主要有以下两个要求：一是盘点的对象为企业保税仓库的料件；二是为保持盘点数据的准确，企业应保证保税仓库的进出处于静止状态。

盘点包含盘点前准备、盘点实施、盘点后数据整理三个步骤。

1. 盘点前准备

1）制订盘点计划

包括盘点的具体时间（企业自盘时间、海关监盘与抽盘时间、会计师事务所报告提交时间）；盘点货物的区域分布（良品、不良品等特殊料件的区域分布）；如何组织落实存货盘点工作（盘点实施流程，是否采用停止所有进出口业务盘点，各项业务盘点结束时间，确定盘点人员，盘点方式，数据如何产生，何时海关复盘，等等）。

2）整理确认提交的数据

包括电子账册项号与企业料号归并关系表；《盘点清册》及其明细表（如本期核销出口成品表、库位明细表、物料报废、补税出区情况等）；企业其他需要调整数据的情况。

保税仓储企业盘点工作计划的制订与部门间协调是企业年度工作中的一项重要工作，应予以高度重视，一般应结合保税物流企业的财务年度盘点进行。需要注意的是，电子账册的切换盘点只是针对企业保税料件、成品的盘点，因此企业应将保税货物与非保税货物明确区分，以避免造成保税货物的盘点混乱。

2. 盘点实施

（1）企业初盘。组织落实存货盘点工作，对于原材料库存情况、成品库存情况、在途数据情况等一一落实，确保盘点的准确性。

企业根据盘点工作计划先进行初盘，然后海关进行复盘。企业初盘完成后将初盘盘点表进行存档，海关根据初盘后记录的盘点结果对货物再进行一次复盘，以保证初盘数据的正确性。

企业理论库存的确定要依据以下公式：

$$理论库存=上期结余数量+本期进口数量-本期出口数量$$

若理论库存大于实际库存，则盘亏；若理论库存小于实际库存，则盘盈；若理论库存等于实际库存，则达到平衡。企业初盘与海关复盘各项数据相同，则达到平衡；企业初盘与海关复盘的数据不同，则需要找初盘人进行当面核对，并进行复盘，初盘所有差异数据都需要经过复盘盘点，复盘时需要重点查找错误原因，如货物储位错误、货物标示 SKU（库存量单位）错误、货物混装等。复盘且核对无误后，将正确的数量填写在盘点表的"复盘数量"栏，如以前已经填写，则予以修改，并请相关责任人签字盖章。

（2）制定《盘点清册》。《盘点清册》格式由企业自身的系统决定，但是海关用于现场盘点的清册至少要包含表 7-1 中所示字段，并按金额由高到低排序，便于海关抽盘金额较大的料件。

表 7-1　海关用于现场盘点的清册内容

序号	项号	料号	详细库位	数量	单位	商品名称
1						
2						
3						

（3）海关根据实际情况确定是否需要参与复盘，一般情况下海关都是需要复盘的。

【案例 7-3】

单 单 不 符①

1. 金额填错，申请改单

某公司有票货物，原始报关单上数量为 26 000 千克，单价为 3.091 美元，总金额应该为 80 366 美元，但由于单证人员的粗心将 80 366 美元写成 803 660 美元，将总金额后面多加了一个 0，此票货物海关已放行，该公司在电子口岸上发现金额错误，主动申请改单，被报关行告知可能会被处 5 000~10 000 元的罚款。

处理方法：根据《中华人民共和国海关行政处罚实施条例》，进出口货物的品名、税则号列、价格等申报不实的，海关可以对当事人处以罚款的行政处罚。关于货物价格申报错误，是否是违法造成的，海关会进行调查，如确存在违法行为又经查证属实，海关将予以行政处罚。企业申报错误后，提出解释或证据，若海关认可，则企业可以重新改单或删单。

2. 进口货物金额少报，补申报

某月某公司从意大利进口一票货物，货物总价值为 19 536.05 欧元，该公司已经支付了 30% 的预付款 5 860.82 欧元，但是该公司的意大利供应商提供的发票是这么写的："总金额为 19 536.05 欧元，Deducted the 30% down payment of our invoice"，发票右下角显示金额为 19 536.05−5 860.82=13 675.23 欧元。

因为发票右下角显示的金额是货物的总价值减去 30% 预付款的价值，所以该公司的报关行就按照发票右下角的金额（13 675.23 欧元）报关，2 天后货物到了该公司，相关负责

---

① 资料来源：http://www.bgyedu.com/tongguan/tgyw/20100115/111709330.html。

人拿到进口的税单后，发现报关行少报了 30% 的货值金额，只报了 70% 的货值金额，等于该公司给海关少交了关税和增值税。由于该司还有 70% 的余款没付，这种情况可能会造成该票货物 30% 的货款付不出去，也核销不掉。如果被海关查到，就会有偷税漏税的嫌疑。

处理方法：申请改单或补申报，补缴税款。因为该公司提供的发票里已经写明了总金额，海关调单核对是可以发现的，而且该公司主动要求补税，就可以被免去偷税漏税嫌疑。

3. 盘点后数据整理

保税物流企业盘点结束后，所有进出口报送均计入新的核销周期。

盘点的最终目的是得到与账册进口项号相对的各件件的实际余量，因此对保税物流企业盘点数据进行整理，需要将盘点得到的各种原料、成品进行整理，统一成原材料的形式，通过表格的形式整理并进行扫描。

1）影响盘点数据准确性的因素

影响盘点数据准确性的因素主要包括原材料、成品等漏盘、多盘、错盘（单位）等。

2）盘点时容易忽视的因素

盘点时容易忽视的因素如下：已申报进口，但仓库未及时收料；已申报出口，但仓库未及时出货；仓库未及时收料，但已申报进口；仓库未及时出货，但已申报出口。忽视了这些因素会造成盘点的错误或不准确。

非报关货物（物品）进/出保税区时，要填写专门的清单（《××综合保税区非报关货物（物品）进/出区清单》，见附录 9）。

因办公/生活需要，进出综合保税区，需在卡口登记的货物，应填写《卡口登记货物明细表》（附录 10）。

四、异常情况处理

（一）预报核报关单与海关电子账册不符的情况处理

（1）属于企业已申报、海关无底账记录、需补核注（如企业之前报关进口数量为 200，但实际进口数量为 500，就需要补核注漏报关的报关单号及其数量 300）或补核扣（如企业之前报关出口数量为 200，但实际出口数量为 500，就需要补核扣少报关扣掉的报关单号及其数量 300）的，由主管海关进行补核注或补核扣。

（2）属于企业已申报、海关无账册记录的，经海关查明原因后按照异常情况处理补核注。

（3）属于企业未申报或申报后又删单，但海关有账册记录（海关未删单）的，海关查明原因后对电子账册预报核报关单进行删单，或由企业补充完整后重新申报。

（二）正式报核的电子账册核算结果与企业实际库存量不符的情况处理

（1）属于企业实际库存量多于电子账册核算结果的，由主管海关按照实际库存量调整电子账册的当期结余。

（2）属于企业实际库存量少于电子账册核算结果的应剩余数量的，企业应及时提供解释说明，经海关批准后，对短缺部分可申请后续补税处理。企业对短缺部分进行后续补税处理的，后续补税报关单不纳入核销核算范围，海关按通过审核的报核实存数调整本期结余数。

（3）属于企业实际库存量少于电子账册核算结果的应剩余数量，并且企业无法提供解释的，对短缺部分，确定涉及违规情况的，企业还应接受海关处罚。

（三）企业其他异常情况处理

（1）企业电子账册出现异常业务数据问题时，企业发现后应及时向主管海关反映，由主管海关联系技术部门或中国电子口岸数据分中心处理。

（2）企业在网络不正常，无法通过网络进行电子账册变更、进出口报关单申报时，应及时向主管海关反映，由主管海关根据相应的联网监管通关应急处理，并按照主管海关要求适用应急措施办理通关手续。

（3）企业出现电子账册和通关电子账册首次进口日期清空的，由主管海关予以确认首次进口日期。对于电子账册未完成首次核销周期的，首次进口日期为首批进口料件的进口日期；电子账册已完成首次核销周期的，首次进口日期为最近一次核销之日。

第八章

企业实操案例

　　运输是现代社会经济活动中不可或缺的重要内容，是社会生产过程在流通领域的继续，运输生产和运输消费属同一过程。随着物流行业的日益发展，运输已经成为"第三利润源"的主要部分；随着海关对进出保税区货物监管力度的加大，货物进出保税区模式也在逐渐改变。本章选取的是重庆直通物流有限公司（简称重庆直通）提供的11个相关案例，仅供参考。

一、案例一：一线空运进口电商运输案例

（一）案例介绍

　　某年1月，某电商公司委托A物流有限公司将一批价值2托（×盒）的某品牌巧克力由重庆机场运输至重庆西永综合保税区某仓库。因货物包装过于简单，某货运代理公司在机场地服仓库提货时已发现托盘有变形，但并未向A物流有限公司的任何对接窗口进行反馈，且运输途中有颠簸，导致在向某仓库交付时发现托盘残缺、货物倾塌现象。交货次日该仓库将2托巧克力进行清点后，发现一共有270盒巧克力出现不同程度的损坏（其中171盒轻微损坏，99盒严重损坏）。对此，货主要求A物流有限公司对此次运输造成的破损进行赔偿。由于A物流有限公司委托的货运代理公司在提货时发现异常并未进行信息反馈，故A物流有限公司将客户要求的赔偿转嫁给该货运代理公司，并向其提出书面索偿要求，要求该货运代理公司全额赔偿。

（二）案例分析

1. 货物打包过于简易

　　目前，航空货运业的通行模式是代理人向航空公司预订舱位并进行结算。然而，这种模式往往忽视了运输中最重要的一方——货主的利益，在实际操作中负面影响很多。

　　众所周知，货物在运输途中有可能出现不同程度的破损（特别是在转运途中），也有可能出现丢失。根据提货现场提供的照片来看，每托货物仅有一层薄薄的缠绕膜加固。对

于单托重量在 503 千克的货物来说，只要飞机在飞行途中出现颠簸，就会出现货物松动异位的情况。也就是说，其外包装不具备牢固和稳定性，严格来说并不符合运输要求。

2. 信息反馈不及时

在地服仓库提货时已经发现用来加固的缠绕膜破烂，箱子出现异位，塑料托盘破损的情况下，A 物流有限公司委托的重庆机场货运代理公司并未以任何形式做出反馈，装车前也没有对货物再次进行加固。公路运输中时常伴有上下坡、急弯、急刹等情况，加上货物装车后车厢内还有较大的空间，货物在受到外力的作用下，便会增加被挤压、倒塌的风险。倘若提货时承运人第一时间告知异常，待到客户确定是否继续提货之后再行操作，便可避免主要责任。

3. 破损证明开具

该票货物主运单号 784-16571041，由此可判定为转关货物。机场海关系统对转关货物的运输无法全程监控，因此一般情况下提货发现破损时，地服仓库不予开具破损异常单。

4. 电商核放耗时

电商货物运输与一般的一线空运进口货物运输有所区别。通常提货都是在报关报检同时完成之后才有提货资料，而电商是先送货后报关，提货前完成报检即可的模式。前者只要核放至卡口，车辆便可刷卡出区；后者核放申请之后处于"待审批"状态，需要前往电商海关处签字，海关查验场放行。系统放行后再次前往签字盖章，核放才能将放行单正本带至机场货运代理公司。按照海关规定，电商车辆在机场出区时需将签字盖章的放行单正本给到卡口协管加锁盖章，之后才能开往重庆西永综合保税区。加之西永电商海关每天 17：00 下班，且晚上不加班，车辆必须在 17：00 前进区验锁，这样一来就迫使驾驶员在不违规的情况下以最快的速度开车。这一因素也影响着货物运输的质量。

二、案例二：一线空运进口货物未结关运输案例

（一）案例介绍

日本某公司成立于 1875 年 7 月，是日本最大的半导体制造商，也是第二大综合电机制造商。该公司在数字技术、移动通信技术和网络技术等领域取得了飞速发展，从家电行业的巨人转变为信息技术（information technology，IT）行业的先锋。

某年 3 月，该公司委托 A 物流有限公司将一托由广州白云机场转关至重庆江北机场的中央处理器，从江北机场运送至 A 物流有限公司的保税仓库。因该票货物属于急件，该公司便告知 A 物流有限公司所委托的货运代理公司拿到提货资料后即安排前往机场地服处结费提货并派送至 A 物流有限公司的保税仓库。当日 19：00 左右，货运代理公司在提货后直接通过邮件进行了核放申请，但该票货物在提货之前并未结关，致使核放不至卡口，监管运输车辆在机场无法正常刷卡出区加锁，最后不仅货物没能进入 A 物流有

限公司的保税仓库，还造成了压车。

（二）案例分析

出现该次异常的原因体现在以下方面。

1. 漏查结关

按照海关规定，在所有一线进口空运货物都必须完成报关报检的基础上，绑定的提货车辆的核放状态才会显示至卡口，此时监管车辆才能正常刷卡出区加锁。相反则是"已经申请状态"，车辆不能刷卡进出区。在提货前未有查询单证状态这一动作，从而导致已做核放不能至卡口。若在提货资料从西永综合保税区带至机场货运代理公司提货前这段时间内，操作人员能够事先查询单证是否结关，便可避免核放不至卡口这一问题出现，故漏查结关是最根本的原因。

2. 提货资料及提货耗时

因当天安排报关的货物较多，该票提货资料（报关申请单、商检放行单等）在14：40左右才带至查验场，到达机场的时间差不多为16：30。机场每天提货高峰基本集中在17：00~19：00，提货当天是周四，这一天提货的车辆不会太多，但是从地服仓库结费到地服仓库出货，再到装车完成，会耗时3小时。

3. 海关作息时间调整

发现单证未结关时通关科海关已下班，无法处理。重庆海关卡口的作息时间为9：00~21：00。21：00后，一般情况下逐笔报关模式的货物不允许进出保税区，对违反规定的车辆将严惩（取消备案资格）。

4. 重庆西永综合保税区场站切换

车辆行至B副卡口对应进区通道，刷卡通过入区第一道卡口，右转驶入进区待车区，电子大屏幕提示该车放行时方可按规定路线通过进区内卡口刷卡进区；电子大屏幕提示该车查验则驶入查验区查验放行后方可按规定路线通过进区内卡口刷卡进区，具体见流程图8-1。

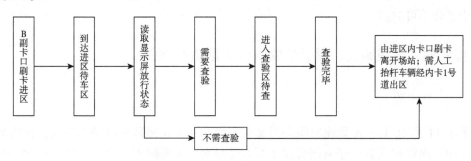

图 8-1　综合保税区场站切换流程

三、案例三：某公司一线空运转关出口日本货物运输案例

（一）案例介绍

某年 3 月，重庆 A 物流有限公司根据客户订单，申报一票空运转关的出口货物，共计一托。由 A 物流有限公司负责将货件从直通保税仓库运送至重庆两路机场，并交付给机场相应的收货仓库。负责承运的监管车辆在出区刷卡时显示重量异常查验，货件到机场时间比预计时间晚了两小时，该货件在机场交付签收时，发现货件未按照机场收货仓库的规定打包，需向 A 物流有限公司客服人员反馈并等待操作指令。交付完成时间与预订的航班起飞时间较为紧张。

（二）案例分析

根据海关对一线空运转关出口货物的操作规定，重庆到国外，需到其他地方转机，需用结关后的报关单打出转关单，关封与运单（签章）作为随附资料一起带走，到中转地核销。承运的监管车辆若直接依靠海关签字盖章的核放单，仅仅只能加锁出区。

转关出区车辆在场站外待录入转关信息完毕后方可进入出区待车区加锁，再刷卡出区。一般核放单货物出区，车辆行至出区内卡通道，刷卡抬杆，直行驶入出区待车区，电子大屏幕提示该车放行时方可按规定路线通过对应卡口出区；电子大屏幕提示该车查验则驶入查验区查验放行后方可按规定路线通过对应卡口出区。车辆进入出区内卡通道后，若电子大屏幕上显示总质量异常，车辆只能驶入查验区等待查验。查验后再加电子锁，同时带着海关已签字盖章的转关单和商检放行单及盖有 A 物流有限公司报关专用章的核放单开往机场送货。

每个收货仓库对货物的破损、变形定义不一样，且对货物打包要求也各不相同。当货件至机场仓库码头时，仓库收货人员以货件变形和打包不规范为由签收异常。对方所指的货件变形，其实是外箱上有一些轻微的褶痕，而打包不规范是因当时出货量较大，人手不够，在打托的时候只是用缠绕膜缠了三层进行加固，没有用绑带加固。签收异常，需要驾驶员到供应商处调度，再到 A 物流有限公司处调度，最后再到委托客户处，需要对每个环节逐一反馈并等待操作指令。这一过程相当影响货物交付时效，但在整个运输过程中又必不可少。

四、案例四：二线错装、漏装货物导致入区查验案例

（一）案例介绍

某年 11 月 10 日，A 物流有限公司叉车司机与送货司机装车时操作失误，在拼装配装过程中，误将东莞 B 电子有限公司 1 托盘（品名：电感线圈，数量：118 000 个/50 纸箱，价值：12 154 美元）当做 C 电子科技有限公司 1 托（报关单：801320150135352976，

品名：贴片电容，数量：4 513 000 个/13 纸箱，货值：1 448.51 美元）装入入区监管车中，导致 A 物流有限公司车辆在刷卡入区时货物申报重量比实际重量多了 740 千克左右，造成重量异常查验，单货不符，运输车辆于查验场压车 3 天。

（二）案例分析

　　仓库负责出库作业的工作人员拿到提货资料备货时，没能做到仔细核对单据与实货数量，在漏单和错单的情况下直接进行装车作业，这是导致错装的根本原因。提货驾驶员也未按照提货规定，对所提货物件数进行二次核对，也是导致错装、漏装的原因之一。有些驾驶员的想法可能仅仅停留在司机就应该只负责开车，并不负责清点或装卸，这样的想法容易导致这样的情况发生，因此对驾驶员的培训也相当重要。

　　重车刷卡时出现重量异常查验，因装载模式为多票一车且卡口地磅显示的重量数据与申报单据总毛重相差较大，只得采取整车掏箱称重查验。经 A 物流有限公司现场工作人员和海关工作人员多次比对，最后确定为货物错装，实货与单据不符。

　　经多次向海关申请，最终海关同意 A 物流有限公司先将情况说明与检讨书提交且通过之后，可将错装、漏装的货件用其他车辆安排送至查验场，再次进行查验。查验之后才能驶离查验场。但是错装的 B 电子有限公司一托货物因是区外直送另一公司，且不是 A 物流有限公司安排报关，海关不同意将此货件拉回仓库，只得放在海关查验仓库待处理。

　　此次造成的重量异常查验，给 A 物流有限公司的运输时效性造成了一定的影响。一般情况下，从成本考虑出发，几乎每家物流公司在安排货物运输时都会采取多单一车的操作手段。但是一旦出现此类异常，便会导致整车的货物都不能及时运送到指定仓库。该次异常，中途处理时间较长，车上的其他几票货物全变成了客户催促的急件。

五、案例五：二线一般报关货物入区运输案例

（一）案例介绍

　　某年 3 月某日，某企业将一车货物由璧山送往广达厂区。该车驾驶员在接到可刷卡入区通知前，已先行刷卡通过入区第一道卡口。在等待区等待了近 2 小时，电子大屏幕上未显示该车的状态。后经海关和华东平台处理，又等待 3 个多小时才得以放行。

（二）案例分析

　　自 2016 年 3 月 17 日始，重庆通关一体化系统切换方案正式启用。自此所有二线报关业务的单证申报之后都不会结关，单证会一直处于审结状态。但并不是说这种情况下就不能安排运输，只不过车辆刷卡入区流程发生更改。以往都是在申报的单证结关之后才可以运输，即当天运输的入区货件都必须是已结关的，这样所做的核放才会至卡口，车辆也才能刷卡入区。现在只要处于审结状态的单证都可以进行运输，入区流程和路线发生改变。新系统的入区刷卡流程为 B 副卡口进区通道—进入待车区—查验场—进区内

卡一区内。需要入区的车辆在刷卡通过第一道卡口时必定是已经绑定核放单，且录完运抵，否则即使刷卡入区，也会导致系统里的核放单一直处于已经申请状态，也就不能刷区内卡口通道。因此，入区车辆必须是在已申请核放单和录完运抵之后才能进入第一道卡口，进入待车区期间，核放系统与运抵系统发生碰撞后，电子大屏幕上会显示车辆状态，这个过程正常情况下需要十几分钟。如果二十分钟后依然没有显示车辆状态，或许是系统数据传输有问题，可联系华东平台进行处理。

若企业或运输公司没有及时或准确地向驾驶员传达关于场站切换后的一系列规定，也会导致这样的情况发生。

负责安排核放的工作人员，在是否可以刷卡通过入区第一道卡口的时候，也有义务再次提醒驾驶员。工作人员和驾驶员没有沟通到位，也是造成该结果的因素。

按照之前的操作模式，驾驶员到达卡口之后都会电话询问核放单是否已经至卡口，但是系统切换后有些驾驶员不再问是否可以刷卡，而是自以为从装车完成再到卡口这段时间核放和运抵录入都已完成，当重车入区排队排到的时候就直接刷卡了。驾驶员入区后等待时间长便开始各种催促、埋怨调度或安排核放的工作人员，而实际上驾驶员自身的观念也有问题。

驾驶员在并未得到可刷卡进入待车区之前，自行刷卡进区，这一行为与海关的规定相悖。鉴于这种情况不止这一车辆，也有其他承运车辆这样违规操作，因此，在与华东平台沟通后，决定增加第一道卡口的判别性，届时重车刷错卡、未绑好核放单将不会抬杆，空车进区第一道卡口更改为人工抬杆。这也就要求相应车辆按照卡口指示走正确的车道。新增加一道判别卡口，也是为了防止再出现类似情况。

无可厚非，新系统的使用大大提高了海关对入区货件的监管，对于企业来说也是有一定利益的。但是，无论是入区还是出区，整个过程所需的时间较长，对于运输时效和车辆的周转率有一定的影响。

六、案例六：B 公司区内调拨至重庆富士康案例

（一）案例介绍

某年 1 月，由 A 物流有限公司于 18：00 将 B 公司一票货，计 5 托（87 箱）以区内调拨模式送至 C 公司 D21 码头。B 公司区内调拨为非报送货，送货资料包括非报关申请单和排车单。车辆行驶至 C 公司围网后，先是被门岗处的协管员拦下不允许进入厂区，后又因清点数量和单据不符，且标签为手写，被 C 公司要求扣车扣货，后经协商，只扣货，车辆可以放行。

（二）案例分析

大型 IT 零配件生产公司对进出其厂区的车辆要求都不同，C 公司尤为严格复杂。因为 C 公司厂区曾出现送货车辆在倒车时撞伤在码头工作人员的情况，自此，C 公司要求

所有进出 C 公司厂区的车辆都必须安装倒车警报器、转弯警报器、倒车雷达等，否则不允许进入其厂区。其中出于各种原因，对于没有达到安装要求或是还没有安装的车辆每周有三次机会可以进出 C 公司，超过次数的将不能进入。该车辆因没有达到 C 公司的要求且进出次数已用完，所以被拦下。

前往 C 公司送货车辆在进入其厂区前，都需要先将资料给到协管员处。协管员会将非报关申请单的单号输入对应的系统中，查看是否系统中已有货物或者车辆的相关数据，若没有则需要 A 物流有限公司客服人员与 C 公司对接工作人员进行沟通，驾驶员则在围网外等待操作指令。C 公司协管员有时候会在车辆到达其门岗外时要求查货。如果开箱查到的结果与单证上的数量不一致，很可能就会扣货，甚至扣车。但是，包装数量出现差异，与 A 物流有限公司并没有关系。

根据规定，仓库现场人员在收发货的时候都只是对货物外箱标签上所写的数量与入库清单或出库拣货清单上的数据进行比对，若发现数据比对结果有出入，就会直接向仓库办公室对应的出入库操作窗口进行反馈，之后异常结果会以邮件形式反馈至客服部门并等待操作指令。在得到明确的操作指令之前，仓库现场人员不能擅自开箱。

这批货物外箱标签上的数量与非报关单上的数量比对结果一致，而开箱后清点的数量有差异，只能说明货物在始发地打包时实际数量与外贴标签数量就已经出现了差异，且非报关单的申请也是根据客户提供的资料而来的。

除了开箱清点的数量不一致外，这 4 托货中有 3 箱货物上的标签为手写标签，其他 84 箱均为机打标签，这又是一个被扣货的原因。一般 C 公司 D21 码头的送货车辆相对比较多，车辆进入厂区后除了要排队卸货外，还要排队等待报关。A 物流有限公司报关完成后才能卸货、点料、收货、签放行条。C 公司 D21 码头的交接班时间是 20：00，仓库 23：00 至次日 01：00 是不收发货的。此时，因为 C 公司采购人员和 A 物流有限公司客服人员都已下班，所以标签问题得不到解决，只能先把货放在 A 物流有限公司码头，次日再沟通处理。

此外，C 公司的一些码头很容易出现爆仓状态。一旦爆仓的话，要么是等几个小时要么就是直接压车，压车后的卸货时间就只能待定，并不是压夜后第二天早上就可以直接去交货。还有一种情况就是，即使 A 物流有限公司仓库明明已经仓库位不够，在完全不能卸货的情况下，还是会要求驾驶员在厂区内等候。

一个厂区为了加强对进出送货车辆的管理而制定规定或提出一些要求，这些本身没有什么问题，但如果对货物的运送和交付产生较大的影响的话，应考虑适当更改。

七、案例七：包材区内调拨至 D 公司案例

（一）案例介绍

某年某月，由 A 物流有限公司委托一运输公司于晚上运送一批包材至 D 公司 F1 码头。调度按照每个时间节点的货量合理预订了运输车辆，仓库单据和货物出具后即可装车送货。调度于 20：00 左右发出半小时后可装车的通知，对方也回复收到并已通知驾驶员，但是直到接近次日凌晨 2：00 接到 D 公司的投诉电话，货物还未送到码头，此时生

产线已快断线。D 公司不仅做出了投诉，还对运输货物没能及时送达造成的生产线断线予以处罚。鉴于此，A 物流有限公司在检讨的同时也决定对该运输公司做出严惩。

（二）案例分析

JIT 是指在准确测定生产各工艺环节作业效率的前提下，按订单准确地计划，消除一切无效作业与浪费为目标的一种管理模式。它是供应链管理方法之一，是一种组织生产的新方式，也是一种旨在消除无效劳动与浪费、实现企业资源优化配置、全面提高企业经济效益的物质资源配置技术。所送 D 公司包材便属于 JIT 料件，既然是 JIT 料件便要求必须在时间节点前将料件送至指定码头。

该批货物一共 13 托，要求送达的时间节点也很明确地写在每份送货单据上。一般在发出可装车的通知后半小时内车辆就位是不会存在问题的，但是该运输公司所提供的承运车辆恰好是从机场提货至 D 公司，只有在驾驶员完成前面的运输后才能前往提货，时间本就缩短许多。眼看距离交货时间已经很接近了，驾驶员没有向任何人以任何形式反馈信息，仍是按照自己的想法任意行事而不顾及时间。

造成这种结果的主要原因就在于承运的驾驶员。如果驾驶员能够在车辆驶入厂区后就马上提交单据给仓库，或是考虑要求送货的时间节点，估计也就不会等那么长时间后还不反馈信息。虽然 D 公司送货也会处于长时间排队等待的情况，但是对于 JIT 料件，只要出现以下情况便可反馈信息，由客服人员与 D 公司对接采购人员进行沟通：①车辆进入厂区一个小时内而出现不能停靠装卸区卸货的；②送货单据已在进入厂区后就提交给仓库的。这样就不会出现被投诉等问题。

仓库在提货车辆出现迟迟没有就位的情况时，也有义务告知调度人员。若仓库告知提货车辆在规定时间内还没有就位，调度人员则可以联系驾驶员了解情况或直接更换车辆。一般情况下调度人员在没有接到异常通知的时候几乎都默认整个运输过程是顺利的。其实这是存在一定问题的，假如调度人员在提货时间节点前后可以向仓库或直接向承运的运输公司了解一下车辆的就位情况，就可以避免很多问题的发生。

根据该运输公司的日常业务，几个调度人员也有一定的责任。既然次日早上车辆都有安排，那么就应当了解当天晚上车辆的交付情况，万一出现压夜或凌晨五六时才交付货物的情况，对第二天的车辆调度也是有影响的。

综上，JIT 对于时间节点的要求是很严格的。驾驶员在运输服务质量中也扮演着关键角色，因此加强对驾驶员的培训管理非常重要，且在整个运输过程中各个环节之间的及时沟通也是必不可少的。

八、案例八：F 公司区间流转至 H 公司运输案例

（一）案例介绍

某年 3 月，根据客户下单要求，A 物流有限公司需要将郑州福鼎一批货从重庆西

永综合保税区 B 区运送至空港保税区某仓库，该批货物共计 4 托（75 箱）。调度人员已经于要求送货的前一天向某运输公司订了一辆在途监管车辆，该车辆于 09：30 左右停靠仓库码头，11：30 出区。

（二）案例分析

重庆西永综合保税区至两路空港保税区之间运输的货物属于在途监管货物，两个关区之间的运输要求承运车辆必须是在途监管车辆。因为 A 物流有限公司自有车辆主要运输业务为区内调拨和区外仓库到区内的业务，所以需要外调车辆，而外调车辆所属公司在区外。

根据海关新的规定，重车出区必须空车先入区之后才能申请出区核放。空车入区与出区流程一样，都需要在两个空车卡口通道刷卡，之前只需要刷卡一次就可以。因为场站切换使用时间不长，存在很多不稳定因素，所以车辆在就位时间上也稍晚。

F 公司区间流转至空港保税区 H 公司为非报关送货模式。非报核放类型依旧是区区联动，区别于一般报关的区港联动。非报核放申请后也不需要录入运抵，一般情况下提交核放申请后 10 分钟左右会至卡口，便可直接打印核放单盖报关专用章，届时携单证加关锁后按规定路线出区。如海关对非报关纸质清单货物出区要求为货物出区前由收发货代理人向值班关员申请出区，关员审批签字确认后，车辆从出区内卡 1 号道人工抬杆进入场站，至出区内卡 12 号道递交《非报关货物出区清单》，协勤人员核对货物后收取单证，人工抬杆出区。区间流转的运输流程如图 8-2 所示。

图 8-2 区间流转的运输流程

一般来说，上午要出空港保税区的货物前一天晚上仓库就会完成备货，待到报备完成和车辆就位后就可按照出库清单和提货单证进行装车。如果仓库前一天晚上没把货物备好或是系统问题导致报备出现问题，即使车辆就位，也不能立即装车。因为提前一天预定了承运车辆且告知了提货时间，只待 09：00 卡口上班，车辆便可按照规定路线空车入区，所以非报关货物的区间流转进出区比起一般报关区间流转的整个运输操作流程更为简单，在时效上也相对较快。

九、案例九：I 物流公司区间流转入区案例

（一）案例介绍

I 物流公司是 A. P. 穆勒–马士基集团旗下为客户提供供应链管理与货运代理专业服务的一个联合品牌，是马士基集团旗下公司。该公司在中国有 14 家分公司，运营超过 95 万平方米的仓储面积。在世界各地拥有 300 个办事处和 10 800 名专业工作人员，形成一

个全球化的物流网络，每年创造 30 亿美元产值，货物处理量超 5 000 万立方米，海运超过 50 万个标准箱，空运货物达 6 万吨。

自某年 11 月开始 A 物流有限公司正式与 I 物流公司重庆办事处建立运输合作关系。I 物流公司主要是在 A 物流有限公司仓库操作集拼出口项目，而 A 物流有限公司则负责从 B 公司、C 公司和 D 公司按要求将货物运送至 A 物流有限公司区内保税仓库。I 物流公司提货至重庆西永综合保税区就属于货物的区间流转。D 公司会要求承运车辆携单证和封条在 13：00 前就位。某日，A 物流有限公司根据运输报表安排 D 公司提货至重庆西永综合保税区，且货回重庆西永综合保税区之后当天要集拼出库到上海洋山港。承运车辆上午重车由重庆西永综合保税区出区驶往空港保税区某仓库交货，由于场站切换问题迟迟未能出区，且到达 I 物流公司之后货物交付延迟，该车辆未能照要求在 13：00 前到达 D 公司厂区。后又因报关信息提供错误，报关行在报关的时候错报，而后货物当天未能出区。

（二）案例分析

1. 满足要求的车辆不足

该次所提货物为滑托盘，承运车辆的车厢底部必须是木质的，因为运输公司的运输业务大多数都是普通货物，所以满足这种特殊要求的车辆并不多见。车辆改装之后能保障这一项目的运输，但可能对普通货物的装卸造成影响。现有一部分车辆是因为业务需要而改装的，但也只是少数。

2. 车辆改装成本较高

从成本出发，改装一辆车的费用并不便宜，运输公司也不大愿意为了一个项目而改装所有的运输车辆，谁也无法保证这个业务是否长期存在，又或者车辆刚刚改装不久业务就暂停了。

3. 供应商单一、耗时较长

整个项目从一开始选定的 I 物流公司就过于单一。I 物流公司货物运输的整个流程比 A 物流有限公司平常的运输业务都要相对复杂繁重，这对于车队来说也会有很大压力，因此，当原本稳定的业务突然加大出货量的时候，当然是优先安排原本稳定的业务。每一家运输车队的客户都是多样化的，也具有一定的选择性。

一段时间下来，A 物流有限公司发现即使空车按照要求时间到达厂区，装车完成之后等待出区都要三四个小时。核放申请和报关、加关锁等环节的耗时也相当长，报关行在整个过程的操作中速度较慢。空车从 10：00 左右，甚至更早从重庆西永综合保税区出发，到回来卸完货差不多在 19：00~20：00。这样的运输可能没有哪家运输公司愿意长久地做下去，单车每天就跑一车业务，承运的运输公司和驾驶员都会产生疲劳，有些驾驶员甚至不想做这样的运输业务。

即进即出的货物不能及时入 HUB 仓，即使其他货物都已经准备就绪，集拼的车辆还是无法装车，21：00后重车是不允许进出卡口的，如违规送货，擅自刷卡入区，海关将对此类违规入区的车辆布控查验一周，每次送货必查，且集拼车辆的出区核放也需要拿到海关处申请，因此时间上又是一个极大的限制。

十、案例十：电子元器件企业一日游

（一）案例介绍

江津×公司是一家电子元器件企业，主营连接线。某日，接到客户要求A物流有限公司要将一批货物以一日游的模式运输至江津×公司仓库。该货物共计14托，货物托盘尺寸超出标准托盘规格，需要一个10吨车辆运输。车辆查验放行后，出区报关一直无法结关，为此承运车辆只能将货物卸在区内保税仓库，次日再另行安排出区。

（二）案例分析

海关于2015年10月开始对删改单提出新要求，一日游货物需入区后再申报出区报关单，如货物尚未入区就申报出区流程，一经发现，将按照有单无货虚假申报予以处罚。在这之前一日游货物的进出报关单可以同时申报，只是对出区核放有所要求，即车辆刷卡入区之后方可申请出区核放。很明显，后者在运输时效上比前者更节约时间。

通关科对该一日游货物报关单已进行放行处理，根据车辆过卡口时地磅采集重量与申报重量不符，可以判断是重量异常造成的。查验时，则车辆、货物需到查验场等待查验。重量异常的查验结果分别是放行、改单、移交缉私。

一般情况下，车辆在备案时都建议是油和水各一半，如果采集重量的时候油和水都是满的，就很可能造成进出区刷卡的时候显示重量异常。承运该一日游货物的车辆备案并不存在这个问题。造成该车辆过卡口时重量异常是由于车辆处在地磅上时，后面的一辆面包车的一半车身刚好压在了地磅上，因此卡口地磅采集到的数量比申报的数量多了500千克左右。

对于这种情况造成的查验，只要车辆、货物进入查验场二次过磅称重，称出的重量与申报重量误差不大，查验结果一般是放行。

车辆查验放行之后便可以申报出区流程。该车辆于15：00左右完成查验，正常情况下，每天16：00前申报的报关单都会结关。可能是系统原因，该票出区报关单迟迟未结关，一直处于"待审结"状态。

江津×公司仓库一般于20：00停止收货，且通常情况下收货仓库不会加班收货。如果送货车辆在其下班前十分钟左右到达仓库，是可以卸车交货的。根据重庆西永综合保税区B区副卡到江津×公司仓库的路程，正常情况下车辆30分钟左右可以到达。但因为出区报关单在19：00仍旧未结关，货物不能正常派送。

海关为加强对进出区货物的监管力度而制定的系列新规，较大程度上影响了货物派送的时效性和车辆的周转率。在以往操作模式下，一日游货物进出区无异常情况下上午即可完成送货，新的操作模式实施后一天一车已成常态。整个市场的环境不是太理想，很多运输公司都缩小了规模，更有甚者已倒闭。多方面因素夹杂在一起，导致整个物流运输都相对缓慢。

十一、案例十一：焊锡膏一日游

（一）案例介绍

自某年8月12日位于天津滨海新区塘沽开发区的天津东疆保税港区某国际物流有限公司所属危险品仓库发生爆炸后，海关对于危险品运输做出了新的要求，要求承运危险品货物进出保税区的车辆必须具有危险品运输资质，否则不能使用。

焊锡膏也称锡膏，为灰色膏体。焊锡膏是伴随着表面贴装技术（surface mount technology，SMT）行业应运而生的一种新型焊接材料，由焊锡粉、助焊剂及其他的表面活性剂、触变剂等加以混合形成的膏状混合物。其主要用于SMT行业印制电路板表面电阻、电容等电子元器件的焊接。焊锡膏主要成分为盐酸锌（盐酸盐），在焊接时被加热分解出盐酸成分，起助焊作用，故也属于危险品。

A物流有限公司恰好有一家客户主营焊锡膏，某日接到客户订单，需要将一批焊锡膏从九龙坡某工业园区运往位于综合保税区内的U公司某厂区。自天津港口爆炸事件后，海关对危险品运输的管控非常严格，运输危险化学品运输必须专车专用，并有明显标志；必须符合交通管理部门对车辆和设施的规定，还应有防火安全措施。这使市场上拥有危险品承运资质的车辆变得供不应求。在此之前，焊锡膏的运输一般都是调用普通的厢式货车，在合作的供应商中危险品车辆几乎没有。庆幸的是，与A物流有限公司长期合作的一家供应商拥有危险品运输资质，同时也因为客户在运输前两天给了运输预报，所以有了足够的时间做准备。

（二）案例分析

因该车辆此前未承运过运往综合保税区内的监管货物，需要携带由交通主管部门和道路运政管理部门核发的危险品《道路运输经营许可证》《道路运输营运证》，以及海关管理部门要求的《西永综合保税区危化品运输车辆备案表》前往海关相应部门进行登记备案。备案完成后方可承运进出综合保税区的监管货物。以下是办理《易燃易爆化学物品准运证》的条件。

（1）有主管单位的证明、车辆年检证、驾驶员证、押运证。

（2）有符合消防安全的运输工具和配备相应的消防器材。

（3）有必要的应急处理器材和防护用品。

（4）有经过培训合格的驾驶员和押运员。

运输危险化学品的车辆应专车专用，并有明显标志，要符合交通管理部门对车辆和设施的规定；运输危险化学品的车辆，应有防火安全措施。危险化学物品的驾驶员和押运员必须掌握有关危险化学品的安全知识，了解运输危险化学品的性质、危害特性、包装容器的使用特性和发生意外的应急措施。一般普通货物短驳运输只驾驶员一人即可，但危险化学品运输车辆必须配备押运员，并随时处于押运员的监督下，不得超装、超载。

目前为止，市场上的危险化学品运输车辆资源仍旧比较稀缺，A 物流有限公司合作的供应商中仅此一家满足需求，且只有一辆车辆拥有危险化学品运输资质，故还是会有车辆不能按照预定时间就位的情况发生。虽然客户一般都会提前一到两天给出相应的运输预报，但是供应商很可能在接到 A 物流有限公司的运输委托之前，就已经接到了其他客户的订单。此外，该客户有时也会要求周六运输，但是具体到货时间无法确认，这也给调度人员的调派工作增加了难度。

参 考 文 献

阿里研究院，埃森哲. 2016-06-11. 2020 全球跨境电商趋势报告[EB/OL]. http://www.199it.com/archives/355519.html.

安艳平. 2015. 中国对外贸易发展分析[J]. 企业改革与管理，（4）：113-114.

巴罗 R H. 2002. 企业物流管理——供应链的规划、组织和控制[M]. 王晓东，胡瑞娟译. 北京：机械工业出版社.

董爱卉. 2020. 哈尔滨综保区推动跨境电商进口零售"1210 模式"发展的障碍及对策[J]. 对外经贸实务，（8）：37-40.

凤凰财经综合. 2016-01-20. 商务部：2015 年全国进出口总值 24.58 万亿 同比下降 7%[EB/OL]. https://ah.ifeng.com/news/wangluo/detail_2016_01/20/4749988_0.shtml.

"关务通·加贸系列"编委会. 2013. 海关特殊监管区域和保税监管场所实务操作与技巧[M]. 北京：中国海关出版社.

何群，周瑞芳. 2022. 双循环视角下出口贸易结构对我国跨境电商发展的反哺效应研究——兼论跨境电商综试区的政策中介效应[J]. 商业经济研究，（14）：97-101.

匡增杰，于偶. 2021. 区块链技术视角下我国跨境电商海关监管创新研究[J]. 国际贸易，（11）：51-59.

李广泰. 2005. 仓储与物料管控[M]. 深圳：海天出版社.

李虹含，文琳. 2021. 保税融资租赁与综保区协同发展[J]. 中国金融，（4）：59-60.

李强. 2019. 试论我国跨境电子商务海关监管模式[J]. 价格月刊，（10）：62-66.

梁军. 2009. 仓储管理[M]. 杭州：浙江大学出版社.

廖金福. 2004. 库存管理入门[M]. 广州：广东经济出版社.

刘俊. 2020. 通关一体化下加工贸易保税制度实施困境及改革建议[J]. 对外经贸实务，（10）：56-59.

刘艳，王诏怡. 2018. 全球价值链下中国制造业的国际分工地位研究——基于区分加工贸易和非加工贸易的国际投入产出表[J]. 国际商务研究，39（2）：39-47，76.

施国洪，钱芝网. 2007. 仓储管理实务[M]. 北京：中国时代经济出版社.

双海军，田桂瑛，杨佳骏. 2019. 基于区块链技术的保税物流双链监管机制设计[J]. 商业经济研究，（17）：108-110.

孙前进. 2012. 海关监管与保税物流体系建设[M]. 北京：中国物资出版社.

田喜民. 2020. 我国海关跨境电商 B2B 出口监管模式的完善与创新——以"9710"和"9810"出口模式为例[J]. 对外经贸实务，（12）：33-36.

王华东，李朝玲. 2019. 跨境电商保税仓库拣货策略研究[J]. 计算机工程与应用，55（12）：259-264.

文晓巍. 2014. 易变质商品供应链库存研究[M]. 北京：中国经济出版社.

吴鹏，黄斯骏. 2022. 跨境电商进口食品安全监管的困境与出路[J]. 食品科学，43（15）：396-403.

武德春，武骁. 2005. 国际多式联运实务[M]. 北京：机械工业出版社.

徐磊. 2018. 后政策红利时代海关监管制度对跨境进口电商的影响及建议[J]. 中国流通经济，32（3）：52-61.

杨彩玲. 2017. "一带一路"下保税物流园区功能优化研究——以吉林省为例[J]. 宏观经济管理，（12）：

76-80.

中新网. 2015-07-13. 海关总署：外贸发展质量效益改善总体稳中趋好[EB/OL]. http://www. china news. com/cj/2015/07-13/7401313. shtml.

朱磊. 2022. 集团型企业"境内区外"融资租赁保税与非保税模式的选择探讨[J]. 财务与会计，（1）：65-68.

附　录

附录1　报关单位注册登记申请书

中华人民共和国_____海关：

我单位已经_____批准，有权从事报关服务或经营进出口业务，___市___市场监督管理局已签发营业执照，具有法人资格，现根据《中华人民共和国海关对报关单位注册登记管理规定》，特向贵关申请注册登记，并附以下资料：

一、直属海关注册登记许可决定书复印件（国际货运代理企业还应当提交《国际货运代理企业备案表》复印件）（报关公司专用）。

二、企业法人营业执照副本复印件（分支机构提交营业执照，营业执照经营范围中应包含报关字样）（报关公司专用）。

三、企业法人营业执照副本复印件（个人独资、合伙企业或者个体工商户提交营业执照）（进出口收发货人专用）。

四、《对外贸易经营者登记备案表》复印件（外商投资企业提交《中华人民共和国外商投资企业批准证书》）。

五、税务登记证书副本复印件。

六、企业章程复印件（法人资格进出口收发货人提供）。

七、银行开户证明复印件。

八、组织机构代码证书副本复印件。

九、《报关单位注册登记申请书》《报关单位情况登记表》《报关单位管理人员情况登记表》《报关员情况登记表》。

十、报关单位与所聘报关员签订的用工劳动合同复印件。

十一、报关单位报关专用章及报关员印模卡。

十二、其他与报关注册登记有关的文件材料。

申请单位（印）：

年　月　日

海关审核意见：

以上资料经与正本核对无讹，批准该企业为报关单位

经办关员：

年　月　日

■ 附录2　中国电子口岸企业情况登记表

企业主要管理人员信息海关备案						
组织机构代码						
企业名称						
姓名		性别		学历		
出生日期			国籍/地区			
职务		联系电话		证件类别		
证件号码						
住址						
备注						
姓名		性别		学历		
出生日期			国籍/地区			
职务		联系电话		证件类别		
证件号码						
住址						
备注						
企业信息外汇管理局备案						
主管外汇管理局						
核销联系人			核销开户日期			
联系电话			电子邮箱			
行业代码			企业性质			
人民币注册资金/万元		外币注册币种		外币注册资金/万美元		
最初成立日期			截止有效日期			
企业银行账号信息						
结汇银行						
结汇账号						
开户银行名称						
企业向海关申请权限						
□　进口业务				□　出口业务		
企业向外汇管理局申请权限						
□　出口结汇				□　进口付汇		

申请单位签章：
年　月　日

填表说明：

一、请逐项填写清楚，企业负责人签字并加盖公章。

二、"企业主要管理人员信息海关备案"栏。

1. 本栏根据海关对企业注册登记备案的有关要求填写，填写企业法定代表人、财务主管等管理人员信息。

2. 组织机构代码：填写组织机构代码证书上的组织机构代码。

3. 学历。选择填写代码及名称：0）高中以下；1）高中；2）中专；3）大专；4）大学；5）硕士；6）硕士以上。

4. 职务。选择填写代码及名称：1）董事长；2）总经理；3）副总经理；4）会计主管；5）法律顾问；6）厂长；7）副董事长；8）副厂长；9）董事；10）部门主管；11）其他。

5. 证件类别。选择填写代码及名称：01）身份证；02）军官证；03）警官证；04）军队文职证；05）军队离退休证；06）护照；07）居留证。

三、"企业信息外汇管理局备案"栏。

1. 主管外汇管理局：企业注册所在地外汇管理局。

2. 核销开户日期：外汇管理局审批通过企业备案的日期，如无可不填。

3. 电子邮箱：非必填项，如无，可不填。

4. 行业代码。选择填写代码及名称：001）农林牧渔业；002）采掘业；003）制造业；004）电力、煤气及水的生产和供应业；005）建筑业；006）地质勘查和水力管理业；007）交通运输、仓储及通信业；008）批发和零售贸易餐饮业；009）金融保险业；010）房地产业；011）社会服务业；012）卫生体育和社会福利业；013）教育文化艺术及广播电影电视业；014）科学研究和综合技术服务业；015）国家机关，党政机关和社会团体；016）其他。

5. 企业性质。选择填写代码及名称：11）中资国有企业；12）中资集体企业；13）中资私营企业；14）中资个体企业；15）中资联营企业；16）中资股份企业；21）港、澳、台与内地合资企业；22）港、澳、台与内地合作企业；23）港、澳、台独资企业；24）港、澳、台投资股份制企业；31）中外合资企业；32）中外合作企业；33）外商独资企业；34）外商投资股份制企业；99）其他经营组织形式。

6. 人民币注册资金：企业工商营业执照上注明的注册人民币资金，如未注明可不填。

7. 外币注册币种：企业工商营业执照上注明的外币注册资金币种，如未注明可不填。

8. 外币注册资金：企业工商营业执照上注明的外币注册资金，如未注明可不填。

9. 最初成立日期：企业工商营业执照上登记的营业期限起始日，如未注明可不填。

10. 截止有效日期：企业工商营业执照上登记的营业期限截止日，如未注明可不填。

四、"企业向海关申请权限"栏：根据企业情况在"□"中打"√"。

五、"企业向外汇管理局申请权限"栏：根据企业情况在"□"中打"√"。

附录3　保税仓库情况登记表

保税仓库经营单位名称及海关编码			
主管海关核定的保税仓库名称（限15字以内）			
保税仓库地址			
保税仓库面积/容积			
保税仓库负责人		联系电话	
保税仓库联系人		联系电话	
保税仓库类型			
保税仓库第7位英文字母代码			

主管海关意见：

联系人、电话：

企管部门意见：

附录4　中华人民共和国海关商品预归类申请表

中华人民共和国海关商品预归类申请表（填写示例）

（　　）关预归类申请　　　号

申请人：深圳××××进出口公司（企业名称）
企业代码：××××××××××（企业在海关备案登记的十位代码）
通讯地址：深圳市罗湖区和平路××××号（如实填写）
联系电话：××××-××××××××（如实填写）
商品名称（中、英文）：空气增湿器 AIR COOLER HUMIDIFIER
其他名称：空气净化冷风机
商品描述（规格、型号、结构原理、性能指标、功能、用途、成分、加工方法、分析方法等）： 规格型号：DF-168A 该空气增湿器工作电源 100~240V，50~60Hz，制冷功率 60W，主要由空气滤网布、水箱、水泵、调速风轮、控制电路等部件组成，其工作原理如下：水箱中加入水或冰，水或冰水通过水箱底部的小孔滴到滤网布上，使其湿润，风轮产生流动空气通过滤网布的多孔结构，使滤网布上的水分快速蒸发到空气中，从而得到增湿和降低空气室温的效果
进出口计划（进出口日期、口岸、数量等）： 20××年×月于深圳口岸进口 15 台（根据合同如实填写）
随附资料清单（有关资料请附后）： 商品照片、说明书、备案登记证明、进出口合同
此前如就相同商品持有海关商品预归类决定书的，请注明决定书编号：

申请人（章） 年　月　日	海关（章）： 签收人： 接受日期：　　年　月　日

附录5　电子账册报备申请表

电子账册编号：H8013D00××××　主管海关：××海关

经营单位	××公司	报备日期		
账册类型	设备■	加工□		修改□
报备类型	新建□	增加□		修改□
商品编码	商品名称/计量单位		规格型号	
一级审批意见				
二级审批意见				
三级审批意见				
备注	该项号涉及报关单证均已结关、送货，后续出现问题，责任自负			

附录6 电子账册预报核申请表

企业名称			
账册编码		报核次数	
报核开始日		报核截止日	
进境清单总数		出境清单总数	
申报日期		申报方式	
报核料件总项数		报核成品总项数	
联系人		联系方式	

初审意见	
复审意见	
备注	

附录7 电子账册本核销周期备案清单登记表

报核次数：账册编号

海关备案序号	料件名称	海关备案计量单位	H2010 料件情况						企业料件情况						差异 $E-e$
			期初料件 C_0	进口料件 a	退运料件 b	总进口料件 $c=C_0+a-b$	成品折料出 d	剩余料件 $e=c-d$	库存料件 E_0	已报未进 A	已出未报 B	已进未报 C	已报未出 D	库存总料件 $E=E_0+A+B-C-D$	
1															
2															
3															
4															
5															
6															
7															
8															
9															
10															

附录8　核销报告

　　本次为×××公司（××××账册）的第×次核销。本核销期（20××年×月×日至20××年×月×日）内进境备案清单××票，总金额×××万美元；出境备案清单××票，总金额×××万美元（企业若有主营业务，加上本核销期主营业务的出口情况）。

　　后续补税××票，总金额××美元，缴纳税款××元。其中废纸板等普通废料出区×票，缴纳税款××元；废塑料等循环包材废料出区×票，缴纳税款××元；废板边等固危废出区×票，缴纳税款××元。

　　……（其他需要说明的情况）

　　本次核销我司理论库存与海关理论库存一致，实际库存与理论库存相比：××项料件盘亏，×项料件盘盈，预计补税×××元，详见后页盘盈盘亏情况说明及证明资料（若企业理论库存与海关理论库存不一致，则仿照本段格式再另外加上必要的解释，可附页）。

　　我司郑重声明本核销报告真实有效、无遗漏。

附录9　××综合保税区非报关货物（物品）进/出区清单

收货单位		发货单位		
联系人		联系人		
联系电话		联系电话		
进（出）区时间		是否查验	是□	否□
车自重/千克		总质量/千克		

进/出货物明细表

序号	品名	规格型号	单位	数量	货物净重/千克	货值/元	车牌号
1							
2							
3							
4							
5							
6							
7							
8							
9							
10							

附录 10　卡口登记货物明细表

××海关××公司（工厂），因办公/生活需要，将下列货物进/出综合保税区。明细如下：

序号	项号	品名	商品编号	型号	备注
1	2	办公椅	9401809099		
2					
3					
4					
5					
6					
7					
8					
9					
10					
11					
12					
13					

（经营企业印章）

20××年××月××日

附录 11　海关特殊监管区域进出口货物报关单、进出境货物备案清单填制规范

一、海关特殊监管区域（以下简称特殊区域）企业向海关申报货物进出境、进出区，以及在同一特殊区域内或者不同特殊区域之间流转货物的双方企业，应填制《中华人民共和国海关进（出）境货物备案清单》。特殊区域与境内（区外）之间进出的货物，区外企业应同时填制《中华人民共和国海关进（出）口货物报关单》，向特殊区域主管海关办理进出口报关手续。

货物在同一特殊区域企业之间、不同特殊区域企业之间或特殊区域与区外之间流转的，应先办理进口报关手续，后办理出口报关手续。

二、《中华人民共和国海关进（出）境货物备案清单》原则上按《中华人民共和国海关进出口货物报关单填制规范》的要求填制，对部分栏目说明如下。

（一）进口口岸/出口口岸

实际进出境货物，填报实际进（出）境的口岸海关名称及关区代码。

特殊区域与区外之间进出的货物，填报本特殊区域海关名称及关区代码。

在特殊区域内流转的货物，填报本特殊区域海关名称及关区代码。

不同特殊区域之间、特殊区域与保税监管场所之间相互流转的货物，填报对方特殊区域或保税监管场所海关名称及关区代码。

（二）备案号

进出特殊区域的保税货物，应填报标记代码为 H 的电子账册备案号。

进出特殊区域的企业自用设备、基建物资、自用合理数量的办公用品，应填报标记代码为 H 的电子账册（第六位为 D）备案号。

（三）运输方式

实际进出境货物，应根据实际运输方式，按海关规定的《运输方式代码表》选择填报相应的运输方式。

同一特殊区域或不同特殊区域之间、特殊区域与保税监管场所之间流转的货物，区内企业填报"其他运输"（代码 9）。

特殊区域与境内（区外）（非特殊区域、保税监管场所）之间进出的货物，区内、区外企业应根据实际运输方式分别填报"保税港区/综合保税区"（代码 Y）、"出口加工区"（代码 Z）。

（四）运输工具名称

同一特殊区域或不同特殊区域之间、特殊区域与保税监管场所之间流转的货物，在出口备案清单本栏目填报转入方关区代码（前两位）及进口报关单（备案清单）号，即转入××（关区代码）××××××××（报关单/备案清单号）。

（五）贸易方式（监管方式）

特殊区域企业根据实际情况，区内企业选择填报下列不同性质的海关监管方式。

1. 下列进出特殊区域的货物，填报"料件进出区"（代码 5000）。

（1）区内物流、加工企业与境内（区外）之间进出的料件（不包括经过区内企业实质性加工的成品）。

（2）上述料件因故退运、退换的。

2. 区内企业从境外购进的用于研发的料件、成品，或者研发后将上述货物、物品退回境外，但不包括企业自用或其他用途的设备，填报"特殊区域研发货物"（代码 5010）。

3. 区内加工企业在来料加工贸易业务项下的料件从境外进口及制成品申报出境的，填报"区内来料加工"（代码 5014）。

4. 区内加工企业在进料加工贸易业务项下的料件从境外进口及制成品申报出境的，填报"区内进料加工"（代码 5015）。

5. 下列进出特殊区域的货物，填报"区内物流货物"（代码 5034），不得再使用

"5033"填报。

（1）区内物流企业与境外进出的用于仓储、分拨、配送、转口的物流货物。

（2）区内加工企业将境内入区且未经加工的料件申报出境。

6. 下列进出特殊区域的成品，填报"成品进出区"（代码5100）。

（1）区内企业加工后的成品（包括研发成品和物流企业简单加工的成品）进入境内（区外）的。

（2）上述成品因故在境内（区外）退运、退换的。

7. 下列进出特殊区域的企业自用设备、物资，填报"设备进出区"（代码5300）。

（1）区内企业从境内（区外）购进的自用设备、物资，以及将上述设备、物资从特殊区域销往境内（区外）、结转到同一特殊区域或者另一特殊区域的企业，或在境内（区外）退运、退换。

（2）区内企业从境外进口的自用设备、物资，申报进入境内（区外）。

8. 区内企业从境外进口的用于区内业务所需的设备、基建物资，以及区内企业和行政管理机构自用合理数量的办公用品等，填报"境外设备进区"（代码5335）。

9. 区内企业将监管方式代码"5335"项下的货物退运境外，填报"区内设备退运"（代码5361）。

10. 区内企业经营来料加工业务，从境外进口的料件复出境的，填报"来料料件复出"（代码0265）。

11. 区内企业经营来料加工业务，进境的料件出境退换的，填报"来料料件退换"（代码0300）。

12. 区内企业经营来料加工业务，出境的成品返回区内退换的，填报"来料成品退换"（代码4400）。

13. 区内企业经营进料加工业务，从境外进口的料件复出境的，填报"进料料件复出"（代码0664）。

14. 区内企业经营进料加工业务，进境的料件出境退换的，填报"进料料件退换"（代码0700）。

15. 区内企业经营进料加工业务，出境的成品返回区内退换的，填报"进料成品退换"（代码4600）。

16. 特殊区域与境外之间进出的检测、维修货物，以及特殊区域与境内（区外）之间进出的检测、维修货物，区内企业填报"修理物品"（代码1300）。

17. 区内企业将来料加工项下的边角料销往境内（区外）的，填报"来料边角料内销"（代码0844），将进料加工项下的边角料销往境内（区外）的，填报"进料边角料内销"（代码0845），不得再使用"5200"填报。

18. 区内企业将来料加工项下的边角料复出境的，填报"来料边角料复出"（代码0864），将进料加工项下的边角料复出境的，填报"进料边角料复出"（代码0865）。

19. 区内企业产品、设备运往境内（区外）测试、检验或委托加工产品，以及复运回区内，填报"暂时进出货物"（代码2600）。

20. 区内企业产品运出境内（区外）展览及展览完毕运回区内，填报"展览品"（代码 2700）。

21. 无原始报关单的后续补税，填报"后续补税"（代码 9700）。

三、上述填制规范适用于保税港区、综合保税区、出口加工区、珠澳跨境工业区（珠海园区）、中哈霍尔果斯边境合作区（中方配套区），保税区、保税物流园仍按现行规定填报。